U0918832

"十二五"国家重点图书

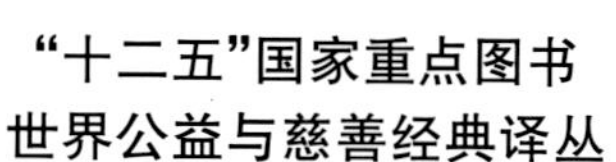

世界公益与慈善经典译丛

汇添富基金·世界资本经典译丛

基金会和捐赠基金投资

——世界顶级投资者和投资机构的理念与策略

劳伦斯·E. 科卡德
(Lawrence E. Kochard)
凯瑟琳·M.利特里瑟
(Cathleen M. Rittereiser)
著

郑佩芸　蔡　洵　黄　磊　　译

上海财经大学出版社

图书在版编目(CIP)数据

基金会和捐赠基金投资:世界顶级投资者和投资机构的理念与策略/(美)科卡德(Kochard,L.E.),(美)利特里瑟(Rittereiser,C.M.)著;郑佩芸,蔡洵,黄磊译.—上海:上海财经大学出版社,2016.6
“十二五”国家重点图书
世界公益与慈善经典译丛
汇添富基金·世界资本经典译丛
书名原文:Foundation and Endowment Investing
ISBN 978-7-5642-2386-1/F·2386

Ⅰ.①基… Ⅱ.①科… ②利… ③郑… ④蔡… ⑤黄… Ⅲ.①机构投资者-金融投资-研究 Ⅳ.①F830.59

中国版本图书馆 CIP 数据核字(2016)第 048257 号

□ 责任编辑 李成军
□ 封面设计 张克瑶

JIJINHUI HE JUANZENG JIJIN TOUZI
基金会和捐赠基金投资
——世界顶级投资者和投资机构的理念与策略

劳伦斯·E. 科卡德
(Lawrence E. Kochard)
凯瑟琳·M. 利特里瑟 著
(Cathleen M. Rittereiser)
郑佩芸 蔡 洵 黄 磊 译

上海财经大学出版社出版发行
(上海市武东路 321 号乙 邮编 200434)
网 址:http://www.sufep.com
电子邮箱:webmaster @ sufep.com
全国新华书店经销
上海华业装璜印刷厂印刷装订
2016 年 6 月第 1 版 2016 年 6 月第 1 次印刷

787mm×1092mm 1/16 18.25 印张(插页:6) 297 千字
印数:0 001—3 000 定价:58.00 元

拨动琴弦

唱一首**经典**

资本脉络

在**伦巴第**和**华尔街**坚冷的墙体间，仍然

依稀可见

千百年后

人们依然会穿过泛黄的书架

取下

这些**书简**

就像我们今天，**怀念**

秦关汉月

大漠孤烟

……

图字:09－2014－666 号

Foundation and Endowment Investing

Philosophies and Strategies of Top Investors and Institutions

Lawrence E. Kochard, PhD, CFA, and Cathleen M. Rittereiser

总 序

“世有非常之功,必待非常之人”。中国正在经历一个前所未有的投资大时代,无数投资人渴望着有机会感悟和学习顶尖投资大师的智慧。

有史以来最伟大的投资家、素有“股神”之称的巴菲特有句名言:成功的捷径是与成功者为伍!(It's simple to be a winner, work with winners.)

向成功者学习是成功的捷径,向投资大师学习则是投资成功的捷径。

巴菲特原来做了十年股票,当初的他也曾经到处打听消息,进行技术分析,买进卖出做短线,可结果却业绩平平。后来他学习了格雷厄姆的价值投资策略,投资业绩很快有了明显改善,他由衷地感叹道:“在大师门下学习几个小时的效果远远胜过我自己过去十年里自以为是的天真思考。”

巴菲特不但学习了格雷厄姆的投资策略,还进一步吸收了费雪的投资策略,将二者完美地融合在一起。他称自己是“85%的格雷厄姆和15%的费雪”,他认为这正是自己成功的原因:“如果我只学习格雷厄姆一个人的思想,就不会像今天这么富有。”

可见,要想投资成功很简单,那就是:向成功的投资人学投资,而且要向尽可能多的杰出投资专家学投资。

源于这个想法,汇添富基金管理股份有限公司携手上海财经大学出版社,共同推出这套“汇添富基金·世界资本经典译丛”。开卷有益,本套丛书上及1873年的伦巴第街,下至20世纪华尔街顶级基金经理人和当代“股神”巴菲特,时间跨度长达百余年,汇添富基金希望能够借此套丛书,向您展示投资专家的大师风采,让您领略投资世界中的卓绝风景。

在本套丛书的第一到第十二辑里,我们先后为您奉献了《伦巴第街》《攻守兼备》《价值平均策略》《浮华时代》《忠告》《尖峰时刻》《战胜标准普尔》《伟大的事业》《投资存亡战》《黄金简史》《华尔街的扑克牌》《标准普尔选股策略》《华尔街50年》《先知先觉》《共同基金必胜法则》《华尔街传奇》《大熊市》《证券分析》《股票估值实用指南》《货币简史》《货币与投资》《黄金岁月》《英美中央银行史》《大牛市(1982～2004)》《从平凡人到百万富翁》《像欧奈尔信徒一样交易》《美国国债市场的诞生》《安东尼·波顿教你选股》《恐惧与贪婪》等71本讲述国外金融市场历史风云与投资大师深邃睿智的经典之作。而在此次推出的第十三辑中,我们将继续一如既往地向您推荐六本具有同样震撼阅读效应的经典投资著作。

塞万提斯在《堂·吉诃德》中提到,历史孕育了真理;它能和时间抗衡,把遗闻旧事保藏下来;它是往古的迹象、当代的鉴戒、后世的教训。《1907年金融大恐慌》就是这样一本能够让人警醒的书。这本书对1907年危机以及伟大的私人银行家J.P.摩根的危机管理做了透彻的、专家视角的、具有高度可读性的叙述。美国国会汲取了1907年的教训,于1913年启动了避免银行业恐慌、增进金融稳定的联邦储备系统。然而,往事并不如烟,在此之后发生的多次经济危机表明,危机和恐慌无论在过去还是在将来都是我们生活中的重要部分,从中汲取的教训及其与当今所发生的危机和恐慌的比照具有重要意义。

《财富之轮——从为人不齿到受人尊敬的投机史》一书全面描述了美国期货市场不断获利的过程中丰富多彩且又充满丑闻的历史。知名的商业历史学家和畅销书作者查尔斯·R.盖斯特详细地阐释了从美国南北战争开始前直到整个20世纪这一时间历程里,美国期货市场的产生、发展的全过程。包括在19世纪,那些雄心勃勃的商人们是如何在利益的驱使下,为了垄断黄金、白银和粮食市场而创立现代标准期货合约的;期货市场又是如何在人们的谩骂声中,艰难起步的;而到了20世纪,为何会有大量的公司、个人,甚至外国政府迅速进入这一领域。也许我们只有在还原历史的同时,才能在没有虚饰与矫情的空间中,解读智慧真实的内涵。本书在展示期货市场100多年来风雨历程的同时,还在人性层面对投机事件做了精彩解读。

投资是一门充满神奇诱惑的艺术,顶级投资家的选股故事总是会引发我们的无限感慨和好奇探究。《至高无上(二)——汲取史上最伟大交易者投资策略的经验和教训》是第一本集中展现历史上顶级交易者策略的书籍。在这本书中,优秀的投资作家和投资历史学家约翰·波伊克向我们揭示了伯纳德·巴鲁克、杰西·利维摩尔、杰拉德·勒布、理查德·威科夫、吉姆·罗贝尔、欧奈尔等传奇交易者如何驾驭股票市场"这只野兽",在繁荣与萧条期间获取财富,以及投资者如何才能获得财富。

成功品牌的创业史总是引发人们的无尽遐想。1989 年创立的培恩烈酒公司(Patrón Spirits Company)正是这样一个成功的品牌。《培恩之路》详细记述了初创品牌建设的非传统模式,培恩创始人之一马丁·克劳利和他的人生伴侣伊拉娜·埃德尔斯坦用非凡的创造力和独创的营销策略改变了烈酒行业,培恩成为龙舌兰酒品牌中销售额最大的商家,产品销售到全球 140 多个国家和地区。《培恩之路》完美融合了商业经验、创业灵感和扣人心弦的人生悲喜剧,向我们讲述了世界优质龙舌兰酒巨头的真实故事。

人们期盼已久的《海龟交易心经》一书是《海龟交易法则》的姊妹篇,是柯蒂斯·费思关于风险应对策略的又一力作。费思从对风险的本质的全面探索出发,勾勒出了用以抓住风险本性的一些被证明为行之有效的方法。正是这些策略使"海龟"成为投资界里令人钦羡的对象。费思在书中向我们描述了伟大的交易商们用来管理风险和不确定性的 7 大规则:(1)克服恐惧;(2)保持灵活;(3)承担合理的风险;(4)为错误做好准备;(5)主动寻求真相;(6)迅速回应变化;(7)聚焦决策而非结果。这些规则可以应用到你的职业和个人生活的任何领域。

美国的基金会诞生于 19 世纪末 20 世纪初,历经时光飞逝、通货膨胀以及每年的固定支出,这些资金如何保值增值并得以维持的呢?《基金会和捐赠基金投资》将为我们给出答案。本书重点突出地阐述了在基金会和捐赠基金日趋复杂的投资世界中,投资总监日益显见的重要性。通过检视各类投资总监的职业路径、投资哲学、面临的挑战和所获得的成功,为这一行业的其他投资者提供了可操作的建议。任何一位有志于投资管理的读者,都将会发现其异乎寻常的价值。

投资者也许会问:我们向投资大师、投资历史学习投资真知后,如何在中国股市实践应用大师们的价值投资理念?

事实永远胜于雄辩。中国基金行业从创立至今始终坚持和实践价值投资与有效风险控制策略,相信我们十多年来的追求探索已经在一定程度上回答了这个问题:

首先,中国基金行业成立以来的投资业绩充分表明,在中国股市运用长期价值投资策略同样是非常有效的,同样能够显著地战胜市场。公司成立以来我们旗下基金的优秀业绩,就是最好的证明之一。价值投资最基本的安全边际原则是永恒不变的,坚守基于深入基本面分析的长期价值投资,必定会有良好的长期回报。

其次,我们的经历还表明,在中国股市运用价值投资策略,必须结合中国股市以及中国上市公司的实际情况,做到理论与实践相结合,勇于创新。事实上,作为价值型基金经理人典范,彼得·林奇也是在总结和反思传统价值投资分析方法的基础上,推陈出新,取得了前无古人的共同基金业绩。

最后,需要强调的是,我们比巴菲特、彼得·林奇等人更加幸运,中国有持续快速稳定发展的经济环境,有一个经过改革后基本面发生巨大变化的证券市场,有一批快速成长的优秀上市公司,这一切将使我们拥有更多、更好的投资机会。

我们有理由坚信,只要坚持深入基本面分析的价值投资理念,不断积累经验和总结教训,不断完善和提高自己,中国基金行业必将能为投资者创造长期稳定的较好投资回报。

“他山之石,可以攻玉。”二十年前,当我在上海财经大学读书的时候,也曾经阅读过大量海外经典投资书籍,获益匪浅。今天,我们和上海财大出版社一起,精挑细选了上述这些书籍,力求使投资人能够对一个多世纪的西方资本市场发展窥斑见豹,有所感悟;而其中的正反两方面的经验与教训,亦可为我们所鉴,或成为成功投资的指南,或成为风险教育的反面教材。

“辉煌源于价值,艰巨在于漫长”,对于投资者来说,注重投资内在价值,精心挑选稳健的投资品种,进行长期投资,将会比你花心思去预测市场走向、揣测指数高低更为务实和有意义得多。当今中国正处在一个稳健发展和经济转型相结合的黄金时期,站在东方大国崛起的高度,不妨看淡指数,让你的心态从容超越股市指数的短期涨跌,让我们一起从容分享中国资本市场的美好未来。在此,汇添富基金期待着与广大投资者一起，伴随着中国证券市场和中国基金业的不断发展，迎来更加辉煌灿烂的明天！

张 晖

汇添富基金管理股份有限公司总经理

2016年1月

致 谢

当劳伦斯·科卡德最初告诉我打算和我一起写这本书的时候，我觉得这主意太棒了。但是，我们怎么操作？什么时候操作？好像可能性不大。然而，两年后，我们完成了一本投资者应该会觉得有趣和有用的书稿，对此，我们引以为豪。

没有我们彼此之间的合作，本书难以完成。没有在此受到我们答谢的人们，本书同样难以完成。

首先，我们应该感谢我们的领导和同事。

另类资产管理有限合伙公司的汉迪·扬克(Handy Yanker)和罗德尼·扬克(Rodney Yanker)以及我的其他同事向我们提供了资源、午餐等援助，并对本书进行了校对。我真的非常感谢他们的帮助。此外，我们要感谢肯·格兰特(Ken Grant)，他与编辑进行了选题调研并帮助我们联系到了出版商。

我们要感谢乔治城大学投资部，贾斯汀·涂迈(Justin Toumey)向我们提供了研究方面的分析、协助和支持；梅根·伍德豪斯(Meghan Woodhouse)提供了协调和后勤保障；克里斯汀·凯莱赫(Christine Kelleher)提供了审稿反馈和建议。劳伦斯向投资部的全体员工以及乔治城大学投资委员会的全体成员表示诚挚的谢意，此外，他也向过去和现在的学生一并致谢，因为是他们激发了他创作本书的灵感。

剑桥联盟资产管理公司(Cambridge Associates)的桑德拉·尤里(Sandra Urie)和西莉亚·达拉斯(Celia Dallas)向我们介绍了捐赠基金的由来，并非常慷慨地允许我们使用他们的原始研究资料；罗杰斯·凯西（Rogers Casey）的蒂姆·巴伦（Tim Barron）和哈蒙德联盟（Hammond Associates）的丹尼斯·哈蒙德（Dennis Hammond）也向我们提供了有用的见解。

斯特嘉斯合作研究公司（Strategas Research Partners）的合伙经理人和首席投资策略师杰森·德塞纳·崔内特（Jason DeSena Trennert）给我们引荐了 CFA 总裁文尼·卡塔拉诺（Vinny Catalano），文尼同时还担任蓝色大理石研究（Blue Marble Research）的全球投资策略师，并撰写了《板块与风格：战胜市场的新方法》（*Sectors and Styles: A New Approach to Outperforming the Market*）。文尼把我们介绍给了威利。

我们特别要感谢威利的策划编辑凯文·康明斯（Kevin Commins），他决定出版本书，而且非常支持我们的观点，并同我们齐心协力完成了本书的各项工作。

艾尔登·梅耶（Elden Mayer）和山姆·克西纳（Sam Kirschner）把他们的书《对冲基金投资指南》（*The Investor's Guide to Hedge Funds*）赠予了我，山姆指导我如何编写此类书籍，下次我要试试他的方法。

在我准备本书的框架、采访、撰写窍门和执行工作流程的过程中，我亲爱的朋友和参编人员戴夫·辛格尔顿（Dave Singleton）以及约翰娜·希林（Johanna Skilling）给予我建议和帮助。戴夫还帮我把本书的框架推荐给了经纪人，结果我却成了"捣蛋分子"。

西部投资有限公司（Transwestern LLC）的斯蒂芬·R.酷佐（Stephen R. Quazzo），原本是美林证券公司（Merrill Lynch）的我的一位老友，同我们联系了好几次并出了不少好点子，他为我们做了非常重要的引荐。

交响乐资产管理公司（Symphony Asset Management）的杰夫·斯凯尔顿（Jeff Skelton）和米歇尔·赫尔曼（Michael Henman）助了我们一臂之力，在此表示感谢。

艾米丽·赫尔曼（Emilie Herman）在与我们的合作过程中非常有耐心，总是乐于帮助我们，作为首次写书的业余作者，在此，我们对她深表敬意。

前 言

大约3年前,我有幸加入全美最古老的天主教大学——乔治城大学,帮助其设立投资部门。成为乔治城大学的一员后,我意识到其他高校历史悠久的投资部门的卓越做法有助于我们获得成功。我们主动向捐赠基金领域的同行们学习其投资计划得以成功的管理和投资步骤。

此外,在最近的几年中,我有幸在弗吉尼亚大学和乔治城大学给本科生和研究生讲授投资学课程。目前,我在乔治城大学讲授的研究生课程名称是捐赠基金和养老基金的投资管理,旨在让学生了解大型投资机构的投资方法,内容包括捐赠基金和养老基金的目的以及其他资产类别的投资。

该课程采用的教材为耶鲁大学捐赠基金的投资总监大卫·斯文森(David Swensen)编写的《证券投资组合管理探索》(*Pioneering Portfolio Management*)。大卫·斯文森是最有名的,也是最成功的捐赠基金首席顾问之一,自从21年前加盟耶鲁以来,他已经获得了年均16.3%的收益回报。斯文森的书(他写的第二本书主要针对个体投资者)、哈佛商学院关于耶鲁投资部门的案例以及越来越多的商业媒体关注[比如《纽约时报》在2007年2月18日刊登的文章《耶鲁需要更杰出的投资家》(*For Yale's Money Man, A Higher Calling*)]已经让其他投资者了解了他投资耶鲁捐赠基金的方法。

斯文森在许多次市场周期中的成功显然确保了他在过去几年里所获得的关注度。其他的投资者对他的秘籍已经发生了兴趣,我从许多乔治城大学的校友那里获得的建议是,我们应该"像耶鲁一样"。而我总是这样回答:"我们应该努力遵循斯文森成功因素中的投资流程、理念和原则,但是不应该照搬照抄耶鲁过去的投资经验,因为这种'后视镜'方法极易导致令人沮丧的结局。"

在与基金会和捐赠基金同行们接触之后,我发现其他投资总监的成功投资案例与斯文森的非常相似。我饶有兴趣地阅读了杰克·施瓦格(Jack Schwager)的《市场奇才》(*Market Wizards*)和彼得·塔诺斯(Peter Tanous)的《投资大师》(*Investment Gurus*),在这两本书中,作者都对组合投资经理进行了采访,学习他们的经验。我试图找到一本类似的关于捐赠基金的投资总监的书,却发现没有。人们对大卫·斯文森很熟悉,对哈佛大学的杰克·米亚(Jack Meyer)也略知一二,但仅止于此。

我希望我的学生和其他投资者能够了解其他同样有成就的基金会和捐赠基金投资总监的一些经历,他们对我的影响不亚于斯文森。我强烈地感到,其他投资者——不管是机构还是个人——都可以从像斯文森那样为投资计划或部门做出巨大贡献的基金会和捐赠基金投资者那里学到很多有益的东西。

2002 年 6 月的对冲基金会议上,我第一次遇见了来自另类资产管理有限合伙公司的凯瑟琳·M.利特里瑟,后来我们主要靠电子邮件交流,2004 年我加盟乔治城大学后,我们成了朋友。我们参加相同的会议,对于一些发展势头良好的基金会和捐赠基金以及一些不为人称颂的富有才华的基金会和捐赠基金投资顾问,我们经常持有相同观点。2005 年,我们意识到,我对基金会和捐赠基金的投资眼光、凯瑟琳的写作才能和投资营销经历、我们在领域内的人脉以及我们之间的默契可以促成我们合作写书,把这些同样杰出的投资者汇聚到一本书里。

采访了这些有成就的投资者之后,我深切感到,读者可以从他们的经历、理念和策略中学到不少东西,从而为今后做出明智周全的投资决策奠定良好基础。本书在长期资产配置和投资方面提供了深刻见解,并且认真剖析了在目前更富挑战的投资环境中获胜所需的知识和心态。

我们希望他们的经验和方法能够指引其他投资者,包括较小的投资机构、家族理财室和个人投资者,正如我对其他投资总监的非正式访谈成了我的投资决策指南,帮助我创建了乔治城大学的最佳经典案例。

此外,我们在本书中介绍了基金会和捐赠基金的发展史,分析了其之所以发展成一股更强大、更具影响力的投资力量的原因,并描述了发展过程。

在任何一个领域获得成功的人士都不会把他们的头埋在沙子里,他们总是希望从其他的创新者和领导者那里学到新的想法。作为投资者,我们都希望能更好地创建一个有据可循的、成功的投资流程，从而为我们的机构或家庭赢得更好的收益。

我和凯瑟琳非常有幸能从这些杰出的基金会和捐赠基金投资顾问那里学到新的知识，他们为本书的诞生做出了贡献，在此我们深表谢意。我们的目标是捕获他们的思维方式，这样读者和我们就可以理解他们的理念，获得投资见解。我们认为，我们的目标已经在本书中得以实现。

劳伦斯·E.科卡德
于乔治城大学

目 录

第三部分　总结与分析:投资、捐赠基金管理及展望

第一部分

基金会和捐赠基金的强势崛起

第一章　基金会和捐赠基金投资管理的演变
——从贫民窟到聚宝盆

基金会和捐赠基金已经成为投资界的强大力量，由一些资深的投资者运用先进的投资工具进行管理。尽管资产规模小于养老基金，但基金会和捐赠基金已经成为越来越有影响力的机构投资者，因为它们具备长期的战略眼光，这使得它们有足够的空间来承担更多的投资风险，比其他投资者更有动力去吸纳新的资产类别。虽然基金会和捐赠基金的数量不一定增长，但选择专业人士从事投资的基金数量却在增加。如今拥有全职投资员工或新投资总监的捐赠基金比以前多了。

当然，捐赠基金的历史差一点被改写。在 1969 年之前，大多数捐赠基金的投资组合比较保守，业绩表现比其他投资者差。如果福特基金会的麦乔治·邦迪(McGeorge Bundy)没有及时介入，基金会和捐赠基金很可能今天已经成了投资败家。

本章记录了基金会和捐赠基金的演变过程——从哈佛收到的第一份捐赠礼物到福特基金会麦乔治·邦迪引发的变革；同时还讲述了驱动投资业绩的全球经济和市场条件，以及基金会和捐赠基金投资总监的诞生。

本章简要回顾这些投资机构的快速发展，由于投资总监对此功不可没，因此有必要对他们做详细介绍。

捐赠基金管理的起源

捐赠基金可以追溯到15世纪，那时英国的捐赠人士向教堂、中小学和大学捐赠资产，以维系这些机构的运营。这些资产有着严格的规定，即本金必须保持不变，而盈利可以用来支出。捐赠人士通常指定资金的用途，如教授岗位或奖学金。捐赠资产被当作无收入机构的长期资金来源。[1]

基金会或教育机构管理的核心资产通常被称作捐赠基金，虽然隶属于投资行业，捐赠基金已经成了教育机构投资的简单的代名词。在本书中，捐赠基金基本被用来指代教育机构或相关特定机构的资产。本章中提到的以及本书中偶尔出现的"捐赠"一词，指的是普通意义上的非营利机构的资产。

哈佛大学的捐赠基金要追溯到1649年，当时1 642届的两位校友——同时也是哈佛的第一批教师——约翰·布尔克里(John Bulkeley)和乔治·唐宁(George Downing)——以及1 646届的两位校友塞缪尔·温斯罗布(Samuel Winthrop)和约翰·艾尔考克(John Alcock)向学校捐赠了一处不动产。该不动产曾经是一个养牛场，后来被种上了苹果树，命名为"校友果园"(Fellow's Orchard)。那块土地一直成为哈佛校园的一部分，学校的维登纳图书馆(Widener Library)坐落于此。1669年，木材商许诺连续7年每年向学校提供60磅重的木材，该许诺得以兑现，学校随后将获得的木材出售。如今，将近11 000个独立基金会组成了哈佛的捐赠基金，大多数被限定用来支持一些特殊项目，如奖学金、房屋维修、教学研究和学生活动，并且指定的用途永久不变。[2]

1890年，北卡罗来纳州卫理会下设的三一学院(Trinity College)放弃杜伦而选择了罗利作为新的校址。其幕后操纵者杜伦社区的领导和家族使得华盛顿·杜克(Washington Duke)答应抵押85 000美元让学校落户杜伦，有了此抵押后，三一学院的校长约翰·F.克伦威尔(John F.Crowell)获得了城市西端的一块捐赠的土地。当杜克在3月20日正式向学校理事会递交抵押时，杜伦社区的民众已经为学校额外募集了9 361美元。三一学院就是如今著名的杜克大学。[3]

---

[1] www.treasury.duke.edu/endowment/administration/overview.html.
[2] www.hno.harvard.edu/guide/finance/index.html.
[3] www.lib.duke.edu/archives/history/durhams_bid.html.

这些事例很好地说明了现代捐赠基金的起源,也预示着在随后的3个多世纪里捐赠资产是如何获得、管理和操纵的。哈佛的养牛场捐献一事体现了捐赠基金管理的几个要素:杰出校友的慷慨及带来的影响力、资产管理、资产命名和用途。一大笔资产捐赠的前景使得三一学院理事会做出了放弃选址罗利的决定,当然你也可以认为他们完成了受托人的使命,实行了"谨慎人规则"。1969年之前捐赠资产是由富有的、有权势的甚至缺乏专业知识人士组成的委员会实施无偿管理,这距离哈佛大学捐赠木材的事情已经过去300年了。

学校的权贵校友或基金的捐赠者如今依然能够对学校及其投资产生巨大的影响,而相对严谨、现代的专业投资管理形式成型于1969年,当时,投资学的研究成果即马科维茨(Markowitz)的投资组合理论问世了,实践也表明这些问题很突出,过度限制性的捐赠基金会管理政策阻碍了资产的持续发展,而福特基金会资助的两项有影响力的突破性研究也率先表明了这一点。信托法和投资政策的改变使得捐赠基金管理也发生了改变,继而产生了强大的投资阵营。

约翰·布尔克里和乔治·唐宁已经长逝,他们不知道他们捐助的奶牛场后来不仅成了维登那图书馆的奠基石,还成为有名望的、专业的、才华卓越的著名投资总监引领的影响力强大的机构投资群体的里程碑。

改革的催化剂

20世纪60年代末,福特基金会(教育的投资先驱)的领导者麦乔治·邦迪开始关注高等教育不断飞涨的教育成本。他着手研究捐赠资产管理,想确定捐赠资产是否可以得到更加有效的管理,并以此缓解教育成本问题。

当时,这些资产往往是由一些有钱的受托人在个人信托法的指导下进行管理的。基金会没有被当作投资工具,受托人也被禁止做任何投资决策。当时的规定是,只有捐赠基金的红利和利息才可以被用作开支。捐赠基金的管理目的是产生固定的盈利并保持本金不变,一般投资债券和其他固定收益产品,而不是股票。通过记录证券的买入价以及在卖出时调整价格进行的成本核算掩盖了这么一个事实,即债券实际上是贬值的,而股票从长期来看通常能获取更丰厚的利润。

在1830年著名的哈佛学院诉埃莫利案(Harvard College v. Amory)中确立的"谨慎人规则"从狭义上来看也限制了投资方法。在原先的案例中,哈佛和麻省总医院(Massachusetts General Hospital)都可以在约翰·麦克利恩(John McLean)的遗孀去世后分别获得一半的资产。遗嘱执行人埃莫利家族把资产用于股票投资。这两个机构由于害怕最终本金亏损而提出了诉讼,因为他们认为股市风险太大。结果,哈佛和麻省总医院败诉,法官裁定埃莫利家族有权进行资产投资,判决书如下:

受托人在投资时必须行为诚实、决策谨慎。他必须表现出高智商的谨慎人士的事务管理能力,不投机,要对基金做长期投资,要考虑可能获得的收入以及资本的安全系数。

于是,谨慎人规则成了信托类资产的管理准则。该准则随着时间的流逝,其含义愈发狭窄,主要是受到奥斯丁·威克曼·斯考特(Austin Wakeman Scott)教授撰写的两本权威著作《重申信托》(*Restatements of Trusts*,1935)和《斯考特谈信托》(*Scott on Trusts*,1939)的影响。他在书中重申了谨慎人规则,这让现代的学者和法律研究人员一致认为,该规则失去了灵活性,受托人只能对投资做独立评价,而不是将其视为组合的一部分。[1]

在邦迪解答这一问题之前,就有迹象表明,该类资产的投资方法需要发生改变。在哈里·马科维茨(Harry Markowitz)发表于1952年的论文《组合选择》(*Portfolio Selection*)中出现的现代组合理论重新定义了投资的思维模式,哈里也最终因此获得了诺贝尔经济学奖。[2] 虽然此举的震撼力不算太大,却非常重要。1952年,大学养老金股票基金(College Retirement Equities Fund,CREF)给投资界带来了总体收益和市值入账的概念。1966年,由彼得·戴额兹(Peter Dietz)撰写的《养老金:投资业绩评估》(*Pension Funds:Measuring Investment Performance*)一书也支持总体收益测算和执行市值入账,由于很多受托人同时兼任公司高管,他们对这些概念很熟悉,所以他们开始考虑把这些概念应用到捐赠基金管理。投资类书籍和学术论文——包括耶鲁大学的财务主管约翰·埃克伦德(John Ecklund)所做的研究,扭转了思维模式,大力宣扬成长型公司的股票投资。

然而,这使得麦乔治·邦迪的领导模式和福特基金会发生了改变。在1967年发布的福特基金会年度报告中,麦乔治·邦迪在有关捐赠基金的部分中写道:

---

〔1〕 Dale,Harcey P.2006."Prudence Perverted:Politics and Pressures,"draft.Sourced at www.tiff.org,pp.1—11.

〔2〕 Ibid.

我们相信这方面可能有很大的提高空间。受托人替大学挣了钱,他们是否有理由引以为豪呢?这恐怕还相距甚远。我们承认非传统投资具有风险,但真正能测量投资表现的应该是实实在在的业绩,而不是权威人士的言论。我们感到,从长期来看谨慎使得学院和大学付出的代价比轻率行为或过度冒险要大得多。基金会打算对此做认真研究。

基金会资助了两个项目:第一项研究报告《捐赠基金法则和知识》(The Law and Lore of Endowment Funds)作为福特基金会报告发布于1969年,由威廉·L.卡利(William L.Cary)和克雷格·B.布莱特(Craig B.Bright)撰写,主要针对捐赠基金投资的法律原则,并建议思维模式和政策的变革;第二项研究报告由罗伯特·R.巴克尔(Robert R.Barker)撰写,分析了投资业绩,并建议投资流程和步骤的变革。

捐赠基金法则和知识

麦乔治·邦迪意识到,个人信托法应用到捐赠基金的错误做法阻碍了变革。他要求纽约市的帕特森、贝尔纳普和韦伯公司(Patterson, Belknap & Webb)的律师威廉·L.卡利和克雷格·B.布莱特评估和报告这些法律约束。卡利先生曾经担任证券交易委员会主席一职,当时是哥伦比亚大学法律专业的教授。

此份报告得出的几个结论使受托人从自我设置的投资牢笼中彻底解放,并为捐赠资产管理的长期变革肃清了道路。这些结论如下:

(1)捐赠基金是只有一个受益者的机构,不受有多个受益者的个人信托的法律约束。

(2)受托人代表机构,有责任制定支出和投资策略。

(3)受托人可以授权外部有资质的投资顾问执行投资策略,但依然有责任对投资顾问实行监管。

研究者还建议制定一部新的统一的州法,以便在委托人的开支计划明确之后,允许受托人根据已实现和未实现的利润以及股息和利息,来安排证券投资组合的整个收益。这直接导致了1972年《机构基金统一管理法》(Uniform Management of Institutional Funds Act)的诞生。[1]

---

[1] Murray, Roger F.1996. "The Formative Years," pp.10—16, and Keane, George F., 1996. "A Brief History: A Dream Fulfilled," pp.20—38, in *The Commonfund, A Common Vision: Working in Partnership for the Benefit of All*. The Twenty-fifth Anniversary of the Commonfund.

教育捐赠基金的管理

麦乔治·邦迪并不仅仅关注教育捐赠基金的管理，他还关注福特基金会管理其资产和践行支持高等教育的承诺的能力。他在《1966 年福特基金会年度报告》中指出，福特基金会资产每提高 1 个百分点的业绩，将会使其捐赠的金额倍增。第二份报告，即 1969 年由罗伯特·R.巴克[请注意，他不是那位著名的电视秀节目主持人，而是一名史密斯学院(Smith College)投资委员会的成员]撰写的《教育捐赠基金的管理》(*Managing Education Endowments*)，该报告指出，僵化的投资策略已经阻碍了捐赠基金的发展和业绩的提升。

这份报告将 1959～1968 年间“15 个重要教育机构”的捐赠基金业绩与平衡型共同基金、成长型共同基金和罗切斯特大学(University of Rochester)专业投资机构做了比较。捐赠基金年均 8.7%的业绩，低于上述比较的对象。平衡型共同基金仅仅比捐赠基金业绩高 0.5 个百分点；但是成长型共同基金和罗切斯特大学专业投资机构的业绩分别为 14.6%和 14.4%，其与捐赠基金的每年差异几乎是 6 个百分点。

这份报告将捐赠基金的糟糕业绩归咎于受托人管理委员会，指出他们关注的是避免损失和最大化当期收入。这导致他们选择债券，而不是业绩更好的成长型股票，因为后者几乎没有股息收益。这份报告预言，“这种投资方法对于长期捐赠基金的价值极为有害”，并且建言“捐赠基金的管理者一定要以长期总收益为基础选择证券投资标的；而不是为了预算的平衡，以最大化股息和利息收入为基础”。这份报告还阐明，“授权给一名专业的投资组合经理，并且他身边有一个具有较高业务能力的机构为之服务，是成功投资管理所必需的”。这份报告提出了一条基于资产市场价值的 3 年移动平均收益率的支出法则。[1] 事实上，史密斯学院董事会的受托人得益于该项研究的成果，在 1969 年实施了基于总收益和市值的记账方法。[2]

在 1969 年，《国内税收法》的第 4944 节也为基金会建立了“非损害投资”规

---

〔1〕 Yoder, J. 2004. *Endowment Management: A Practical Guide*. Washington, DC: Association of Governing Boards of Universities and Colleges, p.8.

〔2〕 Murray, Roger F. 1996. “The Formative Years,” pp.10－16, and Keane, George F., 1996. “A Brief History: A Dream Fulfilled,” pp.20－38, in *The Commonfund, A Common Vision: Working in Partnership for the Benefit of All*. The Twenty-fifth Anniversary of the Commonfund.

则,同时允许某些单项投资可以作为投资组合的一部分。

许多历史学家认为,1969 年是美国历史上一个重要的"起始年"。尼尔·阿姆斯特朗(Neil Armstrong)登陆月球;伍德斯托克音乐节(Woodstock)在纽约州的北部开始举办,并赢得了世界级的声誉。巴克尔的投资思想、卡利和布莱特的法律思想、美国国税局(IRS)的政策思想开始在这一年发轫,并在基金会和捐赠基金资产投资方面产生了恒久和持续的变化,从而导致当今捐赠基金投资业绩的卓越斐然。

变 迁

因为几乎没有机构在新的投资方法下有能力管理其捐赠资产,所以,福特基金会的首批成果之一就是成立共同基金(Commonfund)—— 一家汇集其成员资产(起初是教育捐赠)进行专业化投资的投资公司。福特基金会为成立共同基金的首批拨款是 280 万美元。1971 年 7 月 1 日,这家接受了来自 63 家捐赠方的 7 200万美元的公司开始运作。[1] 该公司一直是学院、大学、基金会和医疗领域捐赠基金的一流资产管理者和思想领袖,并倡导了资产配置和资产等级分类选择变革,比如涉足私人资本和另类资产。这些都对捐赠基金的管理产生了影响。1991 年,一家服务于各类基金会的投资经理的基金会投资基金(Investment Fund for Foundations)成立了。

1972 年,卡利和布莱特的著作被《机构基金统一管理法》直接引用,从而创立了"谨慎人"的先例。该法案将卡利和布莱特的建议以法律的形式呈现出来,为基金会和捐赠资产的管理设定了一套新的标准。以下是《机构基金统一管理法》摘要,引自统一州法全国委员会(National Conference of Commissioners of Uniform State Laws,NCCUSL):

《机构基金统一管理法》由统一州法律委员会于 1972 年颁布,并已被 46 个州采纳。这一法律阐明了董事会投资于诸如医院、大学等机构基金以总收益进行评估的权利。这意味着董事会能够投资于股息较低甚至没有股息但从长期价值来看有着较高潜在升值潜力的成长型公司的股票,而不是完全盯着那些能够产生较高当期收益的投资。

---

[1] Keane, p. 26.

这一法律为董事会设立了一个行为标准，要求董事会的成员根据实际情况谨慎采取行动及做出决策；在机构为实现其目标时兼顾长期和短期需求，以及当前和未来的资金需求；预计其投资的整体收益、物价趋势和整体经济状况。

根据该项法律，董事会允许雇用专业投资顾问和经理人，以及有权废止有关捐赠资产的过时的、不恰当或不切实际的一些原有的限制措施。

这项法律还定义了专门针对教育、宗教、慈善或其他救济目的而组织运作的股份有限公司和非股份有限公司，以及政府组织为了这些目的而设立的专有基金。[1]

虽然捐赠资产的管理在近乎300年的时间里缺乏实质性的变化，但一旦开始，则变化巨大。1972～2006年间，捐赠资产的管理机构，从厌恶风险、循规蹈矩、无薪的志愿投资者，转变为受人尊敬的投资机构。这些投资机构以其颇具天赋的专业性，管理着日益增多的复杂的股票。今天，哈佛捐赠基金不仅不会起诉，甚至可能会鼓励管理者承担更多的风险。对于这一时期的回顾表明，巨大的进步催生了变革。

变　革

尽管这一改变导致机构做出了更多成熟的投资决策，但是直到20世纪80年代的晚期，大多数的基金会和捐赠基金才开始调整股票和债券的分配比例，并更倾向于股票。由共同基金会于20世纪90年代进行的一项关于捐赠基金增长的研究表明，改进捐赠基金的管理仍有空间。基金的数量呈现巨大的增长，而投资水平却提高不大。

仍然停滞的1990年

即便机构的研究团队有了细分的数据，但仍有足够的证据表明，投资流程有待深化。以1962年卫生教育和福利部对105家捐赠基金的调研作为参照基础，研究者们从35家机构收集了充分有效的数据，但仅从几个机构中获得了有关资

---

〔1〕 National Conference of Commissioners on Uniform State Laws, 211 E. Ontario Street, Suite 1300, Chicago, Illinois, www.nccusl.org/Update/uniformact_summaries/uniformacts-s-umoifa.asp.

产配置的信息。研究显示,大多数的资产增长来自投资业绩,主要归因于始于1982年的股票市场牛市行情,但盈利增长的百分比仍低于基准水平。捐赠基金的支出为市值的4.4%,这一比率与其历史一贯的表现别无二致。虽然研究者们获得的有关的资产配置的历史数据非常有限,但还是认识到资产配置策略的重要性,为此他们分析了参与调研机构最近(1989年)的资产配置组合。

这一分析显示,捐赠基金仍然继续保持其较为保守的投资策略。例如,建议的投资股票比例为60%时,捐赠基金持有的股票比例为53.7%。这导致捐赠基金的业绩持续低于市场水平。捐赠基金的股票投资仅仅集中于美国股票市场,尽管它代表了全球40%的市值。事实上,根据研究结果,研究者们指出,外国的证券可以作为"另类资产"。虽然共同基金建议资产组合中持有10%的非流动性另类资产——主要是私募股权资产,但参与调研的捐赠基金的资产比例为3.5%。研究者提出资产配置的指导原则并反复强调,在资产组合的多样性中考虑可控的"较高风险"投资,能够提高收益率,从而减少证券的整体风险。研究者警告捐赠基金的监管者,如果他们倾向于厌恶风险,那么其投资业绩将非常可能低于市场平均水准,这会对其实现长期投资目标产生负面影响。[1]

全球发展带来的增长与挑战

自1990年共同基金的调查报告发布以来,全球金融市场、政府以及相关行业取得的重要进展已经催生了各类资产的增长,但也使得投资环境变得更具挑战性。作为对所处环境做出的反应,基金会与捐赠基金通过吸纳各类精于投资的人才,构建日益多样和复杂的证券组合,从而成为投资行业的中坚力量。这些进展表现在以下方面。

金融市场。始于1982年的牛市在20世纪90年代经历了几个低谷期后继续延续下来,并由于科技和互联网的繁荣而达到顶峰。基金会和捐赠基金仍然偏爱持有大量的美国股票,并从中获益——从1982年9月1日到2000年3月1日,包括股利再投资在内,标准普尔500指数(S&P 500)产生的每年复合收益率为19.75%。在20世纪80年代晚期,基金会和捐赠基金开始加大对诸如风险资

[1] Wingred, Daniel, Lyn Hutton, James McDiarmid, Victor E. McGee, J. Peter Williamson. 1993. *Commonfund: The Growth of College Endowments, 1960—1990*. Commonfund Press, Introduction, Chapter 7, 7—1.

本等私人资产的投资;而科技和互联网的繁荣也驱动了这类投资业绩的增长。接下来是泡沫的破裂。截至 2002 年 9 月 30 日,股票市场的总市值蒸发了 6 万亿美元。[1]

在 2001 和 2002 财年,基金会和捐赠基金持有的投资市值遭遇损失。而大部分最大型的基金会和捐赠基金投资对冲基金已经多年,出于风险/收益的特性和收益多元化的要求,2000～2003 年有更多的投资者介入对冲基金。受需求和为吸引投资者而设计的收益结构的驱使,越来越多的通过增加资产种类数量提供各种各样证券投资组合结构的对冲基金出现了。对冲基金的经理被要求工作更加勤奋,并具备专业化的知识。此外,各类投资者还必须面对信用违约互换(CDS)等新的衍生证券、木材等硬资产或他们并不稔熟的国际市场。

技术。20 世纪 90 年代末科技产品的进步为科技类股票的牛市行情火上浇油。这导致了显著的投资收益,并在其他方面对机构产生了影响。科技的进步提供了更为优质的技术分析工具,在更大空间内降低了交易成本,从而帮助投资者更加游刃有余。更快和更有效的信息传递系统使投资者在交易领域处于彼此相当的水平线上,并减弱了投资者获取信息优势的能力。这些都促进投资者更为成熟。迅速和即时的信息传递,加快了市场交易的频率。价格亲民的软件分析包使深入的分析成为可能,并使投资者对于风险的分析和测度更为有效和有针对性。

当某些投资功能变得更为简便时,大众获取和分析信息的能力使驾驭市场和发现机会变得更为困难。通过有效的流程以及在科技股牛市中获取的巨大回报,高科技已经帮助基金会和捐赠基金资产规模获得增长;同时,由于科技产品产生的投资机会,也产生了对更高素质人才的需求。

资产配置。自从福特基金会和《机构基金统一管理法》为捐赠基金非常僵化的资产配置策略松绑后,基金会和捐赠基金已经成为不断增长和专业化的重要旗手。1982 年,由加利 · 布林森(Gary Brinson)领导的一个团队发布的研究表明,大多数证券收益的变化源自资产配置的不同。这一发现成为投资管理的福音,因为研究者无法以有效的方式反驳上述观点。大多数捐赠基金开始抛弃“70/30”或“60/40”的股票/债券组合方式,转而以新的资产类别、面向客户的个性化投资策略以及其他方式取而代之。设计和实施具有机构秉性特征的资产配

---

[1] Siegel, Laurence.2003. *Benchmarks and Investment Management*. The Research Foundation of AIMR, pp. 34—35.

置策略以及获取新类别的资产的举措使这些机构成为举足轻重的投资者，但是也产生了对具有娴熟投资技巧的投资总监(CIO)的更大需求。

基金经理的选择。新的资产等级分类制、衍生证券的风行，以及有可能采用高科技手段建构证券组合、管理投资风险，这些都导致基金经理日益精细和复杂的专业特性。针对此类证券组合，发现一位具有一定专长的基金经理人，这样的工作增加了管理捐赠基金的复杂性。传统资产分类方法的投资收益率较低，这迫使基金的投资总监通过新的策略或从流动性较低的资产类别中寻找新的投资机会。捕获一种新类别的资产，要求投资总监能够了解这一类型的资产、发掘专业化的基金经理，并且评估基金经理实际拥有的真实水平。对冲基金交易策略广度和深度的拓展，以及对专业化人才的需求并对其进行评估，这些案例说明了基金不断挑战自我的事实。

全球化。自从 1990 年共同基金成立后，基金会和捐赠基金将其资产配置扩展到包括印度、中国、俄罗斯等新兴市场在内的国际证券市场。由于在其他市场有多元化和存在投资收益机会的可能，全球化在其他方面对基金会和捐赠基金已经产生了影响。

全球投资不仅增加了证券组合的投资风险，而且增加了管理、监督、运营的风险。某些地区的交易系统和通信技术不太发达。证券法规较为薄弱，不能充分保护投资者。政府政策的相互矛盾、违反人权的情况对投资业绩产生了消极的影响，增加了对社会责任投资的关注。由于时区的不同，花费时间和金钱去监督基金经理会产生更多的外部风险。这些风险在全球市场中无法排除，但一定要得到控制。通过一天 24 小时、一周 7 天的有效信息的流动，信息技术孕育了全球化，但同时也加速了信息的传播与贬值。尽管有各种困难，但管理良好的捐赠基金除了投资于国际市场外，别无其他选择。

政府。因为《1974 年雇员退休收入证券法》(Employee Retirement Income Security Act of 1974)的颁布，退休金法律已经对所有机构产生了影响。[1] 因此，政府对共同基金投资团体有一定的影响力。就基金会而言，由于具有较为严格的税收政策，因此政府能够影响基金会的资产管理。至于教育捐赠基金，政府

---

〔1〕 Light, Jay O. 1996. "Five Trends that Transformed Institutional Asset Management," *The Commonfund*, *A Common Vision*: *Working in Partnership for the Benefit of All*. The Twenty-fifth Anniversary of the Commonfund, pp.80—88.

已经撤销了许多金融政策的支持,迫使它们面对严峻的金融现实。[1] 包括学生资助在内的各项成本都在上升,而联邦和州的一系列资助都已减少。大学较以往更加依赖捐赠收入,进一步产生了保护、扩张资产以实现投资业绩的需求。弗吉尼亚大学投资公司前主席爱丽丝·汉迪(Alice Handy)在一次行业会议上说,“州政府补贴已经下降,只低于弗吉尼亚大学运营预算的10%,使弗吉尼亚大学更为依赖捐赠”。[2] 甚至在私立学校,也减少了研究经费,“受托人不再有机会管理捐赠”。[3]

这些情况的变化,使得资产管理变得更为复杂。为了与时俱进,机构在资产配置、市场和证券等领域,需要更为成熟有效的知识和技能。做出决策需要更多的时间,因为需要分析更多的数据,在更多的投资标的中进行选择。投资委员会的成员再也无法越俎代庖,成为全天候的投资家,因为这一职业需要付出更多的精力和更专业的技能。机构需要在复杂和富有挑战性的环境下,使其资产产生收益;需要富有才华的专业人员进行管理。

投资总监的兴起

今天,基金会和捐赠基金拥有肩负使命的巨大的资产池。根据全国大学和学院商务官员协会(National Association of College and University Business Officers,NACUBO)的调查,就2005财年而言,据估算,在加拿大和美国就有746家教育捐赠基金,拥有2 990亿美元的资产。[4] 基金会中心(The Foundation Center)估计有6万家管理着4 800亿美元资产的各种类型的基金。前100家基金管理着超过1/3的基金会的资产。[5]

---

[1] Lascell, David M., 1996. “Changing Nature of Trusteeship,”*The Commonfund*, *A Common Vision*: *Working in Partnership for the Benefit of All*. The Twenty-fifth Anniversary of The Commonfund, pp.80—88.

[2] Clarke, Teresa H., Rumi Malott, and Neil Mehrotra. 2005.“Critical Issues in Endowment Managment,”Global Markets Institute(GMI)at Goldman Sachs, University Endowment Summit Conference Proceedings; www.gs.com/gmi, January 26.

[3] Light,Jay O. 1996. “Five Trends that Transformed Institutional Asset Management,” *The Commonfund*, *A Common Vision*: *Working in Partnership for the Benefit of All*. The Twenty-fifth Anniversary of the Commonfund, pp.80—88.

[4] 2005 NACUBO Endowment Study Information; Press Announcement, January 23, 2006, www.nacubo.org/x7616.xml.

[5] Foundation Center Statistics, http://foundationcenter. org/findfunders/statistics/listing01.html.

麦乔治·邦迪和福特基金会的行动不仅开启了资产增长的篇章——1980～2005年间哈佛捐赠基金增长了1 508%、耶鲁捐赠基金增长了2 176%、得克萨斯大学捐赠基金增长了821%,而且将它们从荒谬可笑、误人子弟的投资策略中解救出来,使其发展为成熟的投资机构,成为机构投资团体的领导者。

尽管有着上述成功机构的引领,但是基金会和捐赠基金仍然面对着扑朔迷离的复杂投资前景。以下文字摘自一份能说明投资总监所面临市场环境的基金会中心的报告:

20世纪90年代的后半期,迅猛上涨的证券市场、蓬勃发展的经济以及捐赠者为基金会提供的新的捐赠是基金会资产价值提升的主要原因。这一时期,个人财富的急速积累也导致许多个人创设基金会。可是,在2000～2002年间证券市场的下跌和经济的萧条导致基金会的整体资产下挫10.5%。(许多大型基金会的资产折损更为严重。)2003年,证券市场业绩的积极回馈,使这一情况发生了改观。然而,就在2003年基金会的资产增长9.5%后,随之而来的2004年,基金会的资产增长放慢至7.1%,2005年的增长率估计在2%～4%。资产增长率的放慢以及前所未有的2000～2002年间基金会的资产贬损,使基金会在提高业绩方面变得更为谨慎。在2004年和2005年,基金会的业绩增长率,相较它们之前的资产增长率,落后几个百分点。[1]

今天,捐赠基金发现,在包括资产配置、市场、证券和基金经理选择等投资流程中,复杂性日益提高。剑桥联盟资产管理公司在图1-1中,比较了各类资产配置策略和产生的有效性边界图形。

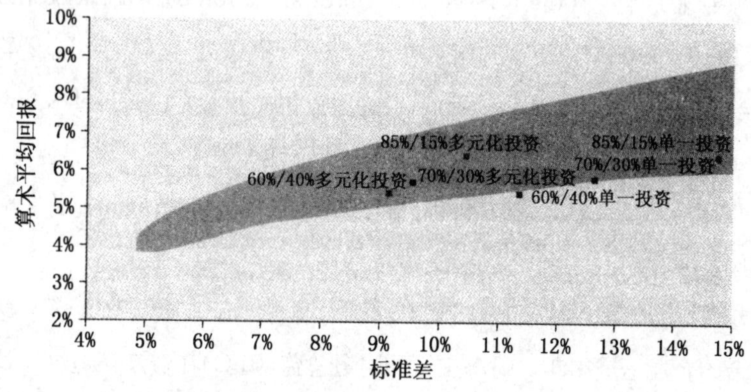

[1] "The State of Foundation Giving 2006," excerpted from *Foundation Yearbook*, 2006. The foundation Center, www.foundationcenter.org/gainknowledge/research/pdf/fy2006ch1.pdf.

	单一投资	多元化投资	单一投资	多元化投资	单一投资	多元化投资
	60%/40%	60%/40%	70%/30%	70%/30%	85%/15%	85%/15%
美国股票	60.0%	30.0%	70.0%	30.0%	85.0%	20.0%
全球股票(除美国)	---	12.5	---	12.5	---	15.0
绝对收益	---	2.5	---	5.0	---	10.0
对冲基金	---	2.5	---	5.0	---	10.0
风险资本	---	2.5	---	4.0	---	7.5
私募股权	---	2.5	---	3.5	---	7.5
不动产信托投资	---	---	---	1.0	---	5.0
房地产	---	5.0	---	4.0	---	2.5
商品	---	2.5	---	5.0	---	7.5
美国固定收益	40.0	40.0	30.0	30.0	15.0	15.0
实际算术平均回报	5.4%	5.4%	5.8%	5.7%	6.4%	6.4%
标准差	11.4%	9.2%	12.7%	9.6%	14.8%	10.5%
实际复合回报	4.8%	5.0%	5.0%	5.3%	5.4%	5.9%
算术平均回报风险	0.47	0.59	0.46	0.59	0.43	0.61
夏普比率	0.39	0.48	0.38	0.49	0.36	0.51

注:不受前沿假设的限制。

资料来源:剑桥联盟资产管理公司。

图 1—1　资产配置政策比较

图 1—1 显示,最优风险调整收益证券组合——85%/15%——是最为复杂的、高度多元化的证券组合,对于另类投资而言,有着非常明确的敞口风险。证券组合的复杂性并不仅仅表现在全球化的投资趋势和资产种类的日益繁多等方面,它还表现在为获得卓越的投资业绩而提供了最佳的投资机会等方面。

证券组合的复杂性产生了资产管理专业化的需求,并促使基金会和捐赠基金的受托人雇用诸如投资总监这样的全职专业投资家。“在 2000 年前,在大学人力资源专业联合会(the College and University Professional Association for Human Resources)的数据库中,甚至并不存在‘投资总监’这样的头衔。”圣·托马斯大学(the University of St. Thomas)的迈克尔·沙利文(Michael Sullivan)在 2005 年的一次活动中说道。到了 2004 年,已经有了 100 名投资总监。在同一年,经理猎头公司“海德里克和斯特拉格思”(Heidrick and Struggles)为 8 个新兴的具有代表性的职位寻找 20 名投资总监。[1]

当专业投资管理滋生了这一新的变化时,也催生了基金会和大学自身变成更为复杂的企业这一事实。财务主管和财务总监(CFO)在资产管理这一首要职

〔1〕 McNamee, M. 2005."Who Calls the Shots,"NACUBO Business Officer, October, www.nacubo/org/x6789.xml.

责方面面临太多的挑战。

普林斯顿大学投资公司(Princeton University Investment Company,PRINCO)的主席安德鲁・高登(Andrew Golden)在高盛机构论坛(Goldman Sachs Institute Conference)上说,有许多理由需要设置投资总监这一职位。他陈述道,受托人面临很多决策,仅仅能够集中于其中最为重要的议题。他想,机构已经失去了通过更有效地聚焦于细节来提升价值的可能。通过赋予专业投资人员以责任,并通过确立相关的政策使得受托人能够从长计议,普林斯顿大学投资公司在这方面做得较好。[1] 投资总监能够加强信托的责任。投资总监能够在投资过程中拥有全部的所有权,做出合理的财务决策,避免先前提及的由于社会原因而做出投资决策。

在《选择的悖论:为何多就是少》(*The Paradox of Choice: Why More is Less*)一书中,巴利・施瓦兹(Barry Schwartz)研究了由于过多的选择导致的复杂性。在未来的岁月中,选择的复杂性将会对投资总监构成挑战。他们将面对更多的机会、风险、资产种类、产品、智力资本和技术优势,以及为了优质信息、思想和投资而展开的更多的竞争。

向历史学习

在 1969 年,基金会和捐赠基金的受托人面临没有选择的悖论。如果没有邦迪的倡导,那么,受"捐赠基金法律和常识"的错误观点的束缚,基金会和捐赠基金的资产将渐失活力并不断萎缩。

基金会和捐赠基金始终需要富有才能的投资总监——人们在 1669～1969 年从未听闻这一称谓。机构从一些投资总监的技能中获益,并较早认识到我们在本书中介绍的投资总监的重要性。大多数的基金会和捐赠基金将对具有才能、知识和果敢的投资总监不断产生需求,因为投资收益所带来的进账已变得愈发重要,而带来这些收益的能力却愈发稀缺。

在本书中记载的投资总监是基金会和捐赠基金在过去 35 年的时间内表现

---

[1] Clarke, Teresa H., Rumi Malott, and Neil Mehrotra. 2005."Critical Issues in Endowment Managment,"Global Markets Institute(GMI)at Goldman Sachs, University Endowment Summit Conference Proceedings; www.gs.com/gmi, January 26.

最好的。我们已经概述了阅历丰富的投资总监在今日的基金会和捐赠基金投资团体中所拥有的坚实基础,而它必将引领未来30年基金会和捐赠基金的发展。这些富有创造力、洞察力的聪慧而成功的投资者在过去的岁月中默默无闻,直到现在才大放异彩。在未来,随着机构不断增设投资总监这一职位,他们将变得更具影响力。阅读他们的故事并分享他们的知识、经验和建议,将使投资人受益。这一切将证明为什么基金会和捐赠基金的投资总监在投资界已拥有并将继续拥有强大的势力。

第二章　基金会和捐赠基金投资 101
——一名投资总监的成功实战要诀

基金会和捐赠基金代表了大量的资本，并永久为机构使命和运营做出贡献。他们有相似的投资构架和方法，与其他的投资者相比，以长期投资著称。因为代表受益人管理资产，投资总监提供类似信托的服务，并经常向由机构董事会成员、受托人和外部投资者组成的投资委员会进行报告。这些人的作用相当于一种信托。作为信托，基金会和捐赠基金的投资总监及其成员采用一种标准的、结构性的投资流程来进行分析和做出谨慎的决策。

对于任何机构投资者而言，建立一套使整个机构成员协调一致、目标明确的公司治理和投资流程是非常重要的。本章列示了基金会和捐赠基金投资总监的投资流程的主要构成。在形成投资决策的两种机构类型中，投资总监具有某些共性和差异。这将会涉及受托人的责任、规则以及投资委员会的成员。

信托原则

投资总监、投资委员会的成员、受托人、董事会成员和顾问应履行基金会和捐赠基金的所有信托的职能，在进行管理和提出建议的时候，必须以其所肩负的责任为至上原则。

非常简单，所谓受托人，可以被定义为一个代表他人或团体的人在管理资金或财产方面负有法律责任。对于所托资产，他履行谨慎的监管权；并且/或者作为一名专业信托者持续提供综合投资建议。受谨慎和忠诚的原则驱使，信托管理必然是一个包括对投资计划进行确认、执行和评估的谨慎的投资过程。

与基金会和捐赠基金投资相关的两部法律指导着谨慎的流程。《机构基金统一管理法》颁布于1972年。在“谨慎人规则”下，给予教育机构和捐赠基金以更大的空间，并基于全部投资收益来制定开支计划。[1]

《统一谨慎投资者法》(the Uniform Prudent Investor Act)定义了如下公认的“统一信托谨慎标准”的指导方针。谨慎投资者必须：

1. 知晓法律、标准和信托条款。
2. 对受益人或客户的资产多样化，承担规定的风险/收益。
3. 备有投资政策声明。
4. 在尽职调查基础上聘任“谨慎专家”(投资经理)。
5. 管理和说明投资支出。
6. 监督“谨慎专家”的行为。
7. 避免利益冲突与被禁止的交易。[2]

有时候，受托人会将谨慎人的规则误解为“保守人”规则。

谨慎的标准，并不意味着受托人一定要选择非常保守的投资，而是意味着投资选择的过程一定要以谨慎的方式进行。如果有必要，投资分析和决策过程的复核将确定谨慎原则是否得到了贯彻。因此，进取型的和非传统的投资可以被认为是谨慎的；而如果没有恰当的复核机制，一项无法达成机构目标的保守的投资也可能被认为是非谨慎的。[3]

任务宗旨

在我们讨论投资流程之前，我们首先必须明白投资组合的目的以及投资机

---

〔1〕 Yoder, J. 2004. *Endowment Management: A Practical Guide*. Washington, DC: Association of Governing Boards of Universities and Colleges, p. 9.

〔2〕 *Prudent Investment Practices: A Handbook for Investment Fiduciaries*. Foundation for Fiduciary Studies, 2004.

〔3〕 Ibid., p. 8.

构的目标。简单地说，捐赠是非营利机构的永久资本。它为当前和将来的学生或受益人提供具有学术或慈善使命的基金。为达成这一目标，需要设计一项投资计划，能够体现所有学生层次的需求，或者设计一项能够平衡所有不同资产配置风险与收益以及所有基金经理组合的计划。大卫·斯文森在《证券投资组合管理探索》一书中写道：

了解积累资产的目的，是投资流程的第一步。永久设立的基金为机构投资提供了较大的独立性，提高了财务的稳定性，提供了创造卓越利润的工具。关注捐赠的根本目的，为一家基金会制定明智的投资流程提供了保证。

仅仅提供投资收益是不够的。为了成功地确定一项投资政策和计划，投资总监、委员会的成员、受托人一定要理解在基金所支持的机构的任务与目标。

与投资流程相关的任务宗旨包括：

1. 基金作为一种资源的近期和长期预期。
2. 捐赠者、监督者和受益人心中的机构形象。
3. 法律的规定(比如基金运营的税负)。
4. 机构项目的特点。
5. 捐赠者提出的特定限制。

投资政策

确立投资政策，并以文件的形式将其表述出来，这是第一个重要步骤。投资政策声明涵盖投资的目的、公司治理以及执行投资的成员所遵循的流程。在进行任何投资之前，机构必须明确地表述投资政策，从而为投资提供一个范围框架。一项投资政策的表述，旨在定义投资机构的重要功能、投资总监和投资委员会的责任，并描述所做出的决策以及政策的各个方面。投资声明包括：(1)目标；(2)开支政策；(3)资产配置的标的和流程，即①资产类别的定义与目标，②投资风险，③再平衡；(4)投资政策的实行；(5)基准；(6)公司治理。

2004年，为了帮助乔治敦制定一项投资政策声明，本书的作者之一劳伦斯·科卡德对总资产超过1 000亿美元的22家捐赠基金、基金会和退休基金的决策方法、资产配置进行了调查。这并非一次正式的调查而是与其他机构中的那些拥有令人感兴趣的投资方法或因拥有绝佳的投资技巧而致力于组建一家投资机构的专业投资者和投资总监会谈的结果。对于本书而言,这种与投资总监的会谈是一种具有促进作用的实践。这类早期的调查有助于界定捐赠基金的投资机构所采用的另类资产投资模型的范围,并且聚焦投资委员会和投资经理与产生资产配置变化的流程之间的相互影响。本章的剩余部分将探讨投资政策声明及实施的一些重要内容。

目　标

在设定投资政策时,投资总监需要了解机构的具体收入和投资目标。具体包括:(1)机构的类型;(2)总收益目标;(3)预期所得,即捐赠,遗产;(4)所需的流动性;(5)董事会、投资委员会、投资团队对于风险的承受力。

基金会与捐赠基金的区别。一家机构是基金会还是捐赠基金,影响着机构的投资目标和投资政策。这两种类型机构的区别在于:

(1)时间范围。并非所有的基金会打算永续存在,其有可能会在一个特定的时间周期内将本金全部列支。最为著名的基金会,就如本书后面提及的,是“大西洋慈善事业”(the Atlantic Philanthropies)。本书所描述的这家基金会的目的在于永续存在,并且有着和教育捐赠基金一样的投资架构。教育捐赠基金奉行“代际公平”这一概念,即对待下一代人就像对待自己这一代一样公平。一般来说,它将提供同等价值程度的通货膨胀调整后的捐赠作为管理捐赠基金的指导原则。代际公平原则导致基金管理以永续存在作为目标。

(2)基金会的监管。当这两种类型的机构都从事慈善事业时,另一个关键的区别就是,《国内税收法典》(Internal Revenue Code)中对于管理和分配基金会资产的行为存在更为严格的限制。

(3)新资产流入的限制。正如下一节所描述的,大多数机构型基金会是由个人和家族财富的捐赠或遗产构建的,这构成了基金会资产的核心。大部分的基金会并不接受追加的资产。如果基金会的目的是永续存在,那么它很可能会采取更为进取型的投资策略。

本书所阐述的大部分机构型基金会,被归类为诸如家族基金会的私人基金会。个人或家族建立这些基金会是为了便于以慈善的目的而捐献钱款;通常是以向其他慈善组织拨款的形式体现出来。教育捐赠基金被认为是公共慈善。基金会的运营在于贯彻捐赠者的慈善行为,并非是支持其他的慈善组织;对于捐赠者而言,在财产分配要求和税收待遇方面,要使之看上去更像是公共慈善或教育捐赠。

与众多捐赠者问责的公共慈善事业相比,由于基金会受到家族或一小部分人的控制,因此更易触犯与慈善活动相关的法律,从而会受到更为严格的监管。《国内税收法典》对某些不恰当的行为进行了定义,并确立了指导原则,以使基金会能够完成它所承担的任务。违规行为将导致基金会支付特许权税。〔1〕

这部税法的4942节直接影响了基金会的投资政策。目前,就支出而言,这一法律授权基金会分配其基金的最小额度,是基金会投资资产平均公允市场价值的5%。除了对独立慈善机构的捐赠,诸如薪酬、房租、差旅费、购买优质地产等行政支出,只要符合基金会规定的目的,就可以免税。基金会可以在纳税年度的年末,将必须的支出分摊到12个月内。〔2〕如果支出没有达到规定的最小额度,基金会将按30%的税率纳税;如果未在规定的纳税期内纳税,将按照100%的税率纳税。〔3〕

针对新的投资收益,基金会每年必须支付2%的特许权税。如果某种条件得到满足,《国内税收法典》允许将该税率降至1%。新的投资收益等于总的投资收益和资本净利得之和,再减去产生投资收益的成本(比如投资管理费和佣金)。〔4〕因为用于计算免税的公式过于复杂,所以许多基金会并不试图减免特许权税。

在实践中,由于存在特许权税,对于受让人的长期承诺以及补偿期间可能较低的业绩等因素,基金会的支出率往往高于5%;共同基金最近的研究表明,其基准平均在6%。〔5〕

针对基金会的其他规定包括禁止"自我交易",或者基金会与诸如受托人或捐赠者等"非合规人员"之间进行交易。一家基金会不能进行可能危及履行其使命的危险投资。基金会与"非合规人员"不能持有一家公司超过20%的具有投

〔1〕 Giftlaw. com, Chapter 7, Section 7.2, "Classification as Private Foundation," www.giftlaw.com/glawpro,jsp? Web = GL2004－0655.

〔2〕 Fidelity Charitable Investments. "Charitable Planning and Tools, Regulation and Compliance," www.fidelitycharblieservices.com/charity-giving-help/foundation/compliance. html.

〔3〕 Giftlaw.com, Chapter 7, Section 7.2.3, "Minimum and Qualifying Distributions," www.giftlaw.com/glawpro.jsp? WebID = GL2004－0655.

〔4〕 GiftLaw.com; Chapter 7, Section 7.2.7, "Tax on Net Investment Income," www.giftlaw.com/glawpro.jsp? WebID = GL2004－0655.

〔5〕 Commonfund Benchmarks Study® of Foundations, July 8, 2003, Commonfund Institute.

票权的股票。然而,如果一家基金会的基金是由与证券高度关联的捐赠构成的,那么这家基金会有 5 年的时间来减持这些证券。[1]

虽然这些规定并不适用于捐赠基金,但与之类似的信托法确保了捐赠基金适用这些标准。根据《国内税收法典》第 4956 节,教育捐赠基金进行避税交易要缴税。[2]

开支政策

影响投资政策的一个关键目标或重要因素是机构的开支政策。诚如上述提及的,在确立投资目标和政策时,基金会必须遵守每年分配其 5%资产的规则。教育捐赠基金在分配捐赠资产时,拥有较大的弹性。尽管政府对分配没有管制,但大多数机构将捐赠的分配视作每年收入的一项重要来源。因为捐赠基金能够长期提供持续的现金流,所以一所大学的投资政策一定要遵循开支政策的要求。

一般来说,基金通过管理将会提供不断增长的收入来源,以便能够支撑机构的成本结构。巧合的是,5%的资产价值增长率为各类机构维持本金的同时,又能提供稳定的现金流。[3]

“代际公平”这一概念强烈地影响着教育捐赠基金永续存在这一目标,也由此影响着它的开支政策。代际公平要求机构在短期收入和长期需求之间进行平衡;并在开支时要为将来的几代人考虑捐赠基金的保值。[4] 5%的 3 年移动平均市值是近年来的准则,许多机构还额外附加了一项对冲通货膨胀的公式。

在耶鲁大学 2005 年捐赠基金报告中,详细描述了开支政策的演变:

耶鲁大学开支政策

开支的规则是一家捐赠机构财务原则的核心。开支政策是为当前运营提供强大的支持以及保持捐赠资产的购买力这两个目标间的一项折中方案。开支规则必须清楚地界定,并持续地运用于预算平衡中。

---

[1] Fidelity Charitable Investments,“Charitable Planning and Tools, Regulation and Compliance,”www.fidelitycharitableservices.com/charity-giving-help/foundation/compliance.shtml.

[2] GiftLaw. com, Chapter 7, Section 7.2,“Classification as Private Foundation,”www.giftlaw. com/glawpro,jsp? WebID = GL2004—0655.

[3] Griswold,John. 2006.“Principles of Non-Profit Management.”Commonfund.

[4] Warner, Timothy R.,“Intergenerational Inequity?”www. educause. edu/ir/liberary/pdf/ffl00605.pdf.

耶鲁的开支政策旨在满足两个相互竞争的目标。第一个目标是以一种稳定的方式为经营预算提供大量的当前收入,因为收益的巨大波动很难与大学开展的活动和项目的调整相匹配。第二个目标是抵御通货膨胀,保护捐赠资产的价值,以便在将来对学校项目的支持不低于当前的水准。

通过运用长期支出率与依据捐赠资产市值逐渐增加支出的平滑规则,耶鲁的开支规则试图实现上述两个目标。

基于开支规则列支的金额是基于前一年度在考虑通货膨胀因素调整后的加权平均值;这一金额同时由当前捐赠资产市值的目标收益率决定。

开支规则有双重含义。

首先,根据前一年度的开支,开支规则消除了巨大的波动情况,使得大学能够对其预算需求制订计划。在最近的20年间,每年开支的变化低于捐赠资产年价值度变化波动率的1/3。

其次,针对长期目标的开支水平,调整支出,以使开支水平的波动能与捐赠资产的市值的波动相一致,从而使捐赠资产的长期购买力保持稳定。

资产配置

一篇由加利・P. 布林森(Gary P. Brinson)、L.伦道夫・胡德(L. Randolph Hood)、吉尔伯特・L.比鲍尔(Gilbert L. Beebower)发表于1986年7/8月《金融分析师杂志》(*Financial Analysts Journal*)的开创性的论文——《证券组合业绩的决定性因素》(*Determinants of Portfolio Performance*)得出这样的结论,即93.6%的投资收益归因于战略资产配置,而不是证券选择和市场择时。这一发现深刻地影响了投资管理的政策,并且孕育了资产配置是实现投资政策最为重要的因素这一观念。尽管来自其他的投资研究人员的许多研究揭穿了这一论文结论存在的大量不合理因素,但是,研究一致表明,长期资产配置策略是整个证券组合收益的核心。[1]

资产配置——根据机构的投资目标和风险承受能力,投资于各类资产的证

〔1〕 Tokat, Yesim PhD,"The Asset Allocation Debate: Provocative Questions, Enduring Realities"The Vanguard Group, Investment Counseling and Research Analysis. April 2005.

券组合比率——是由基金会和捐赠基金投资总监以及投资委员会做出的最为重要的决策之一。体现貌似"正确的"决策并不难,但决定业绩的,仍是投资组合基本风险和回报特征。如果说投资委员会与投资总监之间有效的合作是重要的和必需的,那么,清晰地以文字形式声明基金资产配置的原则和流程,就是非常重要的了。投资总监和投资委员会对于资产配置的看法是投资政策陈述的一个重要组成部分。

资产配置的流程可以根据两个明确的途径来确定。首先,通过严格的再平衡方式,捐赠基金锁定目标资产配置,因此一项战略资产的配置具有一定的恒定性。其次,可供选择的操作模型更多是战术性的,机构凭此在不同的资产种类间频繁转换,期望抓住每一个变动的市场机会。在实践中,大多数捐赠基金在某种程度上介于两者之间,既进行长期战略资产配置,也允许通过短期的战术层面的"出击"来增加持有资产的价值。

许多成功的基金会和捐赠基金通过自上而下与自下而上的流程已经制定了经过深思熟虑的资产配置计划。机构更多的是受到题材的影响。与原有僵化的投资方式不同,机构目前更乐于通过发现市场的机会来提高资产配置效率。此外,不同资产种类间的区别已变得愈益模糊—— 一些令人非常感兴趣的机会往往是"混合"的,混合着上市公司股票、私募股权、对冲基金、实物资产等特征。

资产种类

通过投资政策确立的资产配置流程的第一步,是定义和描述整个证券组合中的每一个资产种类。这里没有唯一"正确的"标准来规定资产种类的数量。最近一些捐赠基金出现了选择较少资产种类的趋势——如仅仅选择股权(包括美国和非美国的公司股权,以及上市公司股权和私募股权)、固定收益和对冲基金(与其他两类资产的相关性较低,或者为零)。其他机构有较多的资产种类分类。它们将上市公司股权分为小型、大型、价值型和成长型四个象限,将私募股权分为风险型、并购型、夹层型和低估型。在证券组合中,每一种资产种类会增加一些独特的收益与风险(或降低风险)等特征。可供选择的分类是:美国上市公司股权、非美国上市公司股权、投资级固定收益、非投资级固定收益、现金、实物资产、绝对收益和私募股权。

1.传统资产种类

(1)美国上市公司股权。这一类的投资能够从美国上市公司利润增长中获得较好的流动性收益。这一类证券,从长期看(短期内,在通货膨胀上升无法预期时,它们的业绩并不理想),能够对冲通货膨胀的影响;并且从历史角度看,在长期内能够胜过固定收益投资。然而,这种超过固定收益的风险溢价,旨在弥补投资者持有此类中短期资产更大的波动率风险。

(2)非美国上市公司股权。这一类的投资能够从国外发达国家和新兴市场的上市公司利润增长中获得较好的流动性收益。由于美国和非美国公司利润不完全相关,这类证券能够提供多样化的收益(虽然情绪的相关性在短期内导致美国和非美国上市公司股权具有较高的价格相关性)。这些证券也产生了外汇的敞口,这有助于对冲美元的通货膨胀。历史上,在一个较长的周期内,这类证券与美国的上市公司的股票相比互有优劣,但胜过固定收益资产。与美国上市公司股权类似,这种超过固定收益的风险溢价,旨在弥补投资者中短期资产更大的波动率风险。

(3)固定收益——投资级。在经济下行周期,持有中长期投资级证券是较好的选择。它能够提供可预期的现金流以对抗通货紧缩的风险。从历史上看,由于具有向上倾斜的收益率曲线,故持有这类证券比持有现金更好。然而,考虑到无法预测通货膨胀是否上行和高利率的风险,在短期内会降低这类证券投资的真实价值。

(4)固定收益——非投资级。有着较高信用风险的固定收益证券,能够提供比投资级固定收益证券更高的收益。从历史上看,这类证券的收益和风险介于众所周知的上市公司股权与投资级固定收益证券之间。这类证券的风险溢价在各个时期总是变化不定的。

(5)现金。现金与现金等价物(如较高信用和较短持有期的固定收益证券)的风险最低(按照波动率和流动性标准),但长期来看,其收益也是最低的。

2.另类资产

(1)实物资产。这类资产对冲通货膨胀风险的效果最佳。这类资产的绝大部分是房地产,但它也包括其他诸如通货膨胀指数债券、商品、原油、天然气、矿产、木材/农田等实物资产,以及其他在通货膨胀周期内表现良好的“硬资产”。这类资产涵盖从低风险(按照波动率和流动性标准)、低收益的通胀指数债券,到与私募股权极为类似的具有高风险收益特征的原油、天然气勘探。

(2)私募股权。私募股权投资允许投资者进入私人公司,根据超过上市公司证券的较高的预期收益(虽然这也有较高的风险)来提供流动性风险溢价。私募股权包括风险资本、低估证券(distressed securities)、并购和夹层基金(mezzanine funds)。这些投资的流动性极小,具有有限合伙的典型结构,回报给投资者的收益现金流需要很长一段时间才能实现。由于缺乏现金流、高度复杂性,以及对于合伙人(如私募股权基金的经理)的才能增加投资公司价值的能力要求,此类投资比上市公司的投资具有更大的潜在吸引力。但是,这类投资的回报因此对于任何资产而言会因为投资经理的不同而发生巨大变化,基金经理的选择是最为重要的因素。

(3)绝对收益。绝对收益策略取决于在一系列诸如套利、长期股权投资和低估证券投资中采取积极交易策略的天才基金经理的投资能力。与其他资产种类比较而言,这类投资的波动率较低。但是,较难预测的"尾部风险"(tail risk)、流动性风险、结构的复杂性以及缺乏透明度,要求对此类资产的管理需要比管理传统资产更为细心。绝对收益投资的流动性比传统资产低;不过,由于锁定期较短,其流动性高于私募股权投资。

资产配置分析与工具

一所大学或基金会是长期存续的;证券组合的目的在于,为了未来的若干代学生或受益人而支持这家机构的学术或慈善使命。因此,投资并不需要具备对于短期金融市场活动的洞察力和相关知识;投资规划周期应当是长期的——常常被简化为 10 年。当投资基本上定位于长期时,资产配置的流程能够允许分析和利用不时出现的特殊的短期投资机会。

历史记录和预期收益。不考虑投资规划周期,任何资产的配置流程都要求设定资产种类的预期收益和相关性等特征。可以明确的是,资产配置需要包括预期的收益、标准差和相关度。传统上,许多分析师倾向于重点分析各类资产收益的历史记录,但固定收益除外;这是由于固定收益的预期假定一直受到当前市场收益曲线的强烈影响。然而,这种后向预期的分析导致许多投资者在 20 世纪 90 年代过多地采用股票收益假定;这也导致许多大型机构在股票配置上比重过高。在当前的股票收益预期中,过度依赖历史记录均值;而固定收益的回报则倚重当前市场价值(例如,一只债券的价格上升,那么收益——未来的回报——就会降低)。

前向预期的收益是基于构成未来总体回报的潜在要素而做出的理性分析，包括收入和价值变化。明显不同于按照一项资产种类的全部历史记录进行分析，这种前向预期收益的模块式方法更多地推导出未来10年收益预期假定。另类资产的预期收益更难以测算，这里面的艺术成分要大于科学成分。采用历史记录的均值进行分析，对另类资产来说是一个可以采用的起点；但是，在假设资本更多地进入此类资产前提下，历史记录数据的权重就应当更低一些。

资产配置评估的频率。另一个关键因素是资产配置评估的频率。传统上，绝大多数大型机构管理所信奉的理念是，市场择时是无效的。战略资产配置是固定的，并不经常改变。这一原则帮助投资委员会领导下的机构避免这样的诱惑——追逐短期收益和随波逐流。可是，许多捐赠基金、基金会和养老金管理机构越来越频繁地评估其资产配置。大多数机构每年都要评估其战略资产配置。许多机构允许并鼓励其投资总监，在每次战略资产评估所设定的范围内，对资产配置做出微小的战术性改变。战略和战术性资产的边界变得日益模糊。这可能有悖于长期投资者应当运用长期假设的原理。然而，基于现存市场的波动率，较高频率的策略改变就很有必要。金融资产的价格会在短期内发生显著的变化，并且这样的变化会对未来的收益产生不可避免的影响。债券市场为这一效果提供了最为清晰的示例。一只按照3%年收益率购买的债券，比按照5%年收益率购买的同样的债券收益率更低。

同样的思维过程能够并且应该运用于股票和其他资产。购买一个具有较高分红收益与较低估值的股票组合，应该比购买一个具有较低分红收益与较高估值的股票组合具有较高的预期收益；除非这两者在增长预期方面有着强烈的差异。这里的要点是，现金收益和资产价格对于预期的总体收益有着重大的影响。这些因素都是在不断变化着的。

关于资产配置流程的争论，很大程度上是由彼得·伯恩斯坦(Peter Bernstein)在2003年早期的一次演讲引起的。对于应该始终预期股票产生两位数的历史平均收益这一错误的观念，伯恩斯坦指出，其他的研究者和投资者[阿诺特(Arnott)、阿斯内斯(Asness)、坎贝尔(Campbell)、格雷厄姆(Grantham)、席勒(Shiller)]已经在数年间阐明：也就是说，价格至上。他提出了一个有力的例证—— 一项资产配置不应当被设定和保持数年不变，因为存在着连续的价格变动且有利可图。长期投资思维的益处在于,其可以避免众多投资者为追逐时髦而落入行为陷阱。可是,如果每个人都在“市场择时不管用的”观念下进行操作,那么会更多地从战略的角度利用可能出现的投资机会。

同类分析。将一项战略资产配置与其他具有相同目标的基金进行比较是很有价值的。这一分析的意图是获取一种有用的背景信息,并且不应当制约资产配置的决策。采用直接业绩比较的同类分析一定要非常仔细,因为每一只基金都有其独特的投资目标、责任和风险承受能力。同类分析的价值在于两个方面。首先,如果目标是取得“高于平均水平”的业绩,那么,就有必要要求相比较的对象也具有一个“高于平均水平”的或不同的资产配置。其次,因为在某段时期内维持逆向投资较为困难(比如当逆向头寸暂时不起作用时),知晓资产配置如何与其他机构同类资产相比较是有益的,尤其是与一家机构的资产配置极为相似的情况下。这也许有助于在困难时期维系此类逆向头寸。

资产配置和资产负债分析包含了大量复杂的技巧,可以预见其分析结果必然高度精确。理解这些模型内在的弱点以及潜在假设的意义和敏感度是非常重要的。总之,这些模型和程序应当被当作辅助决策流程的工具。而最终综合判定决策正确与否的应该是直觉。

风　险

资产配置流程应当服从于机构的投资使命、金融市场的行为,以及在不确定性情况下有效的集体决策。从广义上讲,捐赠基金或基金会的目标与那些在风险控制的前提下追逐最大化收益的投资者并无二致。高回报的好处是显而易见的,投资基金的高回报可以使捐赠基金或基金会为未来的学术或慈善活动提供经费。不过,对高回报的追逐一定要置于风险管控的框架内。没有一定的投资风险测评,就不可能对一项资产的未来或已实现收益是否具备吸引力或是否成功做出评价。也许,对承担风险大小的决策,是一项最为重要的政策。

许多风险评估方法能够对证券投资组合管理提供帮助,包括针对波动率、跟踪误差、流动性风险、复杂性风险(比如不了解一项投资的“真实”下行风险的风险)、无法达到一项特定收益临界值的风险等众多的统计工具。虽然这些工具在管控资产组合风险方面非常有用,但它们仅涉及资产组合的风险评估,并不能说明非营利机构为未来计划融资的目标等职责。这两者可能容易受到一些驱动金融资产收益的同一经济因素的影响(比如利率和通货膨胀率)。对捐赠基金而言,一项资产配置的完整分析一定要兼顾资产负债表,以便对各种另类证券组合结构整体风险这一关键指标的潜在影响做出评估。运用资产/负债模型可以完成这一工作。通过捐赠基金提供的预算比率或机构信用评级等关键指标,资产/负债模型显示的结果描述了每项另类资产收益的分配情况。

再平衡

除了资产配置的方法和流程外,投资政策必须阐明实现再平衡的方法。随着时间的推移,一项资产配置超出了确定的范围,或者根据投资委员会或投资总监的定性分析,当风险(波动率或者跟踪误差)超过了预设的风险值时,便会触发再平衡。当然,再平衡也有可能不会发生。基于战略资产或长期目标资产配置管理原则的投资流程会运用上述一种方法。时间推移的方法要求投资总监在预先设定的时间周期过后,机械地对目标资产配置进行再平衡。比较典型的时间周期有月度、季度和年度。有时候,定性的方法是允许的,特别是其间发生重大事件时(比如恐怖主义事件或市场处于困境)。然而,再平衡所涉及的原则和风险管理机制要求这一过程是非常机械的。

再平衡的另一个问题是,机构的再平衡是否支持长期目标资产的调整,或者是否部分支持这一目标的调整(比如处于长期目标资产范围边缘的目标调整)。此外,还有一个问题是,如何处理那些诸如获得合伙人地位并锁定3～5年周期的承诺资本等缺乏流动性的另类资产。现金减损的不确定性,以及最终现金的分配,使得为了某一目标而管理这些资产种类及其子类产生了诸多问题。通常,机构承诺的一年目标数额将非常接近于它们的长期目标。然而,这是基于一些假设前提,并且也仅仅是一个长期的预测。由于意识到许多资产种类的目标管理存在内在的困难,一些机构为了便于再平衡而排除了这些资产种类,取而代之的是针对一个分配目标来管理其流动性资产种类。

再平衡包括投资的出售,或者是混合基金(commingled funds)的赎回。但是,有时候在再平衡的过程中,由于基金经理锁定了资产,或者基金经理过于保守(比如不愿意管理额外的资产),再平衡就不具有可行性。当某一资产种类不再属于长期或战略目标时,从一名已经完成资产配置的基金经理那里进行部分或全部的赎回,很可能让机构在将来很难在那名基金经理处再进行投资。无论如何,机构都可以通过使用叠加手段实现再平衡。机构可以运用互换、远期期货来维持基金经理的敞口。当运用互换或者将资产的敞口风险转换为另一种资产时,证券组合中该资产的比重就会降低。完成诸如叠加的操作,要求机构实现积极的现金管理。

投资政策的贯彻

一旦投资政策确定,投资责任实现了转移,那么投资流程就将集中于投资分析、投资品种的选择和证券组合管理上。投资政策应当包括涉及被动与积极、内部与外部的管理等机构政策方面。

积极管理与被动管理

许多基金会和捐赠基金并未明确表示自己实行积极管理,而是采取积极管理兼顾价值投资、低成本指数化投资或被动投资策略。对于大型公共养老金管理机构而言,采取更为被动的管理策略是极为常见的。然而,积极管理的代价是高昂的。许多研究统计表明,大部分积极管理的业绩并不如采取被动方式的投资策略。根据定义,投资是一项零和博弈(zero-sum game)。因此,一些人战胜了指数,就意味着一些人一定表现不佳。事实上,高额的投资管理费用暗示着这是一项负和博弈(negative-sum game)。因此,大部分专业基金经理不太可能在一个超长的时段内战胜作为参照物的业绩基准。

结合普遍存在的业绩缺乏持续性现象(比如过去的业绩并不预示着未来的业绩),这意味着挑选采取积极管理策略的基金经理就如同查理 · 埃利斯(Charlie Ellis)所说的选择了一个“失败者的游戏”。大卫 · 斯文森在他的第二本书——《非常规的胜利:个人投资的基本方法》(*Unconventional Success: A Fundamental Approach to Personal Investment*)——中建议个人或资源不足的机构(指没有能力获取资源并且缺乏研究基金经理和投资理念的机构,它们无法完全匹敌那些拥有较多经验丰富投资人员的较佳的大型捐赠机构)应当对其整个证券组合采用简单的指数化方式。

外部管理与内部管理

大部分的捐赠基金和基金会雇用外部的投资经理来挑选具体的证券品种,

投资办公室、投资总监通过资产配置、主题选择和挑选经理人来增加投资的价值。然而,哈佛管理公司(Harvard Management Company)却迥然不同。该公司有着成功实行内部管理的长期记录。内部管理的优势包括:与外部管理相比,在雇用内部员工方面有着较低的成本;具备更大的透明度;而且采用这一方法,风险管理更为容易。内部管理的消极面在于,吸纳和保持员工较为困难。这可以归纳为内部培养和外部雇用的冲突——雇用最有天赋的投资基金经理作为公司内部的员工是不太可能的。如果碰巧一家机构能够招募到这样的人才,那也会因为成本过于高昂(与这类非营利机构的其他员工所获取的补偿性收入相比而言)而难以留住他(或她)。

机构面临的一个潜在的逆向选择问题是,最有天赋的投资基金经理更有可能为了获取更多的管理费而选择为那些不受非营利条件约束的投资者服务;而留下来的都是那些平庸的经理人。一些较为大型的机构通过与雇用的外部经理共同投资的方式,来引入一些积极管理策略。比较典型的是,通过机构的私募股权经理参与私人公司的投资。共同投资的好处是,能够集中投资基金经理深思熟虑后的资产,从而减少整个投资管理的费用,以此来支付外部经理人的报酬;同时保持一支较为可用的投资团队。这样的共同投资也有益于帮助投资人员接近并因此更好地、不间断地监督外部经理,对其实行尽职调查。其中的一些采访对象在公司内部还管理着财务。

其他内部管理的方式包括被动策略或增强型的被动策略、战术或套期保值叠加,以及固定收益管理。固定收益是最为普通的内部资产管理种类。顶级和最差的积极型固定收益基金经理管理的任何资产种类的差别很小。因此,寻找一名积极型固定收益基金经理花费的时间和精力是最小的。

外部基金经理的选择

因为大多数的捐赠基金和基金会雇用外部投资基金经理来选择证券和公司,所以经理的选择是至关重要的,对此,杰伊·约德(Jay Yoder)在其所著的《捐赠基金管理:实用指南》(*Endowment Management: A Practical Guide*)一书中,提出了挑选合适投资经理的一套系统的、成熟的最佳方案。这一方法可以归纳如下:

1.雇用基金经理完成特定的投资目标(当你需要一名价值型的基金经理时,

不要雇用“热门”的成长型基金经理)。

2.在寻找基金经理时,设定清晰和理性的目标。要明白机构想要完成何种使命。要雇用一名好的基金经理,没有必要雇用“最佳的”经理人。

3.当缺乏专业知识或时间来完成上述寻找任务时,可以将尽职调查的责任委托给诸如顾问或管理人的管理人等投资专家。

4.确立聘任的标准,以及提出这些标准的依据。

5.选择你知道的或者你的同事知晓的机构。首先,在你的一项投资中考察经理人或机构,或者对其进行较长时期的追踪。其次,请值得尊敬的同事、投资委员会的成员或者资产专家进行推荐。

6.实行全面的尽职调查。可以根据下述条件对投资管理机构进行评估:(1)人员;(2)投资理念;(3)流程;(4)业绩;(5)职业水准;(6)谨慎的本能反应。

7.遵守谨慎人的规则。你要明白规则也许不能够帮助你就特定的战略找到最佳的基金经理,但有助于投资者在寻找的过程中按照谨慎的流程来发现适合其投资目标的基金经理。[1]

投资组合管理

投资组合管理既可使投资经理凭借证券组合提供多元化的收益,又可以综合使用定量因素(比如与其他投资经理的历史收益的低相关性)和定性因素(基金经理所作所为各不相同——有的使用不同的分析方法和信息来源,有的关注不同的地区或板块,服务于追求多元化收益的投资组合的经理们)。建立投资组合时应根据机构资源(比如投资人员)相关情况,确定恰当的投资数目。例如,如果一家机构从事投资的人员较为有限,就不必拥有太多的基金经理。

基金会和捐赠基金的投资总监面临前述的投资决策风险。当然,最值得注意的风险是本金损失以及无法实现向机构承诺的收益。在投资的过程中,风险无处不在。除了波动率和本金损失的风险,特定投资风险包括流动性风险、通货膨胀风险、通货紧缩风险(例如,信用风险)、货币风险、复杂性风险(例如,对冲基金倒闭)、羊群效应风险。风险还来自运营、合规审查、托管人和对手方。随着交易系统的成熟以及工具效率的提高,投资总监完全能够通过系统的方法,依靠投

---

〔1〕 Yoder, p. 95.

资委员会界定清晰的责任和支持进行风险管理。[1]

基准和业绩评价

业绩评价最为普通的方法是将整个证券组合的业绩与政策界定的业绩基准相比较。政策界定的业绩基准是每一资产种类的业绩基准,按照长期目标和战略资产配置加权平均而得。通常,传统资产种类的业绩基准,包括针对美国上市公司股票的罗素3000(Russell 3000)、针对非美国上市公司股票的摩根士丹利资本国际公司全球指数(MSCI ACWI),以及针对投资级固定收益债券的雷曼综合债券指数(Lehman Aggregate Bond Index)。每个业绩基准代表了每一项资产的被动敞口风险。业绩基准应当充分反映资产种类的风险。

对于另类投资,参照基准的选择就不那么明确了。对于另类资产的基准认定,可以有两种广义的方法。一个办法就是,以上市公司收益的一定范围为基准,加上一个额外的反映较高风险(包括波动率和流动性)的差额。例如,一项绝对收益的基准可以是3个月的短期国库券收益加上350个基点。对于另类资产投资测算的第二种被动的方法,即所有基金经理的平均收益。例如,私募股权投资的业绩基准可以是风险经济公司(Venture Economics)提供的近年来所有基金的加权平均收益。这项加权平均收益来自机构投资者获取的私募股权收益承诺。

第一种方法对一项资产风险调整后业绩的评估较为有益;而第二种方法更适宜于对机构投资者基金经理的选择。第一种基准方法的问题是,选择恰当的风险调整幅度通常是主观的,在理论上给出证明比较困难。为什么选择的是350个基点而不是600个基点? 当有多重目标时,第二种方法也是无效的。因为基金经理资源库通常会产生各种偏差,例如,其中有的基金经理不接受新的投资者。

机构经常通过其他若干基准来补充政策参考基准。这包括通货膨胀率加上机构支出率(比如通货膨胀率加上5%),或者被动地加上按照美国上市公司股票/固定收益的70/30或60/40的比例确定基准,或者加上同行的业绩基准。虽

---

[1] Griswold, p. 25.

然在一个较短的时段(比如月度),整体的投资组合收益不会参照“通货膨胀率加上支出率”,但机构在长期的时段内,战胜基准则是非常重要的。这有助于在一个时间段内对机构提供支撑。按照70/30或60/40的比例确定基准的方式经常被采用,因为大多数机构对投资传统的资产组合很有经验。

大多数机构同时正式或非正式地追踪同行的业绩。每年,诸如耶鲁、哈佛、斯坦福等行业领先的机构的业绩被广为传播。其杰出的业绩导致其他机构越来越有兴趣复制其投资策略和投资流程。提高对同行的关注,也有助于基金会和捐赠基金产生雇用投资总监的需求,或者通过与其他机构的竞争来提升其投资水平。

公司治理

大型的基金会与捐赠基金确实能够吸引到极具天赋的投资专业人员进入其投资委员会。不同规模的基金责任各不相同,但一般而言,投资委员会的成员关注战略、监管、避免利益冲突,以及研究和批准投资。较小规模的基金会与捐赠基金倾向于倚重投资委员会提供战术性的投资建议与决策。当投资委员会更多地参与投资的流程,尤其关乎决策权时,投资政策声明中就一定要对投资委员会及其成员的角色和责任做出相关的规定。

决策:由谁担责?

有两个基本的决策模型:一个是投资委员会做出所有的投资决策;另一个是投资总监做出大部分的决策。在实践中,在上述两个极端方式间存在各种变通的方式,这涉及授权的程度,以及投资委员会与其成员的沟通。

我们在2004年的一项非正式调查中发现,大部分机构每年都要评估其战略资产配置,同意并鼓励在预先设定的范围内实行战术性的资产配置。较为典型的战略资产配置流程是由投资人员提出,由投资委员会批准;而战术性的资产配置通常被授权给投资人员。是否聘任基金经理的最终权力通常由投资总监和投资委员会共享。投资委员会并不与基金经理候选人见面,只有一种情况是例外。在所有的情况下,投资人员掌控投资的流程;当投资委员会具备权威时,它也很少会驳回投资总监的建议。大部分的投资总监会强烈建议,在涉及投资委员会批准更换基金经理事项时,这一过程应会通过面试或电子邮件完成。大部分的投资总监有权解雇基金经理,并有权对投资组合进行再平衡。即便有权做出决策,并告知投资委员会所有投资组合的再平衡,所有的投资总监仍然强调在构建投资组合时会犯错。

概言之,决策的结构本质上是效率和信任之间的一种平衡。众所周知,投资决策缘起共识,或者说,投资委员会可能会阻碍对投资机会的快速反应。但是,在授权投资总监决策权时,投资委员会一定要确信其信托职责得到了履行。这要求一种高度的信任,以及保持与投资总监和投资人员的紧密关系。这种关系,可以通过密切合作和联系形成。一种较好的模式是,决策权进行了授权,但投资委员会仍积极参与投资的流程——在决策前充当顾问,负责监督。投资委员会会议包括政策的讨论和资产配置的定期评估。

在《捐赠基金管理:实用指南》一书中,杰伊·约德强烈主张,投资委员会和董事会应当积极参与投资政策的确定和资产配置,并对投资办公室进行普遍的监管;但应当将其他权力授予投资总监和投资办公室。在这一问题上,约德引述了几位捐赠基金专家的观点。威廉·梅西(William Massy)在其《捐赠基金:观点、政策和管理》(*Endowment: Perspectives, Policies and Management*)一书中讨论了斯坦福大学的公司治理机制:

> 董事会的投资委员会应当讨论愿景及其基本设想……它理当服从于董事会批准的需要遵循的总方针……在政策许可的框架内,投资委员会拥有对信托捐赠的宏观监督权力。关键术语是"总方针"和"宏观监督"。投资委员会和董事会应该指明方向,进行监管;但他们不应当干涉日常的投资组合管理。投资委员会应该过问一些有关政策和建议的问题……但其自身不应该在投资方面亲自操刀。[1]

作为一家公共养老金机构,弗吉尼亚州退休系统(the Virginia Retirement System)的传奇经历与前述所观察到的现象有着一致性。直到20世纪90年代早期,弗吉尼亚州退休系统仍是一家公共基金,大多数决策由投资委员会和董事会做出。之后,在一名顾问的帮助下,公司治理发生了改变。从那时开始,除了政策制定和资产配置外,大多数决策由投资人员做出。这样做的好处是显而易

〔1〕 Yoder, p. 50.

见的——他们超越了所参照的长期基准业绩指标。与其他的公共基金相比，投资人员获得授权后具有更多的机会和更大的主动性来配置另类资产。这种授权治理机制允许做出逆向投资决策，并秉持相当长的时间。虽然投资人员被授权可以做出适时的决策，但是投资委员会和董事会仍积极参与其中，并被告知所有的投资决策——投资委员会的建议在所有证券组合的重大变更时都发挥了巨大的作用。

对于这种授权的治理结构也存在争议。首先，如果投资总监和投资办公室熟悉被投资的商品，并且经年累月的可靠的投资业绩已经帮助他们建立了声誉，那么这种治理结构将会运作良好。对于投资委员会而言，若想对选择的授权对象感到满意，那么诚信是非常重要的。当更多的捐赠基金和基金会与其聘用且不断更迭的高层投资人员打交道时，诚信就是一个更大的问题。

其次，大部分决策经由投资委员会批准的好处是，可以帮助机构习惯于在更长的时间段内持有大额的“赌注”。基金经理的雇用/解雇以及战术性资产配置的决策经由投资委员会批准，因此其委员会的成员便有了一种主人翁感，对于这样的观点还存在争论。在某些诸如短期业绩不够理想等情况下，这样的决策(基金经理的雇用/解雇，以及资产配置)能够保持较长的时间。这种缺乏个体责任的方法再一次引起了争议。委员会的集体决策可能会导致过度的谨慎，以及轻率地放弃较为困难的决策。

投资委员会指南

在由高盛市场学会(Goldman Sachs Market Institute)[1]发起的大学捐赠基金峰会的小组讨论会上，列示了理想的投资委员会应具备的要素：(1)委员会的成员愿意贡献他们的时间；(2)投资的多元化和具备专业治理知识；(3)投资团队的连续性；(4)委员会的成员是具有开放视野的思想者，不在细枝末节上干预投资人员的决策；(5)由受托人和代理人组成的董事会全体成员支持投资委员会。

大多数专家同意投资委员会的成员规模应当较小——最多5～6名成员，并

[1] Clarke, Teresa H., Rumi Malott, and Neil Mehrotra. 2005. "Critical Issues in Endowment Management," Global Markets Institute (GMI) at Goldman Sachs, University Endowment Summit Conference Proceedings, www.gs.com/gmi, January 26.

且一年中应当有4～5次碰头会。投资政策声明中,应当对委员会成员的资格和限制条件做出规定。管理基金会和捐赠基金投资资产的投资总监需要对董事会的集体思维保持警觉,并尽力构建与投资委员会成员的强有力的关系。

耶鲁大学捐赠基金报告(the Yale University Endowment Report)提供了一个有关投资委员会定义的优秀范本:

耶鲁大学投资委员会描述

1975年以来,耶鲁公司投资委员会(the Yale Corporation Investment Committee)始终承担监管捐赠基金的责任,在投资组合规划中吸收了较高水平的投资经验。投资委员会由至少3名耶鲁公司的董事和具备特定投资经验的人员组成。委员会每个季度召开会议。在会议上,委员会成员将会评估资产配置政策、捐赠基金业绩以及投资办公室成员提出的策略。委员会核准捐赠基金组合投资指南,明确提出投资目标、开支计划、每一资产种类投资的方法。投资委员会由11名成员组成。

总　结

基金会和捐赠基金投资成功的要素包括强有力的公司治理、认真推敲的投资理念和结构化的流程。投资政策声明确立了机构的投资原则、目标、资产配置流程——在投资人员和机构之间博弈的路线图和规则。这对投资成功而言是极为重要的。投资成功的充分条件在于投资理念,以及投资人员与投资委员会一起日复一日地对投资理念的实践。这样的访谈交流将有助于我们更好地理解本书所阐明的投资总监成功的必要和充分条件。在开始阅读这些访谈之前,我们首先回顾一下当前投资总监进行投资时所处的市场环境。

第三章　投资环境
——看清形势

为何投资者对大型基金会和捐赠基金的投资策略和方法颇具好奇心？基金会和捐赠基金越来越被认为是某些最为老谋深算的投资者，它们在过去的许多年中，远早于其他机构投资者通过投资新的资产种类，获取了令人瞩目的投资业绩。

本章调查了当前的投资环境。我们从一些使基金会和捐赠基金成为行业领导者的因素，以及对宏观市场环境的描述等简要的回顾开始。本章还研究了另类资产对基金会和捐赠基金杰出业绩的显著贡献，并且提供了投资总监在证券组合中持续增加另类资产的详细信息。第一部分的最后会对未来做一展望，这将为第二部分对投资总监的描述奠定基础。

我们是如何成功的？

桑迪·尤里(Sandy Urie)是剑桥联盟资产管理公司的董事长和首席执行官。这是一家为基金会和捐赠基金提供了34年咨询服务的咨询公司，起步于为杰出的常春藤联盟(Ivy League)学校提供外部资源(开始是为哈佛大学提供帮助)。她将基金会和捐赠基金的成功归因于其投资长期性。

虽然这些机构逐渐组建了强有力的内部投资团队，但她相信，严格的流程对其成功富有帮助：（正如其所言）“成功的关键在于坚持投资政策，而不是资产种类的交易……流程意味着产生具有吸引力的结果。”

桑迪相信捐赠基金和基金会将会继续进行全球投资，请注意，这一趋势刚刚开始。大型捐赠基金所配置的非美国上市公司股票，最近超过了其所配置的美国上市公司股票。然而，桑迪注意到，“对于捐赠基金而言，配置所有的全球资产种类变得越来越困难，你需要亲临现场……例如，亚洲是一个地区，而不是一个市场”。

除了剑桥联盟资产管理公司，包括哈蒙德联盟公司和罗杰斯·凯西在内的许多其他的投资顾问也一直向捐赠基金和基金会提供建议和资源。丹尼斯·哈蒙德（Dennis Hammond）是哈蒙德联盟公司的创始人和首席执行官，已经为机构投资者提供咨询超过 22 年。他对桑迪·尤里关于捐赠基金投资成功的原因所做的结论产生共鸣：长期投资、良好的治理结构、愿意并有能力尽早接受新的资产种类和交易策略。

罗杰斯·凯西的首席执行官蒂姆·巴伦（Tim Barron）也分享了桑迪关于众多捐赠基金成功的观点，他说：“捐赠基金和基金会已经确立了自己的路径……它们的治理结构优于其他的诸如养老金机构等投资者——它们会基于理性因素而采取明智之举，并懂得适应这些决策。”

投资基础

投资经理对阿尔法［alpha(α)］和贝塔［beta(β)］做了许多论述。β 是从对投资组合中的资产种类进行配置或风险敞口中获得的收益，只适用于被动投资。α 则是通过投资经理的积极投资获得的超额收益，它优于对任何特定资产种类所进行的被动投资。

大多数的捐赠基金和基金会寻求通过资产配置（如 β）以及基金经理的选择（如 α）来增加价值。大卫·斯文森在《证券投资组合管理探索》一书中推崇进行战略资产配置，而并不喜欢采用战术性资产配置，他认为市场择时不可能获得持续的成功。

蒂姆·巴伦也注意到，人们总是热衷于对投资进行反思。因此，当一项资产的业绩表现较差时，大规模资产配置的变更总会发生。“当投资业绩较差时，投资者倾向于增加资产的种类……这就是斯文森对较小规模的捐赠基金和基金会的担忧——它们试图模仿他人的投资，但它们所买入的投资品种很可能恰恰是模仿对象所抛售的……你想在某处看到兽群，但不会处在它们中间。”

随着时间的推移，大多数捐赠基金和基金会具有吸引力的业绩记录归功于其资产配置流程（包括对于主题的确定和利用）、再平衡的原则，以及聘用和评估外部投资经理所投资的各种资产种类的流程。

投资成功的关键是与具备天赋的投资人一起从事独特和有趣的事情，并且不会随着岁月的流逝而发生改变。你仅仅需要关注不同的投资机会，尽管这样的机会较难发现。

下一节的内容将会概述当前宏观层面和市场情况，以及今天投资总监所面对的形形色色的问题和如何选择资产种类。

宏观环境

什么是宏观投资环境？尽管好的投资机会难以被发现，但每一个投资环境却提供了众多的投资机会。宏观状况是指每时每刻都影响着投资者的主要全球经济和市场趋势。宏观状况影响着战术资产配置决策。

投资环境受到影响经常是一个“老生常谈”的问题。20 世纪 80 年代的公司老板们着了魔似的核实石油价格，而忘却了当时市场和经济中其他事件的发生，该场景至今令人难忘。在那些年里，其他的市场敏感话题包括政府政策、美元、美联储、恐怖主义、通货紧缩、通货膨胀、联邦选举。在几乎每一个事例中，最近的亲身经历或者趋势（好的或者坏的）都会被推断或假设在未来继续发生。

最近关注的问题包括持续上涨的能源和商品价格、房地产泡沫、信贷泡沫以及“低风险溢价”。通常的抱怨是，“没有一件东西是便宜的”，或者“没有明显的投资品种”。然而，便宜的投资品种是事后才能确认的，在事前并不能非常明确。债券宽松的信贷利差，或者股票的低市盈率，通常发生在金融危机之时——人们预期未来会变得更糟。这始终是任何一个市场中大谈特谈的问题或传统的观点。但它不可避免地从过往的时光中带来过于沉重的感觉。

这样的分析显得过于简单。全球经济是一个关系和交易网，非常多元化，并能够经受住许多冲击。简单的分析无法提供预测。因为虽然就边际效应方面而言可能是正确的，但就巨大的经济体量入手来看，常常是错误的。这是由于经济与市场受到其他许多因素的影响，这些因素并不是老生常谈的问题。行为金融学的研究已经突出强调了投资者的许多弱点。这些从最近一些事件中分析得出的投资者的弱点，简直与兽群无异。事实上，绝大部分事件的冲击，包括好的与坏的，整体而言是无法预测的——它们无法从美国全国广播公司财经频道(CNBC)和纸质媒体《金融时报》(*Financial Times*)、《华尔街日报》(*Wall Street Journal*)上获得蛛丝马迹。这些无法预测的意外事件，就如恐怖袭击带来的负面影响，以及新技术突破所带来的正面影响难以预见，并且它们将会触发经济和市场发生持久的变化；相应地，也会导致政权的更迭，从而成为人们一个新的"大谈特谈的问题"。

发轫于20世纪90年代晚期、破灭于2000年的证券市场泡沫，仍然是投资者心头挥之不去的沉重阴影。从那以后，投资者对其他的泡沫(比如房地产和信贷)保持警惕。证券市场(以标准普尔500指数衡量)从2000年3月24日的峰值回落了49%，直至2002年10月9日触底。这颠覆了许多投资者先前的传统观念，即从长期看，证券的业绩回报优于其他资产种类并且风险较小。当下的主流观点认为，债券收益和现金流比那些确定性较低的(49%的损失就是一例)成长性或股票资本利得更为安全。

投资者倾向于追逐眼前的收益，尽管捐赠基金的一些行业领导者已经成功地克服了这一行为弱点。因此，为了解当前的投资环境和流行的风尚，掌握资产种类的收益分布是有益的(详见表3.1)。

由于股票市场在2000年崩盘，于是产生了对价值和债券收益的需求，而成长性投资则不受人待见。这促成了对于房地产和信贷的需求。当前主流的看法是，全球风险溢价较低，因为所有的信用价差(比如高收益债券、新兴市场债券)都处于历史低位。这就从另一个方面解释了信贷和房地产泡沫(使用"泡沫"这一术语并不是非常严格)发生的可能性。由于股票市场崩盘后近十年来的消极影响，并且由于统计学意义上的老年人口的增长，对于债券收益和现金流的需求开始上升。尽管人们采用承担比短期国债风险更高的投资方式以试图提高其收益，但他们仍然是风险厌恶者。他们期望购买支付票息或股息的资产的意愿要高于购买以资本收益体现回报的风险资产的意愿。因此，任何支付票息或股息的资产的价格都居高不下。也许，这就解释了房地产投资信托基金(REITs)、高收益债券、新兴市场债券、派息股票(往往是价值型股票)的业绩表现为何如此强劲。因此,全球投资风险溢价的下降实际上也许会提高投资者风险厌恶的程度,刺激投资者购买高收益债券或持有当前现金流较好的资产,而不是追逐不确定的资本收益。

表 3.1　　按照年度计算的资产种类收益(2006 年 12 月 31 日)

基　准	1年	3年	5年	10年
美国公开上市公司股票(罗素 3000)	15.71%	11.19%	7.17%	8.64%
非美国公开上市公司股票[摩根士丹利资本国际公司全球指数(MSCI ACWI)]	26.65%	21.32%	16.42%	8.59%
固定收益[雷曼综合收益(Lehman Aggregate)]	4.33%	3.70%	5.06%	6.24%
高收益债券(ML HY Master Ⅱ)	11.77%	8.38%	9.86%	6.61%
对冲基金[对冲基金研究公司(HFR)指数]	12.91%	10.40%	9.65%	10.60%
私募股权并购*	26.68%	26.47%	18.14%	15.15%
私募股权风险资本*	16.98%	13.35%	−0.39%	16.98%
房地产[美国房地产投资信托协会(NAREIT),基于上市公司]	34.35%	23.80%	22.55%	13.75%
房地产[国际房地产投资信托委员会(NCREIF),基于私人的房地产]	16.59%	17.02%	13.27%	12.72%
商品[高盛商品指数(GSCI)]	−15.09%	7.73%	14.79%	4.69%
能源[高盛能源指数(GSCI)−能源]	−26.79%	6.59%	17.85%	7.15%

* 数据来源于剑桥联盟资产管理公司。

股票的暴跌也提升了对另类资产的需求。这类资产在证券市场低迷期表现良好。尽管美国股票中价值高估的大盘股跌幅巨大,但其他的股票,比如小盘股、价值股、国际股却比较抗跌,甚至表现良好。此外,对冲基金的价值在 2000 年、2001 年和 2002 年都得到了提升,从而导致一批新增的资金在接下来的一些年份中进入此类资产(有些人反对将对冲基金视为一种资产,而倾向于当作激励薪酬的安排)。

由于害怕下一次市场交易带来亏损,在股票市场损失金钱的投资者转而将资金配置到对冲基金上。一家名为对冲基金情报(Hedge Fund Intelligence)的机构,近来评估对冲基金的全球资本规模大致在 2 万亿美元,10 年来增长了将近 4 倍。其他的另类资产，包括私募股权、房地产、自然资源，也同样引起了投资者对其兴趣的不断增加。事实上，这些曾经规模狭小、真正堪称“另类”且非主流传统的资产种类，现如今规模巨大、机构云集，并且不太可能再产生像早期的进入者——诸如捐赠基金和对冲基金——所获取的那种收益。最近，我曾经听到一名捐赠基金投资者提及，他们将不得不再独辟蹊径，发掘其他的“另类资产”。

市场聚焦另类资产

某一资产种类得到认同或失去关注，存在或者消失，完全依赖于其过去的业绩。当前市场环境有利于另类资产——对冲基金、私募股权、实物资产，这是由于在过去的 5～10 年间它们业绩的强劲表现。特别是诸如房地产、商品、能源等实物资产，业绩居于前列，从所有的投资者那里吸引了越来越多的现金。

基金会和捐赠基金在发现、购买新的资产，以及接受新的投资理念方面，已经成为领头羊。表 3.2 显示了在过去 10 年间，捐赠基金在另类资产配置方面不断增加的情况。

表 3.2　来自全国大学和学院商务官员协会(NACUBO)对资产配置平均情况的调查(按照美元计价)

年份	1996 年	2006 年
美国上市公司股票	44.9%	29.2%
非美国上市公司股票	13.0%	18.5%
固定收益和现金	26.6%	16.3%
私募股权	5.2%	7.8%
对冲基金	4.6%	18.0%
实物资产	4.3%	9.4%
其他	1.1%	1.0%
合计	**100.0%**	**100.0%**
所有的另类资产品种	15.5%	36.0%
所有的传统资产品种	84.5%	64.0%

最为引人注目的是最大型的捐赠基金以及其比小型捐赠基金对另类资产更

为积极的配置。

尽管规模常常与收益率呈反比，但最大型的捐赠基金却有着最佳的表现。从2006年全国大学和学院商务官员协会的调查中，我们发现，2006年3月30日，超过10亿美元规模的捐赠基金，10年间的投资回报率为11.4%，完胜较小规模的捐赠基金(例如，规模在5亿～10亿美元的捐赠基金的投资回报率为9.8%，规模在1亿～5亿美元的捐赠基金的投资回报率为8.8%)；美国上市公司股票(罗素3000)的回报率为8.5%。规模越大、越成功的捐赠基金，在其资产中，另类资产投资所占的比例最高(见表3.3)。

表3.3　全国大学和学院商务官员协会调查

[2006年6月30日资产配置(%)]

	美国证券	国际证券	固定收益与现金	私募股权	对冲基金	实物资产	其他
总计							
等权平均	44.4	13.3	23.6	2.8	9.6	5.0	1.4
美元加权平均	29.2	18.5	16.3	7.8	18.0	9.4	1.0
投资池规模等权平均：							
低于2 500万美元	50.1	8.8	34.3	0.7	2.6	2.5	0.9
2 600万～5 000万美元	51.4	10.8	25.4	0.6	6.0	4.5	1.4
5 100万～1亿美元	46.9	13.1	24.3	1.4	7.8	4.6	2.1
1.01亿～5亿美元	41.6	15.3	19.5	3.6	12.3	6.0	1.8
5.01亿～10亿美元	33.7	19.2	15.5	7.3	17.4	6.4	0.4
10亿美元以上	26.3	18.6	14.2	9.4	22.4	8.6	0.5

资料来源：全国大学和学院商务官员协会。

根据全国大学和学院商务官员协会的调查，平均规模在10亿美元以上的捐赠基金，配置传统资产的比例为60%；这与捐赠基金平均以81%的比例配置传统资产形成了鲜明的对照。来自基金会的传闻表明，其业绩和资产配置趋势与上述捐赠基金类似。

举例来说，耶鲁的2006年年报显示，其传统资产配置的比例仅为30%，而另类资产配置的比例则高达70%。

下一节将介绍一些资产种类以及已经成为成功捐赠基金和基金会关注重点的另类交易策略。

绝对收益或对冲基金交易策略

投资绝对收益不再是一种非常规的交易策略。大部分养老金、基金会和捐赠基金已经将其基金中的更多资产配置于这些交易策略和经理人。日渐流行的"对冲基金"为捐赠基金和投资于此类资产的投资者,创造了一种更具挑战性的环境。颇具天分的基金经理人握有可资调用的更多资本,以促使所有的市场更具效率,结果就是,证券定价错误和套利的机会变得越来越少。相应地,未来的回报将会比以前更低。

为何要止步于对冲基金?"对冲基金"这一术语的使用正变得日益广泛。似乎任何一种费率结构在1%～20%(甚至更多)的基金,都可纳入对冲基金的范畴。传统上,对冲基金是一种由有限合伙关系构成的私人投资工具——基金经理作为普通合伙人(又称"无限合伙人"),而投资者则作为有限合伙人。"对冲基金"不是传统的资产种类,恰恰相反,它是投资经理人和交易者的混合物,可以获得业绩提成,可以对各类资产种类采取各种交易策略,并且可以运用诸如杠杆、衍生品、卖空等收益增强型工具。对冲基金的特性体现在它的目的上——在几乎不承担系统性或二级市场敞口风险的情况下获取绝对收益。与普通的资产种类类似,对冲基金的交易策略可以归类为许多种。对冲基金经理和投资者一般采取以下三种主要交易策略中的一种:(1)套利/相对值;(2)事件驱动;(3)方向性/战术性。

除了这些独特的交易策略,越来越多的资本正投资于多策略对冲基金(multistrategy hedge funds)。这些对冲基金规模巨大,在一个单一的组织内搭建了由各类投资团队(各自聚焦于某一专业化投资策略)进行操作的对冲基金平台。资本在各类基础性的交易策略中进行配置。这些策略基于战术性的原则,以应对瞬息万变的市场状况,竭力提高收益。

在低波动率以及股票和固定收益低相关的情况下,对冲基金能够为投资者提供两位数的收益,这种观念已成为常识。采用均值方差优化的方法,对冲基金似乎是在捐赠基金证券组合之外的一种具有吸引力的投资工具,在某些案例中,对冲基金看上去也比其他的资产种类更好。这导致了一些捐赠基金将其超过一半的资产规模配置到对冲基金上。有太多的投资者将对冲基金视为免费的午餐——高收益、低风险。

近年来，对冲基金受到大量关注的原因，是其在 2000～2002 年证券市场下跌时的业绩表现。截至 2006 年 12 月，对冲基金 10 年期的平均收益要分别比美国公开上市公司股票(罗素 3000)和债券(雷曼综合)每年高出 200 个基点和 400 个基点。虽然许多个别基金表现不佳，但作为整体，对冲基金由于相对于股票市场敞口中性，确实提供了一种绝对收益。

我们和对冲基金将向何处去？捐赠基金和基金会的投资者继续向对冲基金配置资本，因为对冲基金继续给人们提供了与天才投资经理人共同投资的机会。

(1)激励性薪酬的制度安排体系通常能够吸引到最有才华的分析师和投资组合经理。

(2)该薪酬体系能够使经理人与投资者的利益捆绑在一起。

(3)对冲基金经理人管理的资产规模比传统的投资经理人所管理的规模要小。

(4)对冲基金给予经理人的授权更具有弹性。

随着对冲基金产业的成长，它变得更为制度化：善于管理的机构，除了本身是优秀投资者，其更容易招募到和留住富有才华的经理人，可以为客户提供保障并管控风险。随着企业的成熟，它们变得不那么依赖于一个人，而更多地依赖于可以复制的文化、流程和理念。对于诸如捐赠基金和基金会这样的投资者而言，关键是确保这样的“制度化”能够保持对冲基金具有吸引力的特征——它们的激励性薪酬体系和灵活性；并且避免许多大型机构传统经理人的弊病——倾向于增大资产规模，以便获得更高的管理费，并且变得封闭、昂贵，只懂得根据指数按图索骥。

更大平台规模或者品牌化基金的趋势——最大规模的基金可达 300 亿美元——既带来收益也产生成本，投资者将忙于在那些从规模经济中获益的大型基金与仅仅作为资产的收集者的大型基金之间做出甄别。另一个值得注意的趋势是对冲基金公司股本权益的货币化和交易性。如果我们偏爱模仿成功的交易，那么我们将可能更多地关注此类交易。尽管对于对冲基金经理人而言这是一个巨大的进步，因为一个具有吸引力的离场退出的机会也给基金经理人为自己创造财富提供了渠道，但并不清楚这对投资者有何益处。

由于今天的市场变得更为有效，一切资产种类的成功投资者一定要在获得和处理信息方面具有某些优势。遗憾的是，这种具有吸引力的回报，也同样吸引着那些缺乏投资技巧(比如不具备此类优势)却又苦寻独门秘籍的投资者。如果面临更激烈的竞争和付出更高昂的费用,那么投资者很可能会对普通的对冲基金经理人感到失望。

正如在过去,一家成功的对冲基金的关键在于经理人的选择,以及对那些相对而言投资机遇较大而资本量较小的市场的甄别。经理人的选择是成功的关键。

私募股权交易策略

与对冲基金一样,私募股权也是一种会对许多大型捐赠基金和基金会产生吸引力的另类资产(例如,根据2006年的年度报告,耶鲁大学在过去10年间,每年的私募股权收益达34.4%,而自这一项目开始的1973年以来,每年的私募股权收益达30.6%)。

与对冲基金一样,这类资产投资需要筹集大量的资本,尤其是这一市场中已经达成的交易,近来开始产生大量的具有吸引力的收益。

私募股权作为一种资产种类,涵盖一系列的子类——包括风险资本(从早期到晚期)、成长型融资、收购、夹层融资、不良债务——以及不易归入上述分类的其他有利可图的方法。

私募股权应当产生比公开发行上市的股票更高的收益,这有以下几点理论上的原因。首先,私募股权的流动性较低,因此,相比公开市场,私募股权的高收益就是为此提供一个流动性的风险溢价。其次,从事公司管理的私募股权普通合伙人能够通过增值的贡献来提供收益溢价。普通合伙人能够减少委托—代理的低效率——经理人从自己的利益出发做出的决定会损害股东的利益。优秀的私募股权经理在其持股公司表现积极,履职于董事会,帮助管理——在必要时,会对管理做出改进。最后,在规模较小的公司中,私募股权具有优先股的地位。那些遵守《萨班斯—奥克斯利法案》(Sarbanes-Oxley Act)的小型上市公司的成本和风险尤其繁重,这也为其“私有化”提供了财务诱因。这使得收购专注小型和中型市场的企业的机会不断涌现。《萨班斯—奥克斯利法案》已经使上市公司趋于保守。

机构投资者认识到,投资这类资产所获得的收益高于公开市场上的资产所带来的收益。投资私募股权的理论依据,以及20世纪90年代中期私募股权所产生的富有吸引力的收益,激励着投资者提高私募股权在其资产配置中的占比。在20世纪80年代早期,整个产业每年私募股权的投资额不到100亿美元。今天,一只大型基金的融资就能超过这个数字。凯雷(Carlyle)、高盛(Goldman Sachs)、KKR、黑石(Blackstone)就是新近的证明。

根据景顺(INVESCO)2007年私募股权报告,1980～1997年,风险资本投资额总计为1 000亿美元,但在1998～2001年的4年间,增至2 310亿美元。收购基金的融资规模继续增长,2005～2006年的融资规模为2 400亿美元,1980～1997年的融资规模则是2 530亿美元(数据来源于景顺报告)。

大多数私募股权基金采用的是有限合伙形式:有限合伙人(捐赠基金和其他机构投资者)提供主要的资本;普通合伙人管理基金并提供小比例的资本。有限合伙人"承诺"提供一个固定数额的资本,这一资本是普通合伙人"引入"的,具有一定的投资期。投资期一般为3～7年,而基金的生命周期是7～12年。当一项投资得以实现后(例如,公司出售给一位战略性买家),合伙关系将使资本(包含原始投资和利润)在合伙人中进行一次分配。长期的"锁定"使得普通合伙人在出售和终止该项投资之前,有充分的时间为投资保值增值。作为管理基金的回报,有限合伙人向普通合伙人支付管理费和"领头费"(carry),或者是业绩提成。在过往的岁月中,上述费用的平均值已经上涨。今天,典型的每年管理费用已经从20世纪90年代早期承诺资本的1%提升到大致为2%。目前,在优秀的基金中,"领头费"的比例为20%～30%。

由于资本的流动属性使然,在初始的几年中,私募股权基金的投资者净现金流呈现的是负数,直到盈利才开始转为正数。在开始的几年中,由于私募股权投资的负收益,负的现金流和管理费由承诺资本承担。私募股权收益在公司出售获得利润后得以提高。初始的负收益和较低的净资产价值(NAVs)创造了所谓的"J曲线"。

虽然私募股权的理论案例引人入胜,但历史的结论并不清晰。卡普兰和斯科尔(Kaplan and Schoar,2003)的综合研究表明,私募股权的平均回报属于中等水平。他们的报告显示,收购的净收益低于标准普尔500指数。在资本加权的基础上,风险收益略为超过标准普尔500指数;但在平均加权的基础上,风险收益低于标准普尔500指数。此外,风险收益具有欺骗性——只有少数几家顶级基金的业绩表现强劲,一般来说,这与新的投资者无缘。他们也发现,基金融资发生在“繁荣期”，当融资水平达到高位时，基金的业绩表现开始变糟。[1]

为什么私募股权的历史表现没有符合预期的收益？私募股权收益令人失望的一个因素在于其高额的费用。虽然业绩提成的薪酬体系使普通合伙人与有限合伙人的利益捆在了一起，但是，提成费用仍然太高。私募股权基金业绩平平的主要原因在于其融资规模巨大。

当私募股权基金规模较小的时候，一些投资者参与其中，此时他们与普通合伙人的摩擦较小。令人叹为观止的业绩是由诸如耶鲁这样引人注目的顶尖的基金和私募股权项目取得的。尽管平均回报一般，但大多数投资者仍然确信自己能够获得顶级的回报。这有助于加大私募股权对制度化的需求。随着私募股权投资的迅速上升，未来的研究很可能会显示更低的收益回报。

投资私募股权的最佳路径在哪里？捐赠基金和基金会在私募股权上投资所获得的成功，主要归因于参与较早且投资的对象是一些顶级的基金；而新的投资者则无缘于此。可是，交由特定的基金经理人进行投资，并非捐赠基金获得成功的唯一理由。捐赠基金还较好地预见了随后的基金业绩表现，规避了较差的基金，而再投资于业绩表现较佳的基金。捐赠基金一直较好地运用了作为内部投资者所获得的信息。

许多小型的(以及一些大型的)机构通过基金中的基金来持有私募股权的敞口，这是由于可获取资源和尽职调查的错综复杂性，以及缺乏投资于顶级基金的机会。然而，研究发现，从历史上看，私募股权的基金中的基金是最不成功的私募股权投资者。根据勒纳、斯科尔和王(Lerner, Schoar, and Wong, 2005)的研究，捐赠基金的私募股权项目年均获得的收益为14%，高于1991～2001年普通投资者的获利水平。捐赠基金尤其成功地投资了风险资本。早期风险基金的平均内部收益率(Internal rate of return, IRR)为35%。[2]

投资于私募股权的一条路径，是购买那些准备退出合伙关系的有限合伙人的权益。由于缺乏流动性，私募股权二级交易市场的效率相对较低。在二级市场上购买私募股权的权益，可以按照一个低于面值的折扣价进行；对于那些新投

---

[1] Kaplan, S., and A. Schoar. 2003. “Private Equity Performance Returns, Persistence and Capital,” NBER working papers 9807. National Bureau of Economic Research, June, www.nber.org/papers/w9807.

[2] Lerner, J., A. Schoar, and W. Wong. 2005. “Smart Institutions, Foolish Choices? The Limited Partner Performance Puzzle,” NBER working paper11136. National Bureau of Economic Research, February, www.nber.org/papers/w11136.

资人难以进入的顶级基金而言，交易则是按照高于面值的溢价进行的。二级市场交易有时被运用于新的私募股权证券组合中，其目的在于“回溯时间”，以获得一个较早的投资年份，从而使投资时间分布多元化。

投资者不应当对私募股权进行被动配置——基金的选择是成功的关键。好消息是，在私募股权基金经理中，可核查的投资业绩是一个强有力的佐证，这有助于基金经理的选择。

房地产

在最近10年中，相对于公开上市公司股票和债券普通的回报期望，房地产强劲的业绩表现促使机构投资者提高了对房地产这类资产配置的比例。汹涌而来的机构资金，导致许多部门的租售比下降至创纪录的水平。相应地，房地产的未来期望收益也将变得不那么有吸引力。像其他的另类资产一样，高额的管理费用、收益的高度跨部门分散状态、低流动性(除了房地产投资信托基金)是此类资产的特征。

事后的情况表明，投资房地产的最佳时间是10年之前，也就是由于经济大萧条，导致房地产的深幅调整进入低谷之后，当时房产租售比高，近年来则收益欠佳。许多大型的机构投资者在20世纪90年代早期受到重创。对于其中的大多数的机构而言，在那个时期很难提高其房地产的资产配置比例。一名退休的投资总监告诉我，房地产是“朋克类资产”(punk asset class)，他的90%令其头痛的事来自这类资产，但收益却乏善可陈。他喜欢公开上市公司股票，它们表现良好。这是20世纪90年代的事情。大多数此类资产引人注目的业绩回报，是通过在私人和公开市场上对于房地产的“核心”敞口(“core” exposure)创造的。核心房地产(core real estate)[1]是配置此类资产的较为被动的方法。在一个上涨的市场中，被动敞口是具有新引力的投资方式。然而，在一个循环时间点上，被动敞口也能提供同样的回报。

房地产是最为原始的“另类资产”。相比对冲基金以另类资产代替公开上市公司股票和债券，捐赠基金在其投资组合中更早地将房地产列入其中。大多数捐赠基金聘用外部经理管理其房地产投资，这与它们管理其他资产种类的方法

---

〔1〕 在西方，“核心房地产”是指市区办公楼、商场等商业地产，以及工业园区厂房等租赁型房地产，有时候也包括宾馆。——译者注

相似。然而,一些捐赠基金对房地产的直接投资确实非常成功,这其中就包括斯坦福大学的捐赠基金对斯坦福购物中心的投资。然而,一些捐赠基金确信其通过它们的校园土地和建筑已经持有了足够的房地产敞口,这使其在投资组合中对房地产的配置较少。事实上,相比公共和企业年金基金,捐赠基金介入房地产普遍较慢。前者活跃于房地产领域已经超过 20 年。

机构已经通过配置的房地产项目产生收益,促使投资多元化,并且对冲了通货膨胀的风险。投资者渴求收益,继续被与房地产相关的股票和债券所吸引。在所有资产种类均处于低收益的环境下,房地产的相对吸引力继续导致较高的配置率。这样的趋势,结合债务融资成本的低廉,已经促使房地产价格上扬,租售比下降至创纪录的低位。

房地产投资策略是什么? 房地产的交易策略可以用许多风格加以体现。首先,交易策略可以是私人的或者公共的,也可以是债券或者股票。其次,交易策略按照风险/收益的谱系划分,以房地产为核心是最为被动的,且具有最低的收益/风险;而机会基金(opportunity funds)则聘用积极交易型经理人,在投资组合中更多地配置房地产板块,由此也带来了较高的收益/风险。再次,房地产经理人既是通才又是专家,他们集中关注某个地理区位(在美国或其他国家),或者关注某个房地产领域(比如工业地产或商业地产)。大多数房地产交易策略的特点是缺乏流动性。可是,公开市场的另类资产,诸如房地产投资信托基金(REITs)或商业抵押担保证券(commercial mortgage-backed securities,CMBSs),允许投资者持有流动性较好的房地产敞口。与私募股权类似,相比公开市场交易的另类资产,为了对流动性不足进行补偿,持有私募房地产投资将会获得额外的收益溢价。捐赠基金与其他长期投资者相比其他人拥有的优势是,他们能够承受资产的低流动性,从而获取较高的收益。然而,证据表明,房地产投资信托基金比私募股权的另类资产拥有较好的风险调整后的收益。这意味着,低流动性可能具有无法补偿的风险。房地产经理人对他们管理的投资组合中的房地产资产做出积极贡献或使其增值是投资收益的重要来源。这在当前的环境中表现得尤为显著,因为资产消极管理的结果顶多是业绩平平。

对房地产进行直接投资是一个富有吸引力的路径:投资者直接购买所有或部分的房地产项目,控制着购买、销售、租赁、管理等所有决策。这一交易策略具有产生最高收益的潜力,利用大学的现有资源和融资优势进行价值创造。然而,集中于单一市场,也产生了受当地经济低迷影响的风险。此外,直接投资属于劳动密集型业务,而房地产交易则非常复杂,需要很多的专业知识。更进一步说,房地产收益中的大部分是通过房地产项目的开发、租赁和提升加以实现的。因此,只有当投资者拥有大量的房地产投资项目,并且有财力雇用资深、敬业的房地产从业人员,才能通过直接房地产交易策略实现持续的增值。

更为常见的是,捐赠基金通过混合基金(commingled funds)投资私人房地产市场。针对混合私募基金的各种法律结构,通常有着相同的功能——房地产经理(普通合伙人)负责从投资者(有限合伙人)那里融资,并投资于房地产资产的各类项目中。每一个单一的房地产项目的所有权并不为单一的投资者所拥有。恰恰相反,每个有限合伙人是按照比例持有资产池中的每个房地产项目的所有权。尽管相比直接投资,这样的结构使得投资者的控制力较弱,却提供了专业化管理、多元化和规模经济的好处。在过去,这种交易媒介成为机构投资者最为常见的投资方式。在过去 10 年间,基金会和捐赠基金积极投资于混合房地产机会基金。这些基金与私募股权类似,天才的经理人通过对证券组合中的房地产项目积极增值来提供收益。同私募股权一样,这些基金的业绩表现良莠不齐。要想获得成功,就必须选对经理人。

房地产投资信托基金正日益成为投资者获取核心房地产敞口的通行方法。房地产投资信托基金是投资于房地产相关资产的企业法人。房地产投资信托基金的持有者,可以获得不同房地产板块(比如商业地产或住宅地产)和资产种类(如房地产投资信托基金的证券或按揭房地产投资信托基金)的敞口头寸。通过接受某种形式的限制,房地产投资信托基金结构帮助投资者规避双重税收——房地产投资信托基金所得的税负与房地产投资信托基金股东所得的税负一样,而不是按照企业的水准征税。从历史上看,机构投资者慢慢地接受了房地产投资信托基金作为其长期战略资产配置,并且偏爱以私募股权和混合交易媒介作为替代品。虽然公共和私人的房地产都受制于供给原则,但一些投资者认为,它们作为独立的资产种类,有着不同的风险与收益特征。投资者将私人和公共的房地产视为替代品。

能　源

能源价格在过去一些年里的上涨,吸引了众多投资者的注意。投资者持有的与能源相关的商品头寸都获得了较好的表现。在 1998 年触及低点后,原油价格在 2006 年攀升至 77 美元一桶。像房地产和其他另类资产一样,许多机构投资者的资金被此类商品的收益所吸引。其他能源领域的商品风险较小或几乎没有,这是一个令人感兴趣的机会,包括石油、天然气、发电和输电基础设施投资存在着大量的机会。

能源产业可以分为从开采到终端客户等阶段。上游是指原材料的开发、提炼和生产;加工、存储和运输属于中游;下游是指精炼、发电、营销,以及将能源和电力供应给终端客户。上游投资的危险性最高(能源价格的波动,产品的风险等),但能提供最高的潜在收益。但是,商品价格在这个阶段的风险特别高,然而,商品价格的敞口使投资组合最大化对冲通货膨胀,提供了多元化收益。赫伯特(Hubert)峰值理论的支持者宣称,世界原油的产量在目前已经处于或接近峰值水平,未来的产量将不可避免地趋于下降。1956 年,M.金·赫伯特(M. King Hubbert)预言,美国原油产量的峰值将出现在 70 年代初期;尽管赫伯特的言论受到许多能源专家的批评,到了 1971 年,他的预言成为现实。作为数位专家成员之一[其他成员包括马特·西蒙斯(Matt Simmons)和 T.波尼·皮肯斯(T. Boone Pickens)],肯尼斯·达菲耶斯(Kenneth Deffeyes)教授相信,由于发展中国家需求的上升和全球供应的减少,世界原油的价格将继续上升。即便供应不减而保持一个温和的增长速度,许多发展中国家和地区的经济增长步伐也将推升能源价格走高。能源可能是全球最佳的投资渠道,尤其是在不断增长的新兴市场。

如果我们没有天然气会怎样? 一种观点对上述看法进行了反击,认为能源价格前景黯淡。他们认为,全球能源需求的供应由包括原油、天然气、煤炭、原子能、可再生能源等一系列的资源组成。技术和追加资本的投资将会扮演——就像它们历史上一贯的表现那样——促进能源更为有效利用的角色。

新的能源产量,将会来自诸如俄罗斯、加拿大的含油砂等新的产油地。后者的原油产出将会比沙特阿拉伯更多。随着当前不断走高的原油价格和创新技术的出现,含油砂成为未来原油生产切实可行的资源。天然气供应充分,但需要对其运输和储存追加投资。此外,天然气转化为液态的技术,可以使得天然气转化为能够驱动柴油车的燃料。美国的煤炭资源储备极为丰富,但它也是一种直接燃烧的燃料。清洁煤炭技术,将使煤炭在将来成为一种更有吸引力的能源。核电厂建设和存储废弃物的优势,也使得这种能源在将来切实可行。同样,随着风力、太阳能、生物质领域的技术进步,特别是根据立法的规定,一定最小量比例的能源必须由再生资源提供,这使得人们有兴趣投资于这类能源。最后,伴随着技术的进步,环保能源具有节约大量其他能源的潜力。为世界能源提供多样化的解决方案的融资需求是巨大的。这为上市公司和颇具天分的私募股权经理人对能源的基础设施和早期的技术投资创造了机会。

从开采到供应,能源领域极为广阔和复杂。能源交易策略的实施,包括与私募股权经理人一起,借助于发展能源基础设施和新技术的巨大的能源需求共同进行投资;这其中的投资对象也包括公开上市的股票和商品。与其他的另类资产一样,投资者一定要清楚地知道,大量资本涌入这类资产,可能导致其未来的收益不那么令人乐观。

我们向何处去?

许多捐赠基金已经超越了上述的资产种类,而采用诸如知识产权、诉讼金融、尚待开发的新兴市场与农地等更为细分的投资策略。其他的一些捐赠基金则发现,另类资产太过庞杂和昂贵(从管理和业绩提成费用的角度来看)并且难以介入。一些捐赠基金则提倡收益的简单化,追求类似标准普尔 500 指数的回报。

本章阐述了当前投资的环境和资产类别,这两者是基金会和捐赠基金投资成功的要素。遗憾的是,投资环境日新月异,本书的读者几年后将会发现,本书的某些观点将变得陈旧过时,甚至无用。但是,它是当前投资总监所面临的投资环境的一个扫描,这将帮助读者更好地理解后面 12 章中我们采访对象陈述的一些观点。

从不同的背景和观点出发,投资总监对于他们总体投资经验及其对当前环境的看法有太多的话要说。本书理论联系实际,第二章详细描述了投资总监如何在当前市场环境下运用其原则。我们相信,和我们一样,投资者将会从 12 位投资领导者的实际经历中获益良多。

投资总监所描述的投资经历和交易策略使他们获得了成功,并且造就他们今日的地位与成就。他们分享的教训和提出的建议,将会帮助投资者做出选择。

第二部分

资本面面观：世界顶级基金会和捐赠基金投资总监的理念和策略

第四章　奥马哈的另一位圣人
——劳里·霍格兰(Laurie Hoagland),休利特基金会(Hewlett Foundation)投资总监

劳里·霍格兰职业生涯中的工作重心就是,能够有机会为那些热衷慈善的家族、公司及机构工作。年过70岁时,这位身材纤瘦、语调轻柔却又不失威严的老人,曾以平和且实在的语气说道:“有时事情的结果和预期的完全不同,但世间之事往往都遵循着这样的发展规律。”

在所有经验丰富、资历颇深的捐赠资产投资者中,霍格兰在行业中的声望和影响力非他人能及。他常常形象地将自己比作交响乐团的指挥。他在两家组织中具有出色的业绩,同时也为一些运营捐赠资产或投资公司的几名投资者提供指导。众人将劳里·霍格兰看作投资行业中的“圣人”。

劳里·霍格兰是休利特基金会副总裁兼任投资总监。在2001年1月加入该基金会前,他曾担任斯坦福管理公司总裁兼首席执行官9年,掌管斯坦福大学140亿美元——现已价值200亿美元——的投资资产及房地产。

在1991年加入斯坦福大学前的11年里,霍格兰先生是圣路易斯投资管理公司安德森—霍格兰公司(Anderson, Hoagland and Company)的创始人及合伙人。同时,他也担任康明斯发动机公司(Cummins Engine Company)副总裁兼财务主管以及印第安纳州哥伦布的欧文管理公司(Irwin Management Company)副总裁兼证券投资经理。

现在，劳里是共同基金的董事会成员之一。他是霍华德休斯医学研究所(Howard Hughes Medical)投资咨询委员会主席以及加州理工、大卫与露西帕卡德基金会(David and Lucille Packard Foundation)及卡美哈美哈学校(Kamehameha School)投资委员会的顾问。1999～2005年，他是露西帕卡德儿童健康基金会(Lucille Packard Foundation for Children's Health)董事会成员；1995～2001年间，他是洛克菲勒基金会金融委员会委员；1981～1992年，他是长老会教堂(Presbyterian Church)退休金投资委员会主席；1994～2006年，他是路易斯威尔长老会神学院(Louisville Presbyterian Theological Seminary)理事。

劳里·霍格兰1958年毕业于斯坦福大学并获经济学学位，之后以牛津大学马歇尔(Marshall)学者再获牛津大学哲学、政治学及经济学硕士学位，并于1962年获得哈佛大学MBA学位。

背景介绍

从商学院毕业之后，劳里·霍格兰为印第安纳州南部一个富裕的家族工作，即现在所说的家族理财室。这个家族一向以给予年轻人充分的就业机会而闻名，这也是他选择这份工作的原因之一。刚开始，他的工作以协助他人为主。由于公司为耶鲁大学董事会工作，因此工作内容涉及耶鲁公司相关预算等。他对投资以及从分析师角度看待相关领域变得格外有兴趣且全身心投入。几年后，在原家族理财室的投资经理退休后，28岁的他正式接替该职位并工作长达11年。

紧接着霍格兰就进入了康明斯发动机公司，该公司是家族理财室的主要客户，是一家跨国柴油发动机制造公司。作为公司财务副总裁，主要负责依据美国政府所颁布的《1974年雇员退休收入保障法案》来管理退休金。在4年任职期间，他雇用了一个内部投资管理团队，着力于研究"资产配置"这一在当时看来十分新颖又具有创意的理念。

在康明斯之后，霍格兰搬到了圣路易斯，并与家族理财室的同僚戴夫·安德森(Dave Anderson)一起建立了一家投资管理公司。他们为那些高净值个人以及一些小型的捐赠基金提供诸如资产配置等高端的投资服务，就如同他们以企业退休金管理人员身份为企业提供相应服务一样。

在之后的11年里，他们目标明确地经营着一家小型但极其成功的投资公司。霍格兰说他有一个好的合伙人，乐于亲自和客户打交道并精心挑选股票和债券。他开始逐渐意识到让富人变得更富是不够的。他想象自己尝试也给贫民提供援助，但并不尽如人意。偶尔有一天，电话里的猎头说了一个神奇的词汇“斯坦福”，他说道，“我们家族里已有20个人曾经去那里，那时潜意识里就感觉斯坦福似乎和我颇有缘分。我的妻子也很高兴能从密苏里州搬到加利福尼亚北部。我们本来就是在斯坦福认识的，她始终好奇为什么我们一直居住在中西部地区。”

斯坦福管理公司

1991年，霍格兰成为新成立的斯坦福管理公司总裁。对他而言，“感觉周围的一切都是为了他的成功而设立的”。但是，在公司创立与设立投资总监一职前，斯坦福在行政方面还是面临着许多问题和不少阻碍。

据霍格兰所说，他的前任罗德尼·“罗德”·亚当斯(Rodney“Rod”Adams)，即斯坦福大学财务主管，捐赠基金管理的“真正领导者之一”，因癌症英年早逝。大学方面希望能找到一个既在捐赠基金投资方面经验丰富同时又具备财务主管能力的替代者，却迟迟没有合适的人选。“于是他们决定从头开始，他们仔细研究了哈佛投资公司以及普林斯顿投资管理公司，最终毅然决定成立斯坦福管理公司。他们花费了两三个月的时间来说服托管人。”

斯坦福管理公司是基于过往实践并吸取其他大学相关经验教训建立而成的，霍格兰将其称为一个通往成功的开端。

“一度以微观管理而闻名的斯坦福信托管理委员会已不复存在。托管人重新建立起一个关注投资政策的董事会。投资团队也已设立完成——一切准备就绪，蓄势待发。”

霍格兰持有启动该项目的钥匙。

霍格兰谦逊地指出：在1991年任职于斯坦福时，证券市场正逢牛市。好气候、好时机给撞上了。机会加上天赋令他如虎添翼，取得了惊人的业绩。起初拥有18亿美元资产，在其9年的任职期间，捐赠基金共支出14亿～16亿美元，另外还收获了将近支出额一半价值的新资产。当他离职时，斯坦福管理公司已坐拥86亿美元资产，从18亿美元到86亿美元，其中的大部分是来源于牛市的股权收益及风险资本分配投资回报。

"我为我们能够在政策基准下增加近10亿美元价值而感到骄傲。"

指挥交响乐团

霍格兰对于投资总监的看法决定了他在2000年开始打算离开斯坦福管理公司。"我认为,投资总监的角色就像一个乐队的指挥。假设一家组织机构能够拥有完整统一的内部团体,这就是管弦乐队的主体。而你所有的外部投资经理则是围绕乐队服务的其他音乐人。为了乐曲的演奏效果,每个人都必须各负其责表现出色,并富有团队协作精神。在演奏过程中,指挥家偶尔走神露出瑕疵时,一支优秀的乐队也往往能自然而不露声色地正常演奏发挥。

霍格兰在斯坦福的时候有四五个主要愿望,其中之一就是建立一个具有潜力可持续的团队。

"我觉得自己该做的已经做了。弓弦一直拉得过紧,早晚会断裂,如果团队里出现了核心人物,那么我也该另辟蹊径了。我在建立团队上应该说是成功的,但同时我也很遗憾,自己不得不离开这个团队。"

从2001年开始,霍格兰在休利特基金会投资委员会工作了5年。"能够获得一份薪水满意的工作也是让人挺高兴的。"

休利特基金会

刚就职两周后,休利特基金会的创始人比尔·休利特(Bill Hewlett)就逝世了。在当时,惠普(Hewlett Packard)和安捷伦(Agilene)股票占了资产负债表中61%的部分,因此,他计划在未来4年里将投资组合多样化。基金会资产将5%的份额永久投资于惠普和安捷伦。霍格兰带领的团队主要负责进行多样化的投资组合。

霍格兰并非在创始人逝世后才采用这一政策——一切都是顺其自然。多样化投资这一概念之前就已被提出,现已到呼之欲出的时候了。

"多样化的概念很早以前就已经受到认可,这主要归功于福特前任总裁、斯坦福商学院副院长、基金会主管之一以及基金会财务及投资政策的重要推行者阿杰·米勒(Arjay Miller)。为了这个具有历史意义的二次创新举措,当时他搭着比尔·休利特的肩膀说:'比尔,你必须了解惠普是家好公司,但好公司并不意味着它会一直是一只好股票。'2001年,我们重新审视了历年来采用多样化的具体过程。数据证实,组合投资的收益往往会高于单一的证券投资。"

成为投资总监

霍格兰称,成为捐赠基金投资总监需要涉及长期投资过程,包含对相应行为的影响等诸多方面。“作为普通人,我们的想法多多少少存在短视性,我们必须高度理性,使得我们的思维更具长期性。”

惠普的代理人之争

霍格兰第一年的工作充满着乐趣。2001 年的劳动节,针对大型企业有关股权市场事件,即反对康柏电脑公司与惠普的合并的代理权争夺战中,他起到了次要的作用。此次事件中,休利特基金和帕卡德基金都被牵涉其中。

按照霍格兰的说法,基金会总裁及投资委员会领导者沃尔特·休利特(Walter Hewlett)对霍格兰说:“我们应该对此次合并进行深入分析研究,从基金会利益的角度来决定我们是支持还是反对。”最终决定则由投资委员会的独立成员根据调查结果进行最后表决。

作为分析小组一员,他说:“结果并不取决于我们的主观意见。我们尝试从非直接利益相关者那里获得综合意见。我们同买卖双方都进行了交谈,并研究了相关大型合并企业的历史。最后得出结论是,80%的人持反对意见,剩下的20%认为这是一个能让人可接受的交易,但态度不冷不热。我们把这一结果上报委员会,委员会也认为,这不是一个好主意。”

“紧接着沃尔特·休利特站出来投了反对票。于是帕卡德基金会决定开始研究他们该如何应对,并邀请了博思艾伦进行一次类似调查,最后得出了相似的结论。”

“如果我是惠普执行总裁卡莉·费奥莉娜(Carly Fiorina),我一定会折起帐篷——告别这次合并。但卡莉是个非常了不起的人物,她踩着高跟鞋,咚咚的脚步声好似战鼓声,最终是以 51∶49 的一票之差赢得了胜利。”

“这次事件是 2001～2002 年的分水岭。我的工作内容也就由此而定。”

治理结构

霍格兰认为,组织结构治理、投资委员会和员工本身的稳定性和长久性对于实现长期目标、避免短期思维是至关重要的。

“委员会的成员都有任职期限,因此成员和公司职员都有流动性。可是决策的时间跨度往往长于人员的在职时间。对此我们采用整体治理结构的方式,使得公司员工能够适应于决策的时间跨度,让员工职业生涯与企业决策相联系、尽可能保持其一致性。

“与此对应,员工任职的长期性和稳定性对于企业也是极为有利的。假如你对职员在捐赠基金上的工作业绩与其任职期间进行过研究,就会发现两者之间存在着密不可分的联系。对投资总监及高级投资人员而言,尤其如此。

“对于任期的结论是:兴趣是最好的持久原始动力。除非能在捐赠基金领域找到自己真正的兴趣所在,否则请谨慎规划自己在该领域的任职期。在捐赠基金领域,获得的回报更多的是精神上的而非物质上的,相比之下在别的岗位你或许能够获得更丰厚的物质回报。当然,这也并不意味着每个人的职业生涯都是如此,只是你需要意识到,在很长一段时间里自己的所作所为主要是有利于慈善机构的。”

霍格兰认为,治理结构不但有益于慈善机构发展,同时对投资总监个人来说也十分重要。

“治理结构是十分重要的。我当年走进斯坦福的时候,就提及了这一点。你看到的是多种结构体系。治理结构中有董事会或者委员会成员,而他们所设定的战略又是依靠下面的员工来具体实施的。在治理结构的体系中,他们的职责仅是检验并修正相关决定和意见。平时他们也有自己的日常事务。投资总监的工作就是和团队全力以赴、时刻关注这一切,这是成功的基础,因为捐赠基金的投资确实需要有一个严密而高效的团队去管理。”

资产配置

霍格兰早在研究资产配置对于投资组合的影响之前就已经采用资产配置这项技术了,资产配置的观点就是在今天看来仍然十分重要。

当他加入斯坦福时,他十分“热衷于”资产配置这一概念。他说:“你总是想选择最好的投资组合。假设在未来 20 年内你不能触碰它,那么你又将会选择怎样的投资组合?你会意识到,在未来的几年后当你重新审视这个世界时,一切都已经改变。可能会出现新的资产类别,因此在那个时候你想锁定 20 年的东西可能已经面目全非了。这就是自上而下的'什么是最好的投资组合'的过程。"

自那时起,霍格兰就在不断改善这一观点。在你仍然坚信自上而下的配置方式时,他说:"希望我们也能够注意到自下而上方式所产生的机会并以此构建部分投资组合,特别是在诸如私募股权、房地产以及自然资源等领域。在休利特基金会,12%~13%是不动产。这是基金会的基本要素。如果我们能够早点开始并找到符合要求的投资经理,那么也许现在的百分比会更高。因此,这可以说是一个自上而下/自下而上的反复循环过程。"

霍格兰的方法表明,他不会为了实现投资组合目标而遵从一成不变的政策,同时也不会仅仅是为了在特定资产类别中实现目标配置份额而雇用不尽如人意的投资经理。

霍格兰继续说道:"资产类别之间越来越模糊的界定也让我们了解到,你在每一个资产类别中所投资的资产数额并非显得那么重要。"

投资组合创建

霍格兰在 2001 年担任休利特的投资总监,但实际在 1995 年他就已经涉足捐赠基金领域,当时他已进入了休利特投资委员会。从他的经历中,我们可以了解到他创建投资组合的整个过程。

在 1995 年成为休利特投资委员会的一员时,基金会首次将投资组合总额的 20%进行另类投资。委员会雇用剑桥联盟资产管理公司进行咨询调研,来选择合适的经理。

"私募股权、房地产以及绝对收益——建立这些投资配置需耗费几年的时间。这一方式看似获得了成功。但是由于起步稍晚,以至于短期无法体现风险资本曲线所带来的好处。"

在 2001 年霍格兰加入休利特时,他们刚刚从价值 30 亿美元的投资组合中利用风险资本获利 10 亿美元。在最初的 3 项风险投资中,他们在不同基金中分别投资了 680 万美元和 1 000 万美元。两者的回报均达到了 2.5 亿美元。是休利特这个品牌给了他们机会,说服那些不轻易接受新晋投资者的著名企业接受其投资。

休利特投资组合仍然处于初级发展阶段。鉴于私募股权在投资组合中早已占有一席之地,不动产投资组合又涉及私有房地产基金及自然资源,霍格兰于是逐渐将重心放到房地产及绝对收益领域。从霍格兰刚刚加入休利特基金至今，不动产所占比例从原先的4%增长到现在的12%～13%。

当他离开斯坦福时，投资组合中的不动产份额已经达到25%。“2000年时，人们认为这个百分比很奇怪。正当我们为这一目标而努力时，很多人认为我们其实根本不会达到。当然，如果休利特的不动产份额也能达到这样自然更好。我需要再次强调，选择合适的经理人要用一个自下而上的方法。然而，现在进入房地产市场并非是好时机。”

霍格兰说道：“如果你有了合适经理人来操作，我偏爱将不动产作为一种资金募集方式、一种好的投资回报方式，归根到底是一种潜在的增值机会。”

组织构造α和β

在休利特，霍格兰采用一种与他在斯坦福及其同僚们不一样的投资组合方式。休利特的投资组合决策涉及20%的绝对收益。

“对于这样的安排可以从两个角度分析：一个角度是三明治法。现金即绝对收益，另外我们覆盖股票或债券市场的收益。因此，我们在寻求股票或债券市场收益的同时，另外加上对冲基金α。另一个角度则是投资组合的杠杆角度。我们总共投资120%，其中100%是β风险，而剩余的20%则是绝对收益。假设我们采用简单模型假设，即在绝对收益投资组合中β为零，那么我们就有100%的β、20%的α以及120%的风险值。

“在实务中，投资组合中β非零，因此我们需要对其仔细研究。无论从哪个角度来说，我们都需要了解的是：‘其风险及收益特征是什么?’

“针对杠杆有很多讨论和研究，因为杠杆无处不在。多数美国公司在股票市场中都存在杠杆效应。杠杆普遍存在即意味着我们很难对其进行评估。

“但你需要做的就是，观察包括杠杆效应在内的投资组合存在的风险。”

霍格兰说，他的灵感最初来源主要是对两大知名的捐赠基金经理的投资行为的融合。

“获得原始创意是很困难的。我的很多想法也是借鉴他人的。斯坦福自1989年开始投资绝对收益。进入90年代，来自耶鲁的大卫·斯文森投资了很多绝对收益，他甚至单独为其划分了一个资产类别。我个人不会以失去β为代价投资绝对收益资产。我仔细研究了哈佛的杰克·米亚(Jack Meyer)的方式，他利用套利方式来保证β值。因此，无论是在斯坦福还是在休利特，我们就遵循哈佛的方式运作,不同的是雇用属于企业的内部经理——形成一种能够同时获得β值和绝对收益的方式,并拥有一支值得信任和可靠的内部团队。”

慧眼识才

基于霍格兰的选股风格以及他在圣路易斯的经历,他自认为是一个注重相对价值的投资者。

“我会投资成长型股票,并且是相对初始价格较低的成长型股票。在捐赠基金领域,我喜欢所有可以用‘低估’这个词汇来形容的投资。我喜欢投资在初始阶段处于低价的证券,以此形成一种下行保护。如果事态往有利的方向发展,你往往可以有更好的甚至是令人惊喜的出色表现。”

谈及选择投资基金经理的标准,霍格兰认为大卫·斯文森的做法很对。斯文森并不偏向于投资大型机构,但他承认他有品牌偏向性,同时也更倾向于投资他长期观察、充分了解的企业。他建议也将这种方式用于其他领域。

对冲基金

20世纪60年代,A.W.琼斯(A. W. Jones)的对冲基金还处于起步阶段。其核心价值观是:一个聪明的经理能够掌管1/10的资产。权衡之下支付1/20而非75个基点的薪酬,你就能够雇用到最好的经理人。这就如同专注于小型投资组合反而能有更好的回报。

对冲基金不再局限于小型基金,也不一定由顶级管理人员运营,这加重了投资者分辨良莠的压力。

多产品混合型企业

经理人相比投资者并不过分注重投资收益。随着权力的平衡从有限的投资者转移到普通经理人手中,经理人一般更加注重如何运营企业或扩大业务,而非仅仅着眼于为有限的投资者获得不错的收益。

当下,越来越多的企业倾向于采用综合、多样化战略,这将会为其引入规模更大、更加稳定的收入来源,但同时也会引发有限投资者的问题。

管理和指导

霍格兰管理并指导大量颇具天赋的投资经理人,这些人此后也在其他相关组织中担任领导,例如达特茅斯的大卫·罗素(David Russ)、火神资本(Vulcan

Capital)的丹尼尔·J.金仕顿(Daniel J. Kingston)以及对冲基金中的基金的艾特投资公司(Aetos Capital)的安妮·卡塞尔斯(Anne Casscells)。

为了管理和激励人才,霍格兰坚信,管理人才的同时也需要给予他们足够的发展空间。他将他的方法形象比作冰壶比赛。

“在冰壶比赛中,一名队员推冰壶,而其他队员则帮助摩擦冰面理清道路。我将自己看作为队友理清道路的人。我希望能尽我所能下放权力,让投资经理的天赋得以发挥。在斯坦福,‘队友们’的鼎力相助使我仅仅以5%的精力应对杂务,而能将我95%的时间与心思重点花在投资方面。”

同业竞争

霍格兰坚信,人们都很关注年度业绩或所谓的“德比之争”,20世纪90年代的斯坦福也十分注重这些,但最终结果往往不尽如人意。他将大学和基金会区分开来,同时指出大学捐赠基金的投资总监承受更多的压力。

“在大学对师生间的竞争中,准确地说大学的相对捐赠结果起重要的作用。换一个角度而言,我们必须清楚‘每个董事都期望前1/4的业绩意味着什么?’这一期望对基金经理会带来哪些压力。风险是否在增加。这是个问题。”

霍格兰说比较不同组织机构的投资总监的业绩存在一个误区,就是通常以1年为限,而很多时候需要三五年甚至10年才能得出结论。

“当然,在基金会这样的环境中,无压力是奢望。我们需要耗费大量精力与时间在政策引导下发展落实我们的项目,还要审视我们的风险承受范围以及我们应该选择什么类型的项目。”

经验、观察和建议

尽管霍格兰在基金会及捐赠基金投资领域有不错的声望,本文所讲述的也不过是他45年职业生涯的1/3的冰山一角。他从早期的个人投资经历中得出的理念不仅促成了他在非同一般的捐赠资产管理方面的巨大成功,也使他比其他任何投资总监均有资格阐述基金会和捐赠基金当下和未来面临的挑战。

11 000个投资夜晚

霍格兰经常在行业会议上进行演讲,他善于将以往一个又一个事件如《一千零一夜》中的故事娓娓道来，从而引申推论出过去的投资经验以及未来投资的发展趋势。

“对于捐赠基金机构而言，好消息是经过时间的检验，过去的15年取得了不错的投资业绩。如果你将当下美国机构投资者的回报进行比较，你会发现捐赠基金的投资收益在其中处于领先地位。捐赠基金取得了不错的投资收益，实现了其目标，这方面做得很不错。在取得不错收益的10年间，人们开始注意到他们的表现，在最近的5年，人们实际上开始关注他们。

“现在，让我们回过头去看过去的15年，并展望未来的15年。其实眼下的一切都起源于30年前，可以想象：一个低谷的两边是茫茫田野，一边是美国股票，另一边是美国债券。包括捐赠基金在内的所有机构投资者都在努力、勤奋地耕耘这两片土地，以求不错的回报。

“运作中，捐赠基金投资者又发现了一片尚未开发又充满机遇的处女地，即所谓的风险资本和国际投资领域。这批投资者在20世纪70年代后期和80年代初期成为这片土地的开拓者和先驱。几年之后，他们在更险要的峡谷中又挖掘出了杠杆收购、房地产以及绝对收益基金，并逐渐开发、利用、发展这片机遇与风险共存的肥沃土地。

“在过去的15年中，这片土地上肥沃又多产。20世纪90年代的前5年，投资者认为许多新型资产类别有利于投资机构，于是资产配置政策受到大力推行。之后5年里，投资机构通过雇用外部经理人，将政策推进实施阶段。2000～2005年间，我们取得了收益。

“在过去5年里，捐赠基金机构俯瞰谷底发现有许多新兴投资机构正如雨后春笋般地崛起。其他投资机构也你追我赶，大家都在重新运用耶鲁的投资组合策略。他们抢占低谷，随意砍伐树木，过度开发农田。虽然目前还生机盎然，但下降风险脚步声已经不远了。

“现在，捐赠基金的投资者正在山谷里搜寻其他新的领域进行投资，但目前结果还不尽如人意。”

有时投资就如天方夜谭一样，似梦非梦。霍格兰给我们展现了一个充满想象、开放式的局面。

“在未来的15年中，广袤富饶的田园充满生机与风险，当更多的金钱同时涌入时，面临的将是更激烈的竞争。可以预见，捐赠基金的投资机构要保持在业绩上的优势将更加困难。或许这听起来有些消极，这也正是我们所面临的尴尬境地。我的真实想法就是这样。”

基金会和捐赠基金

霍格兰的推论告诉了我们最实际的也是我们最可能面临的投资和组织挑战。

细流 α

经调查发现，许多投资者愿意投资小型、收益并不显著的证券。霍格兰将这一现象比作溪流汇聚到了科罗拉多河上的格伦峡谷(Glen Canyon)大坝。

“河水正在渐渐汇聚大坝。我们希望能够领先于其他投资者实现目标。我们现有1～2年的优势，最终将演变成1～2个月。现在投资者都在想方设法寻找更加细小的河流。”

员工挑战Ⅰ

那些试图复制捐赠基金投资组合和业绩的新晋投资者正在招兵买马招揽有经验人士。因此除了创造 α 的挑战，另一项“巨大的挑战”就是要留住人才。我们该如何激发他们的工作热情？给予多少薪酬？我们期望投资者接受的对利润的分享比例是多少？

全球扩张

当被问及未来15年的愿景，霍格兰说他并未看到明确的目标，因此无法认定基金的高流动性以及可投资性是否像其历史表现那样，纯粹是一个周期现象。

“信贷量超过经济发展需求时，多余资金就会进入金融市场，推高其价格，而当经济增长需要这些资金量的时候时，资本又会离开金融市场。我们正不断经历着这种周期。问题是：‘同样的事是不是还会重复发生？’在什么情况下需要大规模的流动性扩张，我也担心这些资金再次离开金融市场时造成的后果。‘金融市场中从来没有什么是亘古不变的。’

“一些国家高速发展的原因是高额的公共储蓄率、高额的储备以及个人高存款率。在那些国家，中产阶级的平均储蓄率高达25%。因此，这样的结构是否就意味着存在较多的可投资基金？这意味着未来也将获取适中的收益。如果我们不考虑流动性消失或者出现经济危机，那么之后我们就会看到历史上曾出现过的收益状况。”

员工挑战Ⅱ

无论发生何种投资情况,霍格兰指出,以有限的资源实行全球性投资将会是未来的一个巨大挑战。伴随着时区差别、交通需求以及有限的能源,投资总监如何在员工人数有限的条件下实施高质量的全球性投资组合,成为我们即将面临的一大课题。

员工挑战Ⅲ

职员规模是未来将要面对的另一个挑战。“如何满足机构对于人才的需求?我更多地关注人员的高流动性将对投资组合回报的负面影响。这对投资人才的需求有什么影响?有投资经验的人才是有限的,管理的资金数量巨大。而大家一般认为,来自捐赠基金投资机构的人才都拥有自己的秘密武器。实际并非如此。”

鉴于现状及未来趋势,他认为,外包投资总监模式对于许多管理捐赠基金资产的机构而言,将会是一个不错的选择。

投资总监生涯

当讨论到捐赠基金及基金会投资组合的长期属性时,霍格兰提到了他个人对于投资总监一职的看法。

“显然,我并不会鼓励有人为简历添彩而出任投资总监一职,他们在这一高级职位上干上几年然后离开。对于年轻人来说,不该如此。他们可以从事这一职业,从投资实践中既锻炼自己,又发挥了才智和能量,更增加了宝贵的经验。”

重要影响

当问及霍格兰一生中对他最有影响的人时,他陷入了沉思。

“在 20 世纪 80 年代,在我 11 年的工作时间中,我和我的合伙人戴夫·安德森一起合作掌管资产管理业务时,投资上他使我受益匪浅。他可是个了不起的人。

“另一个让我尊敬的人是加内特·基斯(Garnett Keith)。20 世纪 60 年代末 70 年代初时,我们是家族理财室的同僚,不久他掌管了保德信的投资资产,我们至今还保留着经常互相交流投资观点的习惯。”

霍格兰说,他遇见过很多好的老板。他回忆起,当时他还在家乡内布拉斯加州奥马哈，在 1969 年与百万富翁沃伦·巴菲特的一次会面。

“我问他，如果我想成立一家投资企业，你有什么建议。他说：‘注意，这将会是一种二元情况。既然做了，就得做好它。’沃伦说得简要而经典。11 年后，我和戴夫·安德森开创了自己的事业，并且致力于我们的哈佛商学院计划。所有事业一旦创立，无论遇到再大的问题，都需要执着地做下去，不轻言放弃。也正因为如此，我们终于成就了属于我们自己的事业。”

中西部的价值观与智慧

尽管霍格兰的兄弟是奥马哈的议员并且是沃伦·巴菲特旗下的董事之一，但是霍格兰和巴菲特之间的联系并不频繁。

然而，他们彼此之间却有很多共同之处。他们知晓以往，预测未来，具有引领行业发展的地位和声誉。同时他们都善于择才，善于利用中西部的价值观感染他人，促使员工完成工作，并成就他们的个人梦想。他们在各自领域都树立起崇高威望。最重要的是，他们均致力于支持非营利机构永续存在而进行投资的项目。

在捐赠基金和基金会领域，霍格兰是一位名副其实的奥马哈“圣人”。

第五章　博士、律师和投资家

——安伦·巴菲德(Allan Bufferd)博士，麻省理工学院(MIT)名誉财务主管

2006年12月4日，美国彭博资讯公司的调查显示，安伦·巴菲德在麻省理工学院任财务主管34年，2006年所获得的23%投资回报位于全球捐赠基金前25强。同年5月，这位财务主管载誉而退。然而，对于这位性情耿直的前工程师和律师而言，这样的业绩可以说是喜忧参半。

“喜”在于，业绩来自长期投资另类资产。巴菲德在其职业生涯早期领导该机构选择了这一资产类别。“忧”则是因为巴菲德长久以来一直不喜欢捐赠基金领域中的竞争态势和相对业绩排名制度。

巴菲德以一名工程学博士的身份开始了他的职业生涯，之后还做过律师。基于这些从业经历，巴菲德后来成为麻省理工学院捐赠基金组织的一员。在之后的日子里，巴菲德带领团队历经沧桑，最终迈向成功。同时，他也为自己在行业中赢得了声誉。在接受美国彭博资讯采访时，当被问及有关2006年麻省理工学院的业绩问题时，巴菲德的回答很好地诠释了他的整个职业生涯：“知识是从经验教训中体悟到的。”

在麻省理工学院就职期间，巴菲德的工作内容主要涉及财务报表分析、资产投资管理、捐赠基金政策规划与实施、退休基金及其他资产管理等，管理价值超过120亿美元的资产。此外也涉及相关的债券发行和债务管理。巴菲德曾任麻

省理工学院董事会及其行政、投资和发展委员会的委员，以及麻省理工学院退休金计划托管人和财务主管。此外，巴菲德也曾担任2004年7月1日成立的麻省理工学院投资管理公司(MIT Investment Management Company, MITIMC)首任总裁。

巴菲德博士于1972年加入麻省理工学院。在此之前，他主要从事工程管理和企业管理工作。如今，巴菲德在众多投资基金咨询委员会中担任委员，其中包括阿拉斯加常设基金公司(Alaska Permanent Fund Corporation)、计算机历史博物馆(Computer History Museum)、格雷斯·B.科尔基金会(Grayce B. Kerr Foundation)及新加坡国立大学。

巴菲德博士还担任控制风险保险公司(Controlled Risk Insurance Company)与风险管理基金会(Risk Management Foundation, Inc.)董事会主席，该股份有限公司主要是为麻省理工学院、哈佛大学及其附属医疗服务机构提供医疗事故保险。他也同时兼任麻省理工学院及哈佛零售合作社库伯集团(The Coop)董事会主席。

另外，巴菲德还担任大众银行(MassBank)首席董事，兼任其资产负债委员会主席及执行委员会成员。同时担任拉里(RamRe)董事及摩根士丹利旗下摩根士丹利主要资产基金会(Morgan Stanley Prime Properties Fund)独立董事。

巴菲德博士积极投身于各类免税组织，兼任探索有限公司(Explorations, Inc.)及贝斯雅各医疗中心(Beth Israel Deaconess Medical Center)主管及财务主管(含审计、薪酬及金融委员会委员)、罗伯特·伍德·约翰逊基金会(Robert Wood Johnson Foundation)及怀丁基金会(Whiting Foundation)信托人等职。巴菲德也曾担任美国惠洛克学院(Wheelock College)董事会主席，并同时拥有麻省理工学院理学博士及萨福克大学(Suffolk University)法学博士学位。

背景介绍

当谈及个人经历的时候，安伦·巴菲德做了个鬼脸，并将自己的经历比作“一只长毛狗的故事”。

在麻省理工学院研读材料工程学博士学位能有助于从事投资事业？巴菲德的答案是否定的。20世纪70年代，全球正处于变革之中。某天早晨，刚过30

岁的巴菲德醒来后决定改变自己所处的环境,却不知该如何下手。“我希望自己能做一些不一样的事情,于是我就去学习法律。接着,我暂时回到麻省理工学院从事资金筹集工作。不久之后,我便转向不动产和信托领域,最后成为财务主管助理。”

1974 年间的这段过渡时期为巴菲德的职业生涯带来了转机。巴菲德在与其前任及同僚共事时,初出茅庐的他逐渐对捐赠基金市场中的投资及资产类别有了基本认识。

巴菲德刚开始的工作内容是依据美国政府所颁布的《1974 年雇员退休收入保障法案》条例对麻省理工学院的退休金计划进行调整。他曾打趣道:“当时麻省理工学院需要的只是一名法律顾问。”“之后,事情也就顺其自然地发展下去。直到有一天我觉得这里也没那么糟糕,于是我决定留在这里。”

对于自己的前任——格伦・斯泽尔(Glenn Strehle),巴菲德十分感激他为自己提供的机会:“斯泽尔给了我足够的自主权去发现新的投资领域。”格伦・斯泽尔是一名主要从事股票和债券业务的投资管理人。当时他委任巴菲德负责私募股权及其他新型投资领域。“由于我们都是新型投资领域的新手,因此作为助理的我也无法从上司那里弄清楚自己到底应该做什么、怎么做。”

巴菲德良好的教育背景,使其具备相当高的综合分析和解决问题能力,这使他最终成为一名出色的投资者。“这是一个难得的好机会。”由此巴菲德接触到更加广泛、新颖的投资领域。“它充满了瞬息万变又令我兴奋的事物。我被允许询问一些高难度的,但从某种角度来看又非常简单的问题。”

成为投资总监

巴菲德对于投资理念一说心存疑虑。“我并不很理解投资理念的真正意义。因为没有人会愿意买入价格高昂的投资产品,大家都想增值,想知晓何时抛售。也没有人愿意把所有的鸡蛋放在同一个篮子里。”

资产配置

随着时间的推移,麻省理工学院的资产配置方式也在不断变更,但这其中不得不涉及投资政策问题。

“在20世纪70年代的投资行业中,资产配置的方式通常是通过数学方法计算所得。股票和债券的比例一般维持在60∶40,胆大一些的公司也会将这一比例定在70∶30。”在资产逐步增长的同时,“我们也自认对一些新型的投资领域有了进一步的了解,于是我们逐渐开始尝试‘洒一些盐和胡椒’。”即在捐赠基金投资中增加一些另类投资,其中包括非传统另类投资乃至不动产。

“在投资管理过程中,我们常常受限于人为的束缚。”巴菲德说道,“例如我们常说,投资不动产是个好主意,但比例不能超过5%。又或者投资私募股权不错,但不能超过3%。”通常是投资政策或执行因素导致这种情况产生。即使有时巴菲德希望加大投资比例,往往也难以执行。

巴菲德解释道:“无论资产配置多么精确,必然会受到个人或董事会的主观因素影响。投资政策因素、维持‘较小投资百分比’以及与董事会之间的沟通协调等实际问题是导致一些计算精确的较好资产配置最终难以实现的原因。”

进入20世纪90年代,巴菲德发现了一个有趣的现象。“假设你拥有准确的数据,并且在没有任何约束的条件下进行最优化的资产配置。此时你将找到一种最佳的投资组合方式。然而,没有人会遵循这一命令。你也许会看着它说:‘我永远也无法令它获得董事会的同意’。”

进入90年代后,“我们逐渐将小额资产配置于新兴市场中。随着时间的推移,它们也在逐步发展”。

随着员工和董事会逐渐适应另类投资份额的稳步增长,麻省理工学院的全面资产配置进程正在逐步形成。

零假设

20世纪90年代初,巴菲德和他的同僚们通过零假设得出资产配置方式。假设只有5种资产类别,在零假设的情况下每种资产类别各占比20%。同时巴菲德提出:“在实务中我们为何不在这样的假设下进行投资呢?我们又是根据什么决定不采用这样的资产配置方式?”

经分析,有两大因素决定着资产配置方式。其中一点是历史因素的影响。“大多数人对资产配置方式的研究都是以过去所发生的为基础。因此,人们并不需要有预测未来的能力。”这也导致了历史导向型的资产配置方式的产生。

“然而,在决定改变资产配置方式时,你又必须展望未来。在没有任何历史统计数据的前提下,假如无法合理预测收益及未来市场动向,那么投资者将如何在新兴投资市场中获益?”

巴菲德同时还提及了导致投资机构放弃零假设下的资产配置方式的另一方面原因。“那就是,投资机构自身是否有足够的能力投资新领域。鉴于非传统投资领域中存在巨额收益,因此你必须有能力选择和评估那些业绩优秀的投资经理人的能力。”

假设一个机构“确实不得不雇用最优秀的人”进行另类投资以全面提升投资组合效益,“那么在零假设下的资产配置方式中,投资机构必须充分知晓自身在另类投资领域的行为能力”。所谓行为能力,即指投资机构拥有熟知资产类别、与经理有交往的专业人才。只有满足上述条件,投资机构才能创建出所希望的投资组合。

“假设投资机构本身不擅长建立投资组合,就需要吸纳专业人才来填补空缺。”因为员工的专业性反映了“机构本身是否具备足够的能力舍弃零假设下的资产配置方式”。特别是在资源有限的情况下,投资机构必须对不同资产类别的投资进行合理分配。在巴菲德看来:“麻省理工学院在纯对冲基金、市场中性对冲基金市场上还不具备足够的专业技术和能力,这是因为,我们从未在该领域花费过多精力。但我个人无法肯定这样的决策是否正确。”

长久以来,综观全美主要大学捐赠基金机构的资产配置方式,巴菲德说道:“从宏观角度而言,除哈佛大学外,我们之间并不存在明显的差异。但从微观来看,我们在具体实施投资项目的过程中存在着不同。”

私募股权收益在第一个和第四个四分位数间相差悬殊。“投资者并不满足于获得平均收益。但问题在于,‘如何才能获得第一个四分位数区间内的收益呢?’如果无法获得最佳收益,那么所谓最优资产配置方式也就无所谓了。”

许多投资者认为,在私募股权的投资领域中,人际关系和社交网络起着重要作用。巴菲德更认为,建立良好的人际关系是确保投资者在每项资产投资中获得成功的关键因素。

创意产生

巴菲德在确定一个创意的优劣时,常常会问自己一个问题。“这个创意有什么独到之处?是否符合机构价值观?是否属于我们的最佳时机?最终又能否产生预想的效果?”

巴菲德说:“创意源于日常的观察和积累,源于阅读和交谈。我个人并不在意员工创意产生的方式。他们可以随意与人交谈、自行阅读书籍或者在开会期间随意走动,我都不介意,只要能让他们萌生创意。”

“创意是开展投资业务的必要条件,而好的创意并非轻而易举就能想到。”

巴菲德提到,与麻省理工学院投资委员会主席的一次会面促使他去寻求新的想法。

“大约是在20世纪80年代末,我们正在寻找一个投资项目。具体内容已经有些模糊了。只记得当时内心感觉这项投资存在一定问题,但我们又必须将其进行下去。出于政策因素考量,我前去征询麻省理工学院投资委员会主席意见。当时我对这个项目并不乐观,我主要向他阐述了这个项目的风险。这位睿智的绅士说道:‘安伦,如果海龟不把头伸出龟壳,那么它就无法向前爬行。’听了这句话,我向他表示感谢后就离开了。”

这位主席的一番话形象地道出了他对捐赠基金深刻而独到的理解。

“麻省理工学院长期以来都是以‘将海龟头一直伸在龟壳外’的发展方式行进,即使有时会‘遭受撞击’。麻省理工学院致力于研究细小的增量变化,而非一味设定宏伟目标,急于求成。团队始终会关注寻求发展充满各种机遇的投资领域。”

有个案例能很好地诠释麻省理工学院‘将头一直伸在龟壳外’的发展方式。1977年,麻省理工学院首次尝试投资私募股权,利用直接投资进行杠杆收购。原先麻省理工学院的投资组合中并不包括私募股权,因此与负责投资的基金经理并不熟识。最终这项投资计划取得了成功,从而麻省理工学院和相关经理人也有了更多的业务合作。在1978年他们又增投了风险资本。

1980～1981年,麻省理工学院首度转向国际投资领域。巴菲德和基金经理从日本回国后,巴菲德决定按基金经理的想法,将全部资金投向日本市场。“当时日本是一个充满机遇的投资市场。20世纪80年代对日本而言是一个不同寻常的年代。我和我的经理人察觉到了日本经济发展过程中蕴含的机遇。我们像调查员一样去当地的百货商店查看商品价格,悄悄询问工资收入水平,并结合美国的情况进行比较分析。”一切顺利进行,在一个不错的时机,基金经理当机立断,建议结束日本投资项目,给巴菲德留下深刻的印象。巴菲德采纳了这个建议,并通过非公开的巨额看空头寸为麻省理工学院获得了额外收益。

另外，鉴于投资本身的创造性和复杂性，麻省理工学院在投资房地产的方式上更近似于“乌龟”。麻省理工学院致力于投资其周边的房地产项目。“我们预测了以学院为中心的辐射经济发展模式。”于是，通过进一步调整投资结构，麻省理工学院享有这片土地的使用权以及区域内的经济回报所得。“我们在承担土地开发风险的同时，通过变卖新开发地、保留土地所有权的方式获得回报。从长远来看，这也有助满足学院在未来发展中对土地的需求。”

在麻省理工学院，当有人萌生了创意时，他们会积极行动，兼容贯通，形成一种行之有效的投资。“在众多投资项目中，创意的来源多种多样。它们来源于机构员工、董事会成员、投资委员会甚至是亲朋好友。创意的产生需要拥有开放和善于聆听的心境，同时也需要一个愿意让‘乌龟头一直伸在龟壳外’的董事会。”

慧眼识才

在研究和选择经理人时，巴菲德和他的同僚倾向于通过自己的调查结果进行录用，如果不是因为时间紧迫或人才紧缺，麻省理工学院很少依赖投资顾问选择经理。“经过处理的数据对我们而言已‘不再珍贵’。”

相比数据结果，巴菲德更相信自己对人才的直觉。他看重拥有智慧、幽默、诚实品质以及渴望成功的经理人。即使在更大的组织结构中，他也渴望拥有这样的经理人。巴菲德在选择经理人时，一直秉承着一种观点：“在任何资产类别中都会有成功的机会，关键在于找到合适的投资经理人。”

“问题是：‘如何找到合适的经理人？’我个人依靠的是直觉。在麻省理工学院工作的后几年，我很遗憾与员工间推心置腹的谈话越来越少了。我非常怀念和喜欢那样的交流方式。”巴菲德刚开始另类投资时，周围没有投资顾问，也无法获取大量数据，仅有几个人组成的工作团队，彼此间经常进行推心置腹的谈话。“但如今，企业结构复杂，经理人间职能交错，想要一下见到所有经理人都很困难，更谈不上要进行推心置腹的谈话了。”

尽管巴菲德在选择经理人时主要依靠自己个人直觉，但他同时也提醒不要过度依赖于此。“切记不能过于自负。我有时在下级经理陈述伊始不屑一顾，但事实并非如此，其陈述的结果往往让我不得不承认其中的价值。”

员工管理

巴菲德喜欢雇用充满活力、具有鲜明个性和拥有多种技能的员工。“我不想要千篇一律的复制品，我需要的是各具特色的股市神算手。”不同的员工组成了巴菲德名下不同风格的投资团队。在工作中，巴菲德给予员工足够权力选择资产类别。“我的员工只要能充分了解他们的投资项目并在后期和大家分享经验成果即可。我不可能熟知所有资产类别，因此我也不会直接命令我的下属进行某项特定的投资。这样的管理方式能够给员工足够的空间施展才华，同时也有助于提高我们团队的凝聚力和建立团队稳定性。”

治理和决策

提起麻省理工学院的管理决策方式，巴菲德将其形容为先在画布上画上背景，然后不断勾勒调整图案的过程。

“大学是一个由聪明人士组成的、结构复杂的特殊组织。大学里的各个学院负责教学，行政部门负责财务预算、处理学生日常生活等问题。各部门都在时刻进行着决策。但对于大学捐赠基金机构，我们必须设立董事会以起到审核批准决策的作用。因为针对像大学这样的机构，在持续不断的发展过程中经常需要进行战略和决策调整。”

与其他部门相比，大学捐赠基金机构的决策方式几乎没有太大差异，唯一的不同就在于对每一个决策的严密监督管理。

“也许有些人会说，监督管理投资项目是受托方的职责，但 20 世纪后期决策管理方式逐渐朝着框架治理的方式发生转变。”这一方式有助于扩大捐赠基金规模并帮助学校行政部门更好地致力于薪酬和预算管理工作。20 世纪 70 年代，随着其他大学投资管理委员会的逐步成型以及任职年限长的投资总监对董事会信任度的不断提升，经由哈佛大学管理委员会的驱动，最终使得决策管理模式发生了转变。

“如果你的职员专业性强又充满创造力，那么你需要适当注意自己的管理方式。这类人才不喜欢被束手束脚，他们无法接受所有投资都需经上级批准的管理方式。”

巴菲德博士推荐了克里斯・拉塞尔(Chris Russell)的著作《捐赠基金和基金会受托人投资策略》(*Trustee Investment Strategy for Endowments and Foundation*)。拉塞尔先生是一位来自英国的投资经理人兼基金会管理人员。该书主要的受众群是捐赠基金的受托人。“我曾有幸和拉塞尔先生共同探讨我们的工作经历以及他书中的相关内容，我们很聊得来，他是一个出色的投资人。因此，我建议捐赠基金受托方或董事会成员有机会能读一读这本著作。”

巴菲德认为，越来越多的组织机构正在逐步放宽他们的管理决策方式。“在麻省理工学院任职的30年间，我能充分感受到这里宽松的管理方式。在我决定退休时，我认为麻省理工学院仍然需要一支更专业的管理团队。”在巴菲德离任之前，他提出了建立麻省理工学院管理委员会的想法，并说服托管人和董事会进行落实。

“决策管理方式很多，并且是投资行业中影响执行的重要因素。而不同规模的组织也应采用不同的决策管理模式。”

经验、观察和建议

巴菲德以其丰富的经验为基础，为我们指出了当今世界投资行业的现状以及他个人对这一行业的期许。

行业忧虑

巴菲德在谈到对投资行业的担忧时说：“既然我已经退休了，那也就没有什么所谓的困扰了。”但是，针对当下的全球投资环境，他还存有两大顾虑。

“年轻的时候，我经常会聆听年长的人的劝告，但现在我自己也老了。在我入行前，曾有人对我说：‘安伦，或许你将来会忘记我的话，但以后要寻找核心投资产品只会越来越难。’他错了，这句话我一直记得，但他的观点是非常正确的。

“我担心的是被看作英雄的缺乏经验的年轻经理，现在没有英雄。我非常担心我们所处的大环境。一切都有争论，一切都在竞争，合理性似乎消失了。一些利益集团开始分化。对于很多为公共部门做出重大政策决策的人，我没有太深的印象。

“简单来说，我担忧的是我们现在身处的宏观环境。

“无论是在公众事业项目中遭遇房屋坍塌、造成人员伤亡，还是建成的会展中心在开幕时遭遇顶棚漏水，这些情况都很糟糕。有很多人有权对这些问题做出决策，如果简单的决策无法解决问题，我担心复杂的决策会招致政治风险。”

合适的选择

巴菲德一次在行业会议中的报告中反映了他对逆向投资策略及投资者行为的看法。

“我在 2003 年举行的 NMS 管理大会上进行了一次报告演说。我把它当作对与会者的一次实验调查。在助手的协助下，我们划分出 4 种不同的资产类别‘X、Y、Z、W’。由于具体类别都由字母表示，因此便于剔除主观因素对建立投资组合的影响。我们尝试根据收益的历史数据，结合投资组合优化模型对 4 种资产类别进行投资组合的划分。结果显示，与起始投资组合方式相比，无论加入单个或多个资产类别，风险调整后的收益都会增加。这项结论表明了实施多样化投资组合的优势。”

巴菲德接着提出了一个类似之前在零假设中提过的问题。

“我们为什么要投资‘X、Y、Z、W’这 4 种资产类别呢？”

考虑到之前麻省理工学院在投资日本市场和房地产领域时的思维方式，巴菲德进一步问道：“是什么因素能让你在投资这些资产类别后获取更大收益？”

他最终得出了一个和零假设下相似的结论。“如果投资者在某个投资领域有能力考虑到环境的变化并且拥有足够的人才，就会有利于投资者利用投资组合获得综合收益并在未来持续发展。”

通过这次报告会，巴菲德得出了两个有趣的观点。

此次会议的主席，即休利特基金会的劳里·霍格兰(详见第四章)，是不会让巴菲德在尚未阐明 4 种资产类别具体内容前结束报告会的。“于是巴菲德指出，这 4 种资产类别分别是高档红酒、美术品、古董汽车和高档珠宝。也许你会想，投资机构怎么会去投资这些资产类别？但实际上现在伦敦的确有一个艺术品基金，至少有一所大学对其进行投资。”

让巴菲德萌生逆向投资想法是在临近报告会结束时。“报告会内容主要涉及了投资类别‘X’，即红酒，会后很多与会者找我探讨问题。有人问我，‘麻省理工学院投资红酒这个类别多久了？’我当时答道，‘这个问题我回答不了’。”

巴菲德说道：“提出这样的问题，主要是因为投资者没有让‘乌龟头一直伸在龟壳外’，其担心超越了自己正常的投资意识。逆向投资策略需要投资者坐下来悉心聆听、谨慎思考。实施策略需要与机构员工和董事会进行沟通协调，而不是一味关注其他投资机构的投资行为。”

他补充道:“投资机构应该找准自身的定位。相比过分在意其他投资机构的投资方法,不如了解清楚自己所在机构的真正需求,再明确自己应该进行的投资行为。”

成败因素

复制或跟随其他投资机构的投资行为,也会影响投资者的成败。

全国大学和学院商务官员协会(NACUBO)研究表明大型捐赠基金业绩优于中型捐赠基金,中型捐赠基金业绩优于小型捐赠基金。因为大型捐赠基金投资机构有能力投资更多数量的美元,同时其所占比例或成本却小于中小型捐赠基金。

“但是像麻省理工学院这样的大型投资机构支出也相对较多。例如,部分员工每年都要前往亚洲地区出差4～5次,机构都要负担这些差旅费的支出。在一个价值5亿美元的基金会里,作为机构资金管理人的投资总监,也需要每年前往亚洲,因为他(或她)是运作这笔资金的唯一人选。”巴菲德也担心这样的情况会让投资总监无法专注于投资组合的运营。

“了解投资机构及其需求时会产生一个现实问题。我的前任在发展基金会时获得了共同基金的赞助,这项赞助对基金会的发展起到了重要作用。那么对于中小型投资机构,他们获得的预算内美元边际效用是该用于机构发展还是进行投资?在我看来,只要人员与机构组织与其需求一致即可。”

巴菲德说道,有时候成败的关键取决于时机和运气。“沿着错误的路径行走,就会经历失败。投资过程中不可能一帆风顺,有时候是需要碰碰运气。”

基金会和捐赠基金投资挑战

基于对其他基金会和投资管理企业的经验观察,巴菲德指出,美国投资机构将要面临全球投资者的竞争。

“新加坡国立大学享有价值20亿美元的资产,采用包括对冲基金、私募股权和房地产在内的投资组合。他们了解另类投资,正在全球范围内寻求机遇进行另类投资。”他们的投资方式与美国大学捐赠基金的投资方式相似,于是产生了竞争。“在我看来,我们所广泛面临的问题之一是我们对自身的优势、能力及如何投资的看法具有很强的地域性。全球的捐赠基金投资机构都在研究我们的投资方式,时刻准备大干一场。”

除新加坡国立大学外,巴菲德还与澳大利亚投资者商讨过更有效投资其基金的问题。此外,他还前往中国的大学进行考察,并了解到当地关于校友会网络建设和捐赠基金管理中存在的问题。巴菲德曾任职于由斯坦福管理机构前任领导者设立的投资管理企业玛凯纳(Makena)。“玛凯纳运营来自世界各地价值超过 90 亿美元的资产。”

通过巴菲德的观察,我们可以得出一个重要结论。“国际市场中存有巨额资金,美国只占了其中一小部分。世界各地的投资机构都在研究和我们投资方式相关的新闻、书籍,目的是为了复制我们过去几十年来采用的捐赠基金投资方式。他们了解我们以及他们自身的发展框架。但我们却不清楚这些投资机构的发展框架,因此这对我们而言将会是个新挑战。”

尽管巴菲德相信美国市场仍然拥有大量投资机会,但他也解释了关注全球投资竞争者的原因。“因为全球其他市场也存在着大量投资机会,而美国的投资机构总体而言仍然偏重于发展国内市场。”近来,巴菲德开展了一次讨论会,讨论会表明,世界各地的投资机构和美国境内投资机构拥有相似的投资理念,他们会先将这一理念投放于国际市场。相比之下,美国境内的投资机构缺乏这种投资意识。巴菲德提及的观点将在未来给捐赠基金和基金会投资总监带来更多的问题和挑战。

“我们为什么不能在中国设立一个办公室呢?资源库的优势在哪?成本该是多少?能带来的益处是什么?需要有人针对这些问题做很多的工作。风险必然存在,我们既要留住人才,更要让他们加快投资步伐。然而,如何进行监督?卫星定位目前还不是一件容易的事。”

巴菲德承认,自己也不知道问题的答案。“我们需要先意识到将面临的挑战,然后再一一给予解决。”

机构目标和投资总监解决方案

当被问及快速发展起来的投资总监外包模式时,巴菲德再次将话题转到了投资机构目标上。“这种模式的好坏取决于投资机构设想的运营模式。假设中小型机构想要获得和大型机构一样多的收益,那么他们的目标就偏离了准心,他们应该有属于自己既定的目标。”

一只捐赠基金与玛凯纳联系洽谈接管其整个投资组合的可能性。玛凯纳旗下有一只基金投资不同类别资产,公司领导者告诉捐赠基金该做法有误。其实巴菲德知道熟悉玛凯纳模式的企业自身早就已经进入了投资市场,这样的企业会越来越多。“类似玛凯纳这样性质的企业有很多。”20 世纪 70 年代,麻省理工学院委托威灵顿资产管理公司(Wellington Management)——合伙人——长期管理其投资组合。对此巴菲德说道:“如果当初威灵顿进行了另类投资,我不知道对麻省理工学院意味着什么。”

是否需要将投资办公室外包或将资产委托给唯一的一只基金取决于机构设定的目标。受托人和投资委员会需要问一些问题。“他们成功的因素有哪些?成功意味着什么?他们的目标绝不是复制大型投资机构。我们需要多少财富?减免学费是否能面向所有人?董事会需要思考机构存在的意义以及未来的发展方向——这些都是非常重要的问题。我们已经扩大了资产类别,那么接下来他们要做什么?”

基金会和捐赠基金只有不断问自己这些问题,并在不断寻找答案的过程中决定应该由谁来最终掌管资产。

同业竞争

尽管过去巴菲德曾在公众场合谈及同行业竞争这个话题,但现在谈及时他的态度显得有些不同,这也多少反映了他对于这个问题新的认识。

“我们所创立的体制和做出的投资行为使我们身处于一个竞争更为激烈的环境中。到处都是绩效信息和相关的排名。与去年相比,今年赛马的赢家是谁?奖品又是什么?激励计划将同业之间的业绩比较纳入考虑范围。这些都已成为社会的一部分。身处在如此竞争激烈的投资环境之中,有谁会愿意去帮助自己的竞争对手?”

巴菲德同时还提到另一个造成竞争更加激烈的原因,就是投资者在能力有限的情况下进行另类投资。“如果你缺乏资本,那么又何必埋头做财力所不能及的事情呢?谁都希望靠自己的能力拿到面包并归自己所食。在一张桌子旁能摆放的座位数量总是有限的,但每个人都想方设法要有一席之地。”

荒岛求生

巴菲德与现就任于摩根士丹利的马蒂·莱博维茨(Marey Leibowitz)曾经用

美国电视台播出的《幸存者》(*Survivor*)节目来比喻另类投资市场中逐渐萎缩的机遇。

“假设存在一个叫作‘另类岛’的热带岛屿。曾经你划船到此度假,岛上美丽的风景、热情的居民和满树的新鲜水果让你流连忘返。现在的你则乘坐‘波音747’来到海滩边的威斯汀酒店度假。与小岛相比,这里是众所周知的度假胜地,熙熙攘攘,人满为患。于是人们开始争相投资开发‘另类岛’。”

回到现实生活中,巴菲德说道:“有些投资机构相信他们有一定的权力,对投资经理人提出了大量的需求,造成机构间缺乏必要的合作交流和责任感的降低。这样的状况让我很痛心。”

职场赠言

事实证明,巴菲德对于职业发展的观点是实际有效的,因为他自己就是遵循这种观点拓展事业并获得了良好的业绩。

“如果你不满意自己现在的工作,那么你应该适时考虑换一份工作。就好像我在刚过30岁的时候对自己说,‘我想换一份工作’。在我妻子和孩子的支持和鼓励下,我做出了改变。我相信,如果你无法从自己的职业中获得乐趣和满足感,那就意味着是做出改变的时候了。

“就职于投资行业并不在我的计划之内。但在工作的过程中,我发现投资比材料工程和法律有趣得多。投资过程中你会犯各种错误,但人非圣贤,孰能无过。重要的是,为一个待遇良好、尊重员工的组织机构工作,它会让你在工作中得到快乐、享受。”

巴菲德同时希望将来投资总监能够了解一些行业基础知识。即使巴菲德自己刚入行时对投资行业并不了解,但他12年的工作经验教会了他一些实务操作技巧。“对我来说,曾经的非投资职业经历给了我很大帮助,当然这也因人而异。”

在巴菲德进入捐赠基金投资领域的年代,与他同龄的人可能甚至还没有投资的经验。但是,未来的职业发展模式培养出的投资总监很可能是拥有MBA学位的有经验人士。

提及时间管理,巴菲德说:“我自己是个工作狂。我总是熬夜,经常睡眠不足。我平时还喜欢读书、和人聊天,从中发掘新想法。我承认我不擅长时间管理。”

影响力

巴菲德在谈及影响其职业生涯的人和事时有些犹豫。“我拥有出色的委员会和主席,并曾与他们进行了一系列重要的交流。我无法比较出他们之间的好与不好,毕竟每个人都有弱点。所有人都非常清楚自己做得怎么样,对那些并‘不严重’的失误也该持有包容之心。”

麻省理工学院投资组合有160名经理人,有些经理人的任职年限可以追溯到和威灵顿资产管理公司合作期间。巴菲德向来重视与这些高素质组织间的合作以及和其领导者之间的长期关系,虽然领导层不断变更,但他始终与他们保持着坦诚的合作交流。

真实收获

“很多东西值得我好好珍惜。人的一生不可能长期处于巅峰状态。只有深厚的友谊才能让我们越过风浪。我们紧密合作并相信借此能共渡难关。如果我们彼此的想法正确,就一定能有所收获。况且,在大多数情况下我们都成功了。朋友的箴言往往会改变我们的人生。”

安伦·巴菲德在20世纪70年代的一个早晨做出了选择。如果当时他没有这样做,他又会如何发展?但幸运的是,选择改变了他,巴菲德勇敢地迈开步伐,改变了原先的生活轨迹。他将自己的技术和兴趣完全运用于新想法中,并以此对麻省理工学院乃至整个投资行业做出了自己巨大的贡献。

也许有人还记得童年时游戏中的儿歌“医生,律师……”。对于深受影响的投资者以及麻省理工学院,安伦·巴菲德是他们心中永不退休的“投资总监”。

第六章　引领变革

——爱丽丝·汉迪(Alice Handy),投资有限公司(Investure, LLC)投资总监

1970年,爱丽丝·汉迪步入投资领域,并于1974年作为首任投资总监进入弗吉尼亚大学,任期长达20余年。而今,她正从事着自己最热爱的事业,为非营利机构投资。在她的职业生涯中,机遇与挑战并存。她希望与他人共事并达成了这一目标,无论是作为领导者、导师还是商人,她都是一个成功者。她的职业生涯反映了基金会和捐赠基金投资行业的变革与发展,同时也为下一代的投资总监们做出了榜样。

爱丽丝·汉迪是投资有限公司的创始人,兼任公司总裁和投资总监。该公司位于美国弗吉尼亚州夏洛茨维尔,主要服务于非营利机构,负责管理相关投资活动。现为一些基金会和捐赠基金管理大约价值50亿美元的基金资产。

创立投资有限公司以前,作为弗吉尼亚大学投资管理公司投资总监的爱丽丝,之后又兼任该机构财务总监及总裁,负责管理旗下捐赠基金长达29年。爱丽丝刚入行时就职于旅游者保险公司(Travelers Insurance Company),担任债券投资组合经理及总裁助理职位。此外,1988～1990年间,爱丽丝还曾担任弗吉尼亚州共同基金财务主管。现在,爱丽丝任职于多家投资委员会,其中包括弗吉尼亚州退休系统、洛克菲勒基金会(Rockefeller Foundation)以及托马斯·杰斐逊基金会(Thomas Jefferson Foundation)、谢南多厄人寿保险公司(Shenandoah

Life Insurance Company)和贝瑟默证券公司(Bessemer Securities Corporation)董事会。爱丽丝本人以优异成绩毕业于美国康涅狄格学院并取得文学硕士学位,之后在弗吉尼亚大学学习经济学。

背景介绍

1970年,爱丽丝·汉迪从康涅狄格学院毕业。考虑到未婚夫在康涅狄格州首府哈特福特工作,于是她参加了所有保险公司的面试,最终选择了在当地的旅游者保险公司工作。

"面试的时候考官问我想做什么,在1970年,我和大多数人一样仅想获得一份工作而已。面试官说:'公司的投资部没有女性,考虑到你的专业是经济学,你就先去投资办公室工作试试吧。'啊,这个岗位再适合我不过了。"

当时公司询问汉迪是希望从事股权分析还是担任固定收益投资组合经理,汉迪说她愿意听从公司安排。

"幸好,当时公司让我从事债券相关的工作。那时负责公债的只有两个人。公司旗下掌管价值几十亿美元的公债,我们的工作就是基于企业当下的盈利状况投资公司债券或免税债券。公司当时还持有小部分交易组合,这对于保险公司而言并不多见。在工作的过程中,我了解到很多这方面的专业知识并有机会零距离接触到部分证券经纪人。假如我当初被安排负责证券市场的某一细分领域,那我可能就不会有这种机会了,也许等待我的是另一种职业生涯。"

当时,保险公司都是一流的投资机构。因此,汉迪庆幸自己能有这份工作经历,使她有机会接触各种投资类别,比如私募股权、对冲基金以及公众股权。同时,工作中她也接触到了包括加利·布林森(Gary Brinson)在内的众多天才投资家们。

1974年,为了让丈夫能够在弗吉尼亚大学攻读硕士学位,汉迪辞去了旅游者保险公司的工作,迁往弗吉尼亚州的夏洛茨维尔。在证券市场低迷、相关法律开始对捐赠基金投资产生影响时,她接受了弗吉尼亚大学捐赠基金机构金融部的工作。

"1974年9月,正值证券市场低迷期。为了增加新的投资组合,弗吉尼亚大学新招了两名经理人以及一名托管人,同时还增设了证券借贷项目。我加入机构时，相关方案已准备就绪，我工作初始基本都是在会议室度过。”

刚入职时，汉迪面临的是十分琐碎的工作。汉迪的工作内容涉及预付员工差旅和薪酬、车辆登记、保险投保以及部分微小投资项目。“我唯一擅长的是交易债券投资，这却不是我的职责所在。”弗吉尼亚大学历史上从未单独设立投资部，在常人眼里，投资部只不过是一个临时性部门。

起初，弗吉尼亚大学的捐赠基金价值 5 000 万美元，其中实际可投资金额 3 000万美元。汉迪通过在职培训，对新兴投资市场和资产类别有了进一步的系统了解。

“经历 20 世纪 70 年代的熊市后，包括耶鲁在内的大多数大型捐赠基金机构都面临着收支比例不当的情况，因此大幅降低在股权市场上的投资比例。所幸的是，当时弗吉尼亚捐赠基金决定保留股权市场的投资份额。”

弗吉尼亚大学同时将 3 000 万美元资产平均分给三名风格不同的投资经理。作为对传统债券配置的替代，对学校教职员工的按揭贷款投资组合意味着固定收益敞口。

20 世纪 80 年代初，学校正式决定设立独立的投资办公室。此前，汉迪已经向四名财务主管提过此想法。汉迪此前早就参与董事会会议、演示投资报告，并就识别投资组合的新想法展示其影响力。虽然当下她正领导着独立的投资办公室，但她仍然没有权力做出投资决策。她必须对投资经理进行调查，选出 3 名候选人提交委员会来做决定，候选人通常都是律师或银行家。剑桥联盟资产管理公司为委员会提出建议并协助寻找和审查投资想法。

汉迪开始逐步建立起她的团队。有趣的是，“家里每次添新成员时，我也会为我的团队添砖加瓦。1979 年，我儿子出生的那年，我新雇用了一名会计；1981 年，我有了一个女儿，我为团队招募了首位投资人——罗布 · 弗里尔（Rob Freer），他现在仍然就职于机构中。随着时间的推移，团队的规模日益壮大”。

弗吉尼亚大学：投资总监的诞生

20 世纪 70 年代早期，汉迪曾加入包括哈佛大学的沃尔特 · 卡伯特（Walter Cabot）和耶鲁大学的大卫 · 斯托尔斯（David Storrs）在内的一个小型捐赠基金领导团队。一般来说，学校的财务总监也需要了解旗下投资项目。因此，汉迪也会定期向财务总监报告相关投资事宜。汉迪自己则在管理除捐赠基金外，也要负责处理其他琐事。她说自己喜欢创新,不喜欢一成不变。”

汉迪的其他职责包括管理大学的债务项目。1985 年,汉迪完成了当时弗吉尼亚大学为改建医院进行的一次“最大融资项目”。80 年代后期,她着手管理学校旗下不动产以及其他财产及业务。此外,汉迪还运营高尔夫球场、博得海德旅馆(the Board's Head Inn)、科洛纳德(Colonnade)养老院,并利用税收优惠政策修复了大学生联谊会会堂。

1974～2003 年间,爱丽丝在弗吉尼亚大学管理投资组合,这是她职业生涯的里程碑,同时也反映了基金会和捐赠基金行业的变革。她的责任感投资理念和工作成效也是在这样的背景下形成的。

1974～1981 年:成长型与价值型投资经理的多元组合

之前,捐赠基金的资产往往由单一的经理人进行投资管理。从这个时期开始,投资机构开始改变这一投资管理方式,特别是针对股权市场的投资组合,机构开始采取聘用多个投资经理的管理模式。

20 世纪 80 年代早期:资产类别的多元化发展

20 世纪 80 年代初,弗吉尼亚大学捐赠基金机构采取了相对激进的投资方式,其罕见地将 75%的资产投资于股权市场。20 世纪 70 年代中期开始它就是共同基金的客户,1978 年以来是剑桥联盟资产管理公司的客户。投资环境开始发生了变化。

“终于,在 1981 年,市场发生了变化。70 年代后期失宠的原油和硬资产股票表现良好,我们的投资经理开始出现了问题。”

汉迪也开始设想进行另类投资。当时市场上流行投资国际股权、不动产和风险资本。但是由于弗吉尼亚大学现有的不动产投资数量过多,于是大家决定先尝试投资风险资本。虽然最后结果不尽如人意,但至少我们已经开始尝试这一资产类别的投资。

“此外,我们还投资了共同基金下的国际股权基金。有趣的是,当时我也是投资顾问聘任小组成员,我们没有选择一些传统的大型英国银行机构,而是选择了 GMO[全称格兰瑟姆、梅奥、范·奥特罗公司(Grantham, Mayo, Van Otterloo & Co.)]。当时这是一家以境内投资市场为主、进入国际投资组合领域不久且不引人注意的企业。而现在,该公司已经发展成为运营价值 1 400 亿美元资产的投资管理企业。”

另外,由于原先的按揭贷款投资组合价值日趋下降,无力发挥固定收益敞口的作用,弗吉尼亚大学在 20 世纪 80 年代中期雇用了一名经理人专项负责固定收益。由于机构内部员工自行经营的固定收益配置部分成效良好,因此大学决定由内部全面管理固定收益组合。

“除 1981 年和 1983 年外,在 1980～1986 年间,股权市场收益颇丰。在某些年份,传统股权市场的收益可以达到 40%～50%,但是,我们清楚这一情况不可能长期持续下去。80 年代中期,我们售让了国际股权,将资金转向投资中期债券及全球债券。当时投资组合保险项目风靡一时,但我们还是将资金撤出市场。紧接着 1987 年市场崩溃。”

治理:成为一个问题

经历这次市场崩盘后,汉迪逐渐意识到委员会成员对于市场的了解和对市场出现的机会的快速反应是多么重要。

“市场崩溃后,董事会主席乔希·达顿(Josh Darden)说道,‘我们现在是重新进入市场的时候了’。但副主席并不赞同,他认为,‘我们有自己的计划和打算’。但达顿指出,‘我们已经损失了 5%的资产价值’。结果我们大约在 1 年后重新投资股票。可市场早已有了不错的涨幅,因此我们未获取全部利益,我们只是抑制了资产价值的下降趋势。就治理问题而言,市场崩盘后的反应是有趣的。”

董事会、委员会和投资办公室的治理实践都是以委员会为核心。“当时从传统权益投资经理那里就能获得可观收益,我们的投资组合确实有一些好的投资项目。然而我们当时选择这些项目也是误打误撞,比如某人了解或者听说过。我们没有足够的人手对其进行尽职调查或追踪。我们只是依赖剑桥联盟资产管理公司的数据和他人的信息。假设要向耶鲁、哈佛、普林斯顿、斯坦福等大学学习经验,不难发现他们的会议数量都远低于我们。剑桥联盟资产管理公司召开一年一度的大型捐赠基金会议,全国大学和学院商务官员协会(NACUBO)召开定期会议等。因此,你通常只能与少数人交流,并不像现在与尽可能多的人沟通,在缺乏人力资源的情况下,只能依赖其他人的建议。”

由于投资办公室资源的限制、委员会专业学识有限等各种原因,常常导致捐赠基金的投资项目局限于学校校友之中。这就容易发生利益冲突,但现实情况就是如此。

20 世纪 80 年代后期:多元化脚步的加快

随着 20 世纪 80 年代的到来,为不同资产类别和模型制定相应的投资策略开始成为可能。弗吉尼亚大学也开始加大授权给经理人,并逐步建立多样化的投资组合。

曾经一段时期,有看法认为,由机构投资委员会做出资产配置方式决策并非最佳。因为投资经理人对投资市场十分了解,由其进行决策更适合。“机构针对 GTE 退休金计划,新任命了 3 名全球资产配置投资经理人。然后,我们就股票和债券及成长型和价值型股票的转换时机问题专门咨询了 GMO 的迪克·梅奥(Dick Mayo),他们提供了一些不错的建议,从而令机构在 80 年代末投资成长型股票。”

之后,弗吉尼亚大学开始着手投资私有资产,但考虑到委员会历来对新的缺乏流动性资产类别的投资十分谨慎,因此避免了对私人股本的杠杆收购投资。相反,弗吉尼亚大学看到了小型投资项目的潜在收益,毅然选择投资 4%的风险资本项目。

与此同时,投资组合还加入了对冲基金,起初是采用诸如全球宏观和套利等传统对冲基金投资,后期还增加了不良债券基金。

捐赠基金机构也投资非大学持有的不动产。“1991 年,在重组信托公司(Resolution Trust Company,RTC)售让物业时,我们以大刀阔斧的方式进入了不动产领域。我们选择了 3 名经理,收益颇丰。另外,我们还投资了 TA 协会(TA Associates)以及布鲁克戴尔(Brookdale)和舒思深(Shorenstein)两个基金会——由耶鲁大学提供原始资本建立而成。遗憾的是,虽然我们在投资的早期阶段获得了收益,但 90 年代收益逐渐减少。于是机构主席停止了对不动产的投资。在我的任职期间,我们并没有再将其纳入投资组合中,因此,也未能在 21 世纪中获得应有的良好绩效。”

20 世纪 90 年代后期:激进的投资方式和创新型套期保值

随着 20 世纪 90 年代的到来,弗吉尼亚大学采取刚进入对冲基金领域时的投资策略,明显增加了对冲基金的投资,并加入了多/空股权的投资。由于弗吉尼亚大学进入这一市场的时间较早,因此能够有机会和众多一流的投资经理人合作,其中涉及孤松资本(Lone Pine Capital),并运用校友关系投资马弗里克、蓝岭和都铎(Maverick, Blue Ridge and Tudor)。

当时风险投资非常热门,汉迪也认为其价值不可估量。此外,弗吉尼亚大学还开始着手投资建立私募股权投资组合,可汉迪认为这一举措已晚了5年。汉迪在市场配置中加大了新兴市场的投资比重,同时大量招募新员工,意在各个资产类别中建立起自己的专业团队。

1999～2000年:罕见的投资策略

1999年,当众多投资者继续推高技术股的价格时,汉迪经历了投资史上前所未有的跌宕起伏。为了抵消投资股权配置的损失,汉迪采用了锁定大量风险资本收益的新型投资策略。其间我们可以看出汉迪是如何淋漓尽致地发挥她的专业技能和人际关系来进行该项投资。

“这项投资的转折点是在1999年。1988年,当我们初次涉及风险资本时,剑桥联盟资产管理公司为我们选取了几家不错的投资企业。1998～1999年间,投资组合的收益达到了顶峰。但是,1999年9月,当我们从风险资本经理那里获得财政年度报告时,我们发现,10亿美元以下的投资组合收益中有5 000万美元需要调整。由于调整数额巨大,我向主席询问我是否应该重新计算股票价值和我们经过审计的年度报表。主席回答道,‘就按审计结果进行调整,你仔细看看这些公司,他们不可能发展这么快’。

“经过仔细分析之后,我们发现这些股票以收入的300～400倍价格销售,大部分企业实际甚至没有收入。投资组合中包含的10种股票价值相当于2亿美元。当时主席对我说,‘爱丽丝,我们必须维护我们的机构利益’。

“仔细计算出我们的负债状况后,我联系了所有的主要承销商。高盛投资银行家向我们推荐了其衍生品,继同他们合作之后,我们发现能够利用债券投资组合作为附属担保销售股票并在投资组合中锁定收益。我们的唯一目标就是获取收益。我们认为,‘我们已经从这些股票中获得了足够的收益——我们不想再贪心了’。我们的唯一目标就是获取收益,我们不奢望获得额外收益。这是一项投资组合的对冲策略,而不是做空来赚钱。

“2000年1月初,弗吉尼亚大学实施了这一策略。市场持续上涨,迫使他们持续回补空头头寸。有些投资者听闻汉迪的这一策略后也跟风而进,但是很难找到适合做空的股票。

“提早实施这一策略对我们来说还是有利的。3月底和之后6个月,市场终于崩溃。1月份价值100美元的股票现值仅10美元。我们能够一直等待直到收到股息，卖出股票以回补空头头寸。一年之后，我们彻底卖出了这笔风险投资，同时获得了大量现金。"

汉迪和她的团队需要再次进行投资，但是市场估值仍然过高。他们对证券市场和债券市场的投资也渐渐失去兴趣。

"我们发现，在债券市场上已经不能实现我们的目标。在校友的协助下，我们成功进入了对冲基金市场，并且自1998年起逐步建立投资组合。我们在对冲基金中的比例升为60%，投资的主要来源还是通过我们利用投资组合中回补空头头寸所获取的现金。那是一段非常有趣的时期。"

然而，其间公司治理方面出现了问题。1999年早期，董事会的一名成员对于价值型股票的配置偏向以及在20世纪90年代末未分享到成长股大幅上涨所带来的回报感到不安，这使员工们开始重新考虑自己的头寸："我们随后在错误的时机雇用了一些成长型经理，由此导致了资产价值的下跌。事实上，一旦风险投资组合开始生效，委员会和董事会就能看到收益，但那是一年后的事情了。所以一切投资过程总不是平坦的。"

对于这段经历，汉迪说道："那段时间，市场状况的确是前所未有。你无法真正摸准市场的脉搏，这显然是泡沫，我个人不希望再发生类似情况。可在这样的市场环境下，你需要面对市场的现状并寻找可以获得收益的任何细节。"

2003年：进入外包阶段

2003年末，在为弗吉尼亚大学工作29年后，汉迪离职了。同年，汉迪成立了投资有限公司提供投资总监外包服务。汉迪之后职业生涯的发展也在一定程度上反映了捐赠基金管理行业的发展进程。

成为投资总监

作为投资有限公司的总裁，汉迪领导着一家私营公司继续为一些机构提供投资总监服务。在日益复杂的投资环境中，在履行相同的基本职责的同时，汉迪必须根据每一个客户的具体投资目标和具体情况进行投资。而她的资产配置理念也在这一过程中得到了不断改进和完善。

资产配置

"我已经不再执着于资产配置模型了。"汉迪笑了笑，继而表情又严肃起来。

“自我 1974 年加入弗吉尼亚大学以来,长期以来一直贯彻的投资组合方式是在其中加入对股权的投资,以此获得投资绩效。因此,为了使长期投资的目标收益维持在 10%左右,你必须投资股票(公司所有权)。

“10%的长期收益是大多数大学基金会希望达到的收益水平。机构基本支出在 5%,加上通货膨胀、费用及可能存在的浮动。因此,最终的收益水平只有达到 10%,才能收支平衡。回顾所有资产模型,在传统一成不变的投资方式下是很难达到这一目标的,因此就必须寻求更加宽泛的投资领域。过去的 5～10 年里曾经派生出许多新型的资产类别,可在 1974 年时,根本无法对其投资。”

汉迪明确把衍生品、商品、投资组合构建和做空等对冲手段视作可行方案。“这些方案从谨慎人规则的角度尽量被认定是谨慎的,之前你根本连想都不敢想,这也意味着投资领域非常复杂。”

投资有限公司当下采用的资产配置方式主要着力于另类投资。他们通过识别影响投资组合的风险和回报的指标及特点来分析整个投资组合。

针对整个资产组合,投资有限公司分析了不同国家、各种资产类别、流动性、锁定期等风险影响因素。改变严格的资产类别定义能够帮助投资者找到有趣的投资想法。

“耶鲁大学和弗吉尼亚大学将性质相同的一种投资归于不同的投资类别。一个将其划分为对冲基金,而另一个则将其放入传统的做多证券行列。弗吉尼亚退休系统将对冲基金策略都归入全球资产配置领域而非专门的对冲基金领域。当资产类别无法对以上投资组合进行适当描述时,那么资产类别的划分也就没有实际意义了。传统的类别划分不涉及资产的流动性和杠杆效应,因此问题就在于学术意义上的投资划分已经跟不上投资者的步伐了。”

例如,在其他投资机构尚未开始对日本市场进行大规模投资前,投资有限公司已经开始增加对日本市场的投资。投资有限公司在很多地方发现了机遇,于是其资产配置给私募股权、对冲基金和只做多资产管理人。

“如果你开始谈论资金池,就无法像积极经理或混合型经理那样做一些有趣的事了:投资一半对冲基金、一半私募股权。我们的客户不受资金池的限制,能够接受灵活的投资方式。他们思考的是整个投资组合的风险和回报,而不是个别资金池的再平衡,这一点至关重要。

“此外,对于投资委员会而言,最重要的是要帮助他们了解这是参与他们基金管理的较好工具。他们可以由此清楚地了解到投资组合的动向,从而可以行使自己的职责,即考虑投资准则以及总体风险。拥有合适的工具对履行职责至关重要。”

战略资产配置 VS.战术资产配置

汉迪认为,只有从战略层面增加那些价值被低估的领域的投资,才能改进当下的长期资产配置方式。

“假设在长期投资过程中持续采用单一的资产配置方式,即以合理的股权和债券比例进行投资,同时配以经验丰富的投资经理人以不变应万变,也能够获得不错的收益,但同时也会错失市场中的重大机遇。”

越界的投资方式往往伴随着巨大风险。“墨守成规下的失败也优于盲目开拓下的成功。事后你能看到市场中许多失败的教训,但假若能从投资价值角度出发仔细思考分析,机遇无所不在。”

对于 2007 年的投资市场,汉迪也有自己的看法。“我认为当时的投资者应该采取做空短期信用的投资方式。当时没有人敢这么做,因为其破裂起码还有 5 年,但如果做空时间够长,那这也不失为一种好的投资方式。”一般捐赠基金的投资者在坚持上述做法时会碰到问题。但是像耶鲁或弗吉尼亚大学这样的拥有大量资产以及成熟的投资组合的机构在坚持自己的理念上确实有优势。

“对于投资组合尚未成熟的机构而言,需要不断发掘投资机遇。在 20 世纪 80 年代投资风险资本是一个不错的选择。但是否应该不断进行投资,寄希望于 1999～2000 年情况再次发生？那么答案必将是否定的!”

在汉迪看来,投资市场的下一次重大机遇或崩溃将会以一个全然不同的形式出现。人性的弱点让我们总是寄希望于历史能够重演。“我们持续玩同样的游戏,因为我们害怕变革。这也是我喜欢拥有了解其背景的交易者的原因——努力寻找微小的商机,这让世界着迷。”

资产管理内部化

除了回报外,资产管理的内部化的方式能提供有价值的收益。亲自参与市场能够获取交易或市场趋势的信息,否则这些投资者就无从着手。基于一系列原因,包括高薪酬以及操作失误可能导致的问题等实际原因,汉迪并不建议对其进行内部化管理。汉迪认为,将来会有更多的捐赠基金机构将部分资产管理内部化,就如同她现在仅为客户制定策略一样。

“我认为，投资机构的高层部门在必要的时候会自行做出资产管理决策，但这并不表明高层部门是最好的资产配置者。作为投资总监必须具备两项技能。首先，他们必须时刻了解市场以及具备良好的人际交往能力；其次，他们也必须具备整体考虑的能力，这是除治理问题外最困难的事。”

公司治理

汉迪提倡“尽可能小的投资委员会”的组织结构，同时还与我们分享了一位令人尊敬的委员会主席的建议。“迪克·费雪(Dick Fisher)曾掌管普林斯顿大学投资委员会多年，现就任于摩根士丹利，他曾说道，‘委员会间意见过于统一并非益事。委员会主席的责任并不是获得大多数人的认可，也不是为了使所有成员意见一致，而是应该从成员的不同意见中酝酿出好的投资想法。’我非常同意他的观点。”

机构董事会或委员会在投资机构中常常担任顾问和战略思考者的角色。“董事会做投资决策缺乏效率。委员会负责提供建议和想法，再由投资总监和下属员工进行具体投资。委员会负责提供战略发展方针及宏观发展数据——重要事项，他们也可以否定相关投资方向，但不是出于经理人的角度考虑。委员会从一个相对宏观的角度进行考量，因为只有从这个层面才能做出及时准确而富有远见的决策。”

慧眼识才

汉迪认为在选择投资经理方面，投资总监同样需要有好团队的协助。“我曾有幸和许多做事果断并且聪明的人一起工作。他们是真正的优秀的投资者。尽管我们之间常有不同，可这更有助于萌生创意，但有时我们的投资想法又过于一致了，所谓英雄所见略同。”

“成功的方式有很多种，即条条大路通罗马。我并非否定不能投资成长股，但你必须在合适的时机投资成长股。投资团队中不需要很多完全不同类型的经理人。从为数不多的专业经理人那里也同样能获得各种想法，这也是小型化的好处之一。因此，投资有限公司的资产规模不会超过50亿美元。”

汉迪认为，投资者必须进行有意义而且充满乐趣的投资。“寻找优秀投资经理人的过程中充满了乐趣。其间，精神上必须全身心投入，在不断发掘优秀经理人的同时，也会让你的内心热情澎湃。”

投资有限公司希望吸纳职业道德良好、能与他人和谐相处的投资经理人。

"我们找那些从小认识投资经理的人打听情况,特别是在招募缺乏透明度的资产类别领域的经理人的时候,这一点尤为重要。"

优秀的投资团队不但有助于招募投资经理,同时吸引经理选择你。汉迪将其比作"成为一名投资者的选择"。才干卓越的投资经理人自身也希望能和具有良好道德品质、为人和善、聪慧的投资者共事。他们也不愿意自己仅被看作商品。"你对待他们像商品,他们就会成为商品。在投资有限公司,无论是客户还是投资经理人,都是我们的合作伙伴。"

汉迪不会因为经理人偶尔的策略失误就立即责备或解雇他们,而是用金融衍生品或类似投资工具对冲其敞口。"关键在于你能有伙伴在身边提醒你,'当下市场欠佳?'。但在投资经理人数过多的情况下,就很难做到这一点,你无法充分地了解他们。"

经验、观察和建议

汉迪让我们共同分享了她对行业的看法,同时也提出了她对投资者或投资总监这份工作特点的认识。

投资失误

一般来说,投资者会过分注重短期收益和抓住"投资时点"。投资总监们往往会有一些小失误,"其思维和操作仿佛投资组合属于他个人而非机构,从而让董事会或委员会感到失望。你开始以为投资组合属于你,但事实并非如此"。

毫无疑问,"资产配置领域内最严重的一次失误发生在 1999～2000 年间对成长型和价值型投资的权衡。当时,大量投资者在错误的时机投资了成长型基金和风险资本"。汉迪认为,造成这一现象的原因主要是投资者的从众心理以及投资者对于投资市场的周期性发展缺乏系统认识。

对小型投资机构的建议

汉迪认为,由诸如玛凯纳、共同基金、基金会投资基金(The Investment Fund for Foundation,TIFF)以及摩根格里克(Morgan Greek)等企业管理的综合基金的份额将会是未来小型投资机构的投资或购买对象。同时,汉迪也希望将来部分小型投资机构组织能够以资源共享的方式形成一个综合性的松散型的大规模投资组织。

“这样大规模的投资机构就如同弗吉尼亚大学旗下的基金会。弗吉尼亚大学旗下拥有 20 多个基金会，一些基金会有相当的资产，资产总值达到 15 亿美元。每一个基金会都有自己的独立董事会并独立运作旗下资产。针对主要投资股权和债券等投资项目较为单一的机构而言，这种运营方式是一个不错的选择。但是随着投资项目更加复杂，投资管理难度不断增加，弗吉尼亚大学逐渐将所有资产进行整合，这是一个更加明智的选择。”

同业竞争

1974 年，汉迪曾有幸能够遇见另外两位经验丰富的投资者，他们分别是来自达特茅斯的布鲁斯·德雷斯纳(Bruce Dresner)以及来自卫斯理的鲍勃·泰勒(Bob Taylor)。这两位投资专家可以说是汉迪的导师，他们同汉迪分享了他们的投资经验，并与汉迪一起合作进行了捐赠基金的投资。现在她认为投资机构之间存在着激烈的竞争，机构董事会成员常常会拿自身与其他机构进行比较，尤其是与耶鲁和哈佛比较，从而得出有利的结论。

虽然汉迪并不喜欢从竞争的角度思考问题，但她认为，在评估薪酬和投资业绩时，同业比较会是个不错的方式。“这一过程能让你与市场当时可能的业绩进行比较。”

为数不多的女性投资者

“早些年，行业中的女性投资者屈指可数——林·恩赫顿(Lyn Hutton)和我。在我进入债券投资领域时，该领域还未曾出现过女性职业投资者。因此，我也不能参加纽约男士俱乐部举办的各种派对和会议。然而，这对我来说未尝不是件好事。对于其他投资者而言，我并不是他们的竞争对手。因为他们一致认为，在我生儿育女后就自然离开这个行业。其实当时我自己也曾这么考虑过。

“对我们而言，能成为投资行业第一位女性确实颇具吸引力，就我的个性而言，这也是一种激励。你是一直处于舆论的平衡之中。一方面，老一代的投资者发表性别歧视性的言论；另一方面，也有人会认可你的成就，那种感觉真的是太棒了。”

汉迪的两个女儿则并没有秉承这个竞争激烈的行业，当下她们可以有更多的选择。

“其实女性也有自己的优势，只是我们尚未好好加以发掘利用。与男性不同的是，我们没有养家糊口的压力，除非我们是单亲妈妈，但是选择权在于自己。在我的家庭中，我是自愿为我的家庭负担经济重任，但是我从来没有过必须养家的思想负担，我可以自由选择。我很幸运。”

汉迪认为自己在协调方面颇有发言权。“我曾经对我的女儿说，‘你可以是事业型女性，也可以是贤妻或良母，但是你不可能三者兼得’。很多时候，我们都必须不断权衡、筛选来调整我们的追求目标。”

职业建议

汉迪认为，她的同事及合伙人的建议为她职业生涯的发展起到了很大帮助。“你需要对投资行业充满热情和好奇心。你必须有好奇心。投资行业工作艰辛，因此你必须从中发现乐趣。从事投资工作不会一帆风顺，投资过程中你一定会常常犯错。要想在投资领域取得成功，你必须投入大量时间和精力，甚至你在工作上耗费的时间会远多于家庭。因此，无论我的孩子从事何种职业，我都会告诉他，你必须热爱你的工作。”

在建立投资团队的过程中，汉迪指出团队需要不同类型的人才，有些具有较强技术分析能力的人十分坚持个人投资理念，而有些人擅长基本面分析、有投资直觉，因此需要将他们的理念进行融合。“如果能合二为一则事半功倍。一旦处理不当，你就会在投资过程中痛失良机。”

汉迪说道，在职业起步阶段，一位经验丰富的导师能起到十分关键的作用。“我曾告诫我的儿子，在入行开始一定要有一位好的启蒙老师，否则会学到不好的习惯。”

另外，如果机会允许，最好能够有机会在大企业中工作锻炼自己。“对我来说，在旅游者保险公司的工作经验让我受益匪浅，因为这份工作让我了解了大型企业的运作方式。但是，我个人却偏爱在小型企业中工作。假如你想成为一名企业家，那么小型企业会更加适合你。但是，假如你想成为一名公司法人，那么请你还是在大型企业中施展自己的才华吧。”

真实收获

回顾自己的职业生涯并展望未来时,汉迪说道:“曾经有一位风险资产投资者对我说,‘列一张重要事项清单,但请不要排序。因为在找到了合适的工作时,原先的排序会发生改变’。对我来说,这么做非常有趣。我的清单内容包括:获得智力上的刺激,想和态度积极、为人风趣的人共事,希望接触形形色色的人。

“投资行业最有趣的地方在于,你可以接触到形形色色各行各业的人。即使是年轻的初级分析师,也有机会接触到顶级的投资者。但其价值并非在工作之初就能体会。为非营利组织工作对我来说是重要的。在从弗吉尼亚大学离职后,我仔细考虑了自己未来的出路,包括建立投资有限公司。后来,劳伦斯·科卡德对我说,‘爱丽丝,人们已经开始逐渐信任依赖你了’。当你为机构工作时,人们确实依赖你。这种感觉真不错。”

机构确实重要。“你必须热爱你所从事的事业,同时也能够为它奉献自己。我有时还会授课或是和曾经的校友进行会面交流,我很喜欢这样的生活。我也喜欢和董事会打交道、从不同的层次人那里获得不同的想法,以拓展自己的视野。”

曾经有一个朋友说:“汉迪,你真幸运,能以这样好的方式结束自己的职业生涯。”汉迪自己则说道:“我在弗吉尼亚大学工作期间,最愉快的日子是在2000～2001年间,当时捐赠基金取得收益后,学校将收益用作奖学金,所有新生都能享受,不再需要进行贷款了。那种感觉太奇妙了,我希望投资有限公司的客户也能有这样的感受,如果你不热爱这项事业,就没必要为大学或学院机构做这项工作。”

捐赠基金的专业投资人士几乎都是在机构开始变革时进入的。汉迪在投资领域的成就源于她对行业的工作热情。同时作为投资领域为数不多的女性,她作为投资者和商人取得的成就也就越发令人刮目相看。

“在投资领域,无论性别,只要不能持续萌生新想法,就会被时代所抛弃。”好在汉迪不用面对这一威胁,在成为一名投资者或者说是投资总监的过程中,汉迪在基金会和捐赠基金领域一直处于领先地位。

第七章　合伙人、爱国者和执行者

——斯科特·C.马尔帕斯(Scott C. Malpass)，圣母大学(University of Notre Dame)投资总监

1989 年 9 月，斯科特·C.马尔帕斯在他 26 岁时就成为圣母大学的投资总监，当时他从事投资工作只有短短 3 年。尽管缺乏工作经验，但他勤勉努力、多听多学，并且对学校和团体忠于职守，于是圣母大学投资委员会破例冒险聘用了马尔帕斯为投资总监。最终结果是，马尔帕斯将圣母大学捐赠基金原先价值 4.25亿美元的资产发展到了现在的超过 60 亿美元。

圣母大学十分注重内部管理。在马尔帕斯的管理下，捐赠基金的投资收益持续在不同时期保持极高收益，明显高出了同类其他投资机构，并出乎意料超出了其原先设定的基准目标。截至 2007 年 3 月 31 日的 10 年间，捐赠基金的年收益率高达 15%，远高于基准目标 10.2%的收益率和同行业平均 9%的投资收益率。正如圣母大学捐赠基金年报中指出的那样，"圣母大学投资管理计划让捐赠基金的市值增加超过了 20 亿美元"。

截至 2000 年 6 月 30 日第一财年结束时，圣母大学捐赠基金在该年度内的投资收益率高达 57.9%，打破了全美大学捐赠基金投资收益率纪录。这一消息曾轰动一时，《华尔街日报》(*Wall Street Journal*)、《高等教育纪事报》(*Chronicle of Higher Education*)、《美国新闻与世界报道》(*U.S. News & World Report*)、《纽约时报》(*New York Times*)以及美国全国广播公司财经频道(CNBC)等多家

媒体都作为头版头条新闻进行了报道。

作为圣母大学投资总监兼副总裁，马尔帕斯主要负责投资捐赠基金、流动资本、退休金管理以及终身年金收入资产等。捐赠基金旗下高达60亿美元的资产价值位列全美高等学府资产价值榜第16位；另外，其在天主教大学中，资产价值位居榜首。

马尔帕斯于1984年毕业于圣母大学，并在1986年获得该校工商管理硕士学位。1988年马尔帕斯从欧文信托公司(Irving Trust Company)离职，次年就成为圣母大学捐赠基金投资总监。

现在，马尔帕斯在圣母大学商学院担任金融学助理教授。1995年，马尔帕斯开设了应用投资管理课程，旨在为那些对金融有浓厚兴趣又富有才华的学生提供指导和帮助。此外，马尔帕斯也作为总监或顾问任职于多家慈善投资组织，其中包括美国职业棒球大联盟及全国证券交易商协会(NASD)投资委员会。

背景介绍

斯科特·马尔帕斯认为自己的投资经历不同于大多数投资者，后来才意识到投资领域的每个人都是那么特别。起初，马尔帕斯原本计划在圣母大学学习医学，但最终他没有学医。当时他转而攻读理学，并在1984年获得了学士学位。毕业后，马尔帕斯无意从事实验室研究，对未来一时感到十分迷茫。

“毕业之后，我参加了研究生管理专业入学考试，成绩比我预期的好。于是我就申请攻读圣母大学商学院秋季的工商管理硕士学位。”马尔帕斯于1986年完成了两年的MBA教育。“我喜欢这个专业和课程设置。在学习过程中，我找到了自己的兴趣所在，对圣母大学也有了进一步了解，这个专业特别适合我，有许多和我一样是非商科背景的学员，我还曾经担任宿舍区的教区牧师助理。总之，那两年的时间让我过得非常愉快和充实。”

这位牧师助理之后在捐赠基金领域展开了自己的职业生涯，而这位圣十字教派牧师后来也成为捐赠基金的投资总监。马尔帕斯以暑期实习生的身份加入了欧文信托公司，当时他任职的部门是投资咨询部，主要负责解答客户关于退休金的问题。“这段经历令我受益匪浅，拓展了自己的视野。在此期间，我有机会接触到诸如埃克森(Exxon)、华纳·兰伯特(Warner Lambert)和百时美(Bristol-

Myers)等公司,了解到退休金的管理方式,同时也接触了不同的资产类别以及其所属投资经理人。"

毕业之后,马尔帕斯重新加入欧文信托公司的投资咨询部门。"当时,我遇到了一个伯乐式的老板,拉尔夫·尼斯利(Ralph Knisley),他在工作中很愿意放手让年轻人干,且善于提拔年轻员工。"马尔帕斯之后的管理方式也或多或少受到了这位前任老板的影响。"后来在我自己的管理过程中,也会不由自主地邀请年轻员工加入讨论及论证。"

1988年,圣母大学捐赠基金坐拥4亿美元资产,但几乎没有职员,只有曾经的那位牧师,同时兼任投资总监、会计、秘书多个职位。董事会当时也希望捐赠基金能扩充人员发展规模,因此这位牧师多了一名助理。马尔帕斯回到了圣母大学,并于1988年8月1日起正式成为圣母大学捐赠基金一员。"事实上,我也没有想到捐赠基金会任命一个只有26岁的前任助理为投资总监,本以为他们会聘用一位具有投资经验、履历丰富、业绩出色的人士。"

圣母大学

马尔帕斯刚刚接手捐赠基金时,旗下投资组合资产总额的60%投资美股、10%投资国际股、25%投资固定收益、4%投资不动产,剩余的1%投资风险资本。在欧文信托公司任职期间,虽然马尔帕斯对资产类别有了广泛的了解,但对于另类投资仍一无所知。"由于我所在的部门主要负责退休金,因此其间主要涉及的还是传统资产类别的投资,其中也涉及部分不动产和私募股权投资,但对于另类投资则很少涉及。"

于是,马尔帕斯以其他大学的捐赠基金为标杆,相继参加了由剑桥联盟资产管理公司举办的大型捐赠基金会议和由常春藤联盟举办的行业内会议,并在与会期间不断针对其他院校的投资组合进行提问、学习、研究。"那时我希望自己能够尽快建立起新的捐赠基金投资管理模式。"

鲍勃·韦茅斯(Bob Wilmouth)于1978～1994年间担任圣母大学投资委员会主席,其继任者则是杰伊·乔丹(Jay Jordan)。"圣母大学的投资委员会非常出色。委员会当时甚至承担了在今天看来完全应该由下属员工完成的工作,委员会希望在资产价值有限的情况下尽可能发挥委员会的作用。同时鲍勃·韦茅斯也意识到,捐赠基金迟早需要建立自己的专业团队。"韦茅斯主席在建立团队上给予了马尔帕斯充分的信任和支持，同时也给马尔帕斯他提供了一个施展才华的机会。“也许当时委员会的成员们在想，‘让这小子试试，要是不行，就换一个经验丰富的投资总监’。但我却感受到了韦茅斯主席对我的鼎力相助。”

于是，马尔帕斯开始逐步实施自己的资产管理方式并形成自己的投资理念。“在那个年纪，我仍然处于不断学习、摸索、发展的阶段，当时我经常主动去接触各类投资经理人，向他们学习，同时对董事会成员充满了敬意。我最近发现了一份自己在20世纪90年代给董事会的有关捐赠基金管理实务的报告，内容涉及我们应考虑的投资项目，包括资金如何分配。这对形成新型投资理念的确有所帮助。”

成为投资总监

在管理基金会和捐赠基金投资取得最佳业绩的同时，马尔帕斯会不断地自我提醒，作为投资总监现在最需要的是什么。

“我们通过模拟、交易以及相关分析，可以说是正式对资产配置进行了一次整体研究。我们利用系统分析，邀请了对冲基金和私募股权管理人、知名的经验丰富的投资者向董事会做报告。另外，我们耗费了大量精力进行陈述，让董事会接受新的投资方式。董事会经过反复斟酌，终于通过我们新的投资方案。”

新投资组合的实施

马尔帕斯在实行新型投资方式，特别是实施另类投资的过程中几乎是呕心沥血。“当时，相比投资对冲基金，董事会仍然倾向于投资私募股权。当然，我并不奢望能够迅速达成所有的投资计划从而引发一系列无谓的矛盾。”马尔帕斯决定在原有的投资组合——包括私募股权与传统投资工具——基础上增加对新型不动产以及能源的投资，同时也适量投资对冲基金。“20世纪90年代初，我们投资时的市场周期不太理想，1990～1991年间很多投资效果并不理想，但是对私募股权的投资当时达到了预期目标。”

在私募股权中增加另类投资

幸运的是，马尔帕斯在俱乐部的大门关闭前已经开始了对著名私募股权和风险资本企业的投资。

“作为机构组织和董事会，我们的优势在于，即使另类投资效率降低，我们也不会执行强制配置。只有在能够获得合适的人员的情况下，我们才会投资另类资产。”所有私人投资项目的目的都在于第一四分位的投资收益，圣母大学有能力做到这一点。“我曾经拜访过很多投资管理者，他们都对圣母大学出色的成效和名望有所了解。而我则更加注重把大学塑造成资深投资机构的形象。投资经理人对于捐赠基金的好感主要来源于其投资期长、资产稳定等特点。利用这些特点，我们逐渐敞开思路、深度发展。”马尔帕斯同时还提到，他和投资团队成员长时间一起工作——团队中大部分成员的工作年限长达10年之久，这给许多投资经理人留下了深刻的印象。

马尔帕斯提到曾经为一家著名风险资本管理企业介绍圣母大学及其捐赠基金的经历。“圣母大学一直与保卫者信托公司(Capital Guardian)保持着长期投资合作关系，且成效良好。于是我向迪克·巴克(Dick Barker)具体陈述了投资目标和思路。他说红杉资本(Sequoia Capital)更加适合。在1991年引荐我们认识了该公司的迈克·莫里兹(Mike Moritz)和唐·瓦伦丁(Don Valentine)。随后，我们在投资中建立了良好、长久的合作关系，同时该企业成为我们最大的投资客户。”

也许获得这样的合作机会存在一定偶然性，但所有的资产配置策略均由马尔帕斯一人制定，这绝不是偶然的。“在机构中，你必须设定某种目标和一般准则，需要强调的是，由于收益分布广泛，必须同合适的投资者建立合作关系。圣母大学在此方面建立了良好的合作关系网且成效优良。”

马尔帕斯也承认，当下要建立达到第一四分位数内的私募股权组合并非易事。“今非昔比啊！”圣母大学和最大的常春藤联盟院校是第一波投资私募股权的捐赠基金，常春藤联盟中的其他院校也后来居上。“我们在正确的时机选择了正确的合作对象，成效也不错。时过境迁，今天我可能就不会这样做了，因为现在的收益其实都来源于5年甚至10年前进行投资的回报。”

在对冲基金中增加投资

1991～1992年间圣母大学首次利用不良资产投资机会尝试进入对冲基金领域，之后几年里，其采取更为投机的方式逐步增加了对冲基金的敞口。在不断接触各种对冲基金时,“我们对费用结构有点疑虑,由于正处于建立团队的阶段,与私募股权基金间的交流合作也很多,于是我们放慢了脚步,直到后来我们才把注意力集中到对冲基金上”。随着捐赠基金、团队和资源的不断扩张,马尔帕斯明显增加了对冲基金的配置。

“1995 年,我们的资产价值已超过了 10 亿美元。于是我们进一步扩大了对冲基金的投资,并采用了多策略和多/空股权的资产配置方式。截至 2000 年,对冲基金的投资额已经占投资总额的 13%并处于增长趋势,直至现在已经接近 30%的份额。”随着资源的逐渐增多,投资对冲基金的数量可能会增加。“投资对冲基金本身需要机构内部有良好的组织协调和市场应变能力,这也可说是一场耗时费力的高智商博弈。”

马尔帕斯阐述了他寻找的几种对冲基金类型的投资特点。“在投资过程中,我们聘用更多注重价值导向,即投资方法注重基本面分析的投资经理人。历史上并没有那么多的宏观、商品交易顾问或交易导向策略,半数的资产组合都是采用多/空股票的投资组合方式,管理者都是从基本面分析入手的选股人,具有做空的经验。”他喜欢小老虎(Tiger Club)或前老虎基金的投资经理,“他们拥有相似的训练模式”。马尔帕斯另一半的资产组合是主要依赖事件驱动的套利策略和不良资产投资经理。“我们不像一些捐赠基金,高度投资对冲基金组合,而更注重基本面,我们不指望仅仅利用杠杆获得收益,我们分析有多少回报源自杠杆、贝塔和阿尔法。”

圣母大学对冲基金投资中的一项重要因素是合规和运营审核。“我们拥有 5 位注册会计师针对每一个对冲基金进行现场审核——包括离岸管理者,因为我们既希望把握市场脉搏又了解我们的合作伙伴。”

为了更好地实行审核,20 世纪 90 年代中期,马尔帕斯设立了一个专项操作团队。在过去的 10 年里,该团队始终担负相关的审核工作。“4 年前我们的目标是对所有投资经理的投资工作进行现场审核。迄今为止,我们已经完成了对所有投资经理一次以上的审核。在某一时点前或融资后 1 年内,专项操作团队会当场进行审核,并在第一年就互相认识。但这并非审计,而是一个合作伙伴共同分享创意和最佳实践的过程。”

资产配置

马尔帕斯认为全球市场和经济环境的变化创造了诸多机遇,他利用这些机遇确定自己的资产配置政策。

“全球化对投资行业而言意义重大,充满着生机和挑战,更具潜在的机遇。全球化是我们面临的最大的冲击。全球化意味着资产类别的界限划分不再那么泾渭分明,而对于另类投资的传统观念也不再适用。另类投资的制度化表明另类投资已成为主流,不能仅用传统的理念做解释。对于我而言,要理解传统的投资方式其实十分困难,而要真正理解投资经理多样化的策略则更是难上加难。”

谈及资产配置,马尔帕斯谈道:“对于风险的认识和配置是非常重要的。原先的 α/β 分离理论——找到便宜的 β,为 α 付酬——确实有道理。但是,当下寻找合适又专业的经理人变得越来越困难。例如,我在过去的 18 周里有 6 周待在了中国,只为建立良好的业务网,同时寻找合适的专业经理人。”

圣母大学每年对资产配置政策进行评估。马尔帕斯评估其投资资产类别,同时通过整合设计出最优化的配置方式。“只做多美股、只做多国际股,另类投资被分在了三种不同的类别中。但所有的公众股权均属同一资产类别,包括多/空股权基金,其他使用套利等绝对收益策略的对冲基金被分到了不同的类别中。而我们倾向于循序渐进的发展方式,因此也会对资产配置方式进行不断的改进、完善。”

将变革思维运用于新的投资中,通过小型的配置进行尝试,以此获得信心,随后进一步扩张。“随着时间的推移,循序渐进的方式有助于我们能更加灵活多变地尝试新的投资方式,并保持一定的逆向投资思维方式。”

由于投资策略相应削弱了投资经理的作用,马尔帕斯和他的团队从不参与任何内部资产或投资组合交易,但会不时提交某些覆盖策略请求董事会批准。鉴于房地产的长期投资性质让马尔帕斯感到安心,他们联合投资和直接投资了该资产类别。他们也曾关注私募股权投资机会,却未对私募股权交易进行过任何直接投资。“说实话,我没发现直接投资私募股权中的太多优势,我想是因为我们已经有了最好的投资人。虽然我们不会开展大型的私募股权投资项目,但我们仍然会继续关注和考虑相关的机遇。”

创意产生

马尔帕斯一直延续他成为投资总监之初的工作模式,即通过与优秀投资者或投资经理人的会面和对话萌生创意、引发灵感。“通过不断与身边很多聪明的投资组合经理交流，并拓展人际关系网，我们获得了想法并分享了信息。”

马尔帕斯和他的团队从逆向投资的角度通过研究估值，召开规划会议来商讨全球发生的重要事件和发展趋势。“我们是否可以另辟蹊径来获取更好的回报呢？”

马尔帕斯从现有投资经理人那里获得了不少好的建议，比如采取新型投资方式或转移投资区域。“他们打算有所创举，鉴于我们的规模，我们可以全部接受这些建议，注入 5 000 万美元到 1 亿美元的资产，这对于我们网络中的投资经理们越来越有吸引力。有时候，我们会采用某一建议，找到执行该策略的最适合的投资经理，让其在圣母大学作为首要投资者的前提下执行该策略。“我们限制他们的提成，对此他们也会欣然接受，因为没有圣母大学作后盾，他们也无法实现投资收益。”

创意最终来自“和全球智慧人士的不断接触交流”。但是，与智慧人士接触是远远不够的。“你必须在谈话的同时内心充满热情和力量。”

慧眼识才

谈及对投资经理人的任命，马尔帕斯认为，需要在实施投资项目前结合人才个性及投资策略的特点综合考虑。

“说到底，你寻找的是与你共事的人的才能。我们所聘的经理人需有良好的价值观且受基本面驱动。”

符合这一特征的投资经理人在适当激励的前提下善于识别和利用弹性策略中的异常机会，其他标准还包括：

- 制定简单明了的投资策略；
- 业绩可重复证明；
- 合理的费用，与付出成正比；
- 与其他核心资产不相关的有力证据。

避免使用的策略有以下特征：

- 实施过度的杠杆投资策略；
- 长期内很难复制的投资策略；
- 无团队意识、不愿意分享信息；
- 缺乏规避组合风险的能力；

● 人云亦云的策略。

马尔帕斯在聘用经理人时，尽可能避免只会纸上谈兵或难以清晰表达实际投资策略方式的候选人。

“如果我自己都无法完全理解某项投资策略，那么我绝对不会执行，因为一旦其出现偏差，就无法立刻找出问题所在。因此，有些经理人虽然很专业，但并不适合我们机构的投资特点。”

随着机构对投资市场的日益了解以及投资经验的日趋丰富，任命经理人的方式和标准也需与时俱进。

“我认为，在选择合适合伙人方面我们做得不错。这是逐步形成的。我们擅长了解和判断合伙人的性格特点。我们能够同国内其他人一样理解异常和无效的现象以及结构化交易。随着我们力量的不断壮大，我们拥有了更多的对冲基金独立账户，并投资了更多的种子基金。随着规模的增大，我们有能力注入更多的资本、获得更好的经济条件、协商更优惠的条款，创作满足自身特定要求的投资合伙。”

公司治理

马尔帕斯认为投资行业中已经形成一套行之有效的治理标准。他总结了一些重要的治理标准。“首先，投资机构必须拥有由董事会授权的完全独立的投资委员会，他们需要有信托责任感，并明了信托责任的含义。”马尔帕斯建议投资委员会的成员必须由一些聪明、专业知识丰富的人员组成，其中相当一部分投资成员需要具备相应的投资工作经验。马尔帕斯认为，由专业人士和商业领袖组成的投资委员会是最佳的。同时他建议，成员数量控制在 6～8 人，精简高效，适合更好地制定条例、分配职责。

虽然确定了相关的原则，但马尔帕斯仍然发现其他慈善组织在实际操作中存在许多违反条例的行为。

“无论条例如何完善，大部分捐赠基金机构都不可能完全依据条例如数执行，即使是前 20 的大型机构也不例外。这些机构人数众多，在华尔街都是校友。由于它们常常无法在投资领域提供足够的自主权和支持，因此难以留住人才。这里涉及微观管理以及利益冲突。”

马尔帕斯表示，他个人简直难以相信这样的状况以往会常常出现在大型捐赠基金中。“对于成熟的捐赠基金而言，我们的管理方式正好与之相悖。”

与爱尔兰人的斗争

马尔帕斯对圣母大学做出了承诺，他希望他的团队成员也能做出类似的承诺，这并不是因为他希望其他人能够像他一样，而是因为他意识到想要在印第安纳南本德(South Bend)开启投资生涯必须要有特定的使命感。

“在圣母大学里，每个人都有强烈的使命感，这一点有别于其他机构。作为一所寄宿制的教会大学，圣母大学有着明确的、实际的使命和强烈的团队归属感，往往更加容易引起相关毕业生的关注。”

投资团队中的 13 人都是毕业于圣母大学，其中两个人拥有哈佛大学工商管理硕士学位，9 人则拥有注册金融师资格。“这些杰出的成员都对学校做出承诺，大幅提升了我们的投资水平。”

自 1995 年以来，马尔帕斯在学校开设了一门应用投资管理课程。“这是一门基于‘实际投资组合’的课程，由我和其他资深老师共同授课。随着时间的推移，这里成为培育发掘人才的好地方。”投资办公室每两年举办一次分析师和助理培训项目。“这些培训项目增强了团队的稳定性，给予我们与年轻的杰出专业人士共事的机会。”

随着捐赠基金的资产总额逼近 60 亿美元，马尔帕斯手下的投资团队规模堪比其他大型捐赠基金。其员工人数相当于前 20 名捐赠基金的平均水平。“虽然我们一度落后，但就员工人数来说更加合理。现在我们的团队规模堪比前 20 名捐赠基金。这是由复杂性驱动的。我们已经拥有由 155 名经理构成的合作团队网，鉴于可观的全球另类投资组合，我们还需要有一流的行政和运营团队。”

团队管理

马尔帕斯非常注重投资团队和组织的持续性及稳定性。马尔帕斯和他的团队会定期举行会议，就投资计划、投资侧重点和投资结构进行分析讨论，同时这也是一个让成员充分发表意见的平台。他和他的团队都非常认同这一过程，认为是这样的管理方式让他们离成功更近。“对于市场发展趋势、全球格局、市场和投资工具变化，我们都有特定的应对方式。我们会长期持续关注资产配置、着眼未来、检查估值，同时制定我们来年的投资目标。只有拥有了明确的目标，我们才能在市场不断变化的情况下采取相应的对策。我们会记下所有影响成败的因素。我告诉我的团队，‘这就像在进行选股，只有充分准备，才能挑选到适合的股票’。无须担心错失获得优质股的机会，因为我们也错失了不少劣质股。”

在投资过程中影响投资决策失误的一个重要因素就是投资团队和知识的持久性。“我的团队经常进行自我评估，在投资过程中，哪一部分起到了作用、我们能从中获取哪些经验教训。我们会将相关投资技巧系列化、制度化，以防犯重复的错误。在这当中，团队的稳定性、持续性很重要。”他认为没有任何投资机构可以在人员频繁更换、人心浮动的前提下做到这一点。“实际情况往往是，不同的投资人犯同样的错误。人难免会犯错，我们要做的是限制错误发生的频率。因此我们会不断进行自我评估、自我反省，以做到与众不同。”

另外，心理上强烈的使命感固然能够激发投资团队的投资热情，但缺乏物质激励难以持久，因此投资委员会每年都会提供激励奖金。“基于斯坦福大学的一项调查研究表明，这种方式是十分有效的。”奖金池中的资金主要是用于激励高级员工，但同时具有延迟支付性质。马尔帕斯将奖金进行分类，以便基本薪酬等于大型捐赠基金的平均水平。根据良好业绩发放的激励性薪酬将使其收入位列行业前 1/4。“他们是爱国者，都知晓其价值所在，同时我也不希望这些员工感觉自己是捐赠基金中的二等公民，我希望他们感觉自己和其他大型机构的员工一样有竞争力。”

团队结构随着时间的推移也会不断改进。“我们的基础团队是由公共团队和私人团队组成的，这是一个合作性很强同时涉猎诸多领域的团队。私募股权领域有对冲基金专家，对冲基金中也有私募股权投资专家。高级职员则彼此合作、信息共享、勤奋工作。”刚开始的薪酬结构是根据各个资产类别的绩效发放激励性薪酬，但随着资产类别的模糊化，他们取消了这一做法。

马尔帕斯在激励性薪酬中加入了自由裁量成分。其非投资部门职员对组织的支持活动超过了其他学校的同行，马尔帕斯希望对从事这种间接行为的优秀员工进行嘉奖。“我们有很多好员工，这也是我们并没有设立基金管理公司的原因，因为这只会产生与学校的疏离感，不能解决问题。”

随着马尔帕斯就职圣母大学投资总监职位所带来的巨大收益和影响，也让本校校友逐渐加大了捐赠的数额。

“许多校友逐渐意识到捐赠基金所带来的巨大收益。鉴于圣母大学优越的学生培养机制,因此其校友中也是人才济济。因此,我们也深感作为受托人强烈的责任感。"在投资部门的努力下,圣母大学捐赠基金逐渐发展,有机会吸引许多杰出校友投资捐赠基金,这使得资金的来源更加多样化了。圣母大学是仅有的四所国税局允许通过慈善信托和捐赠基金池获取资产的学校之一。"这样真的很好,过去鉴于税收原因无法将信托基金和捐赠基金合并,因此我们不得不利用共有基金单独管理信托基金。"哈佛、斯坦福和普林斯顿都采用过类似政策。马尔帕斯希望通过这种方式收获几百万美元的新的捐赠。

圣母大学的相关人员未曾期望捐赠基金的价值能超过 6 000 万美元,更别说现在达到了 60 亿美元这一天文数字了。1952 年,泰德·海斯柏格(Ted Hesburgh)神父成为集团主席,致力于发展捐赠基金,当时价值仅达到了 700 万美元。"1944 年的《圣母大学学术周刊》(*Notre Dame Scholastic*)曾经将学校的捐赠基金形容得一文不值。其中还列举了其他院校的资产价值,其中耶鲁为1.06 亿美元,哈佛为 1.54 亿美元。"

经验、观察和建议

马尔帕斯发表了他对于基金会和捐赠基金未来几年投资决策的看法,并强调了良好文化与强烈的合作精神的重要性。

对小型投资机构的建议

自从马尔帕斯成功地将圣母大学原先的 4 亿美元扩增到现在的 60 亿美元后,他意识到小型捐赠基金也可以获得大的收益。

"要获得超额收益,需要别出心裁、与众不同的想法和创意。投资市场的竞争日益激烈,另类投资也逐步成为主流,但这并不意味着全球市场不存在投资机会,投资者应该眼光独到,寻求挖掘新的投资领域。"例如,亚洲私人投资市场就存在着机遇。投资者可以新的投资方式如衍生品这样的投资工具参与投资或者在二级市场投资。"

"投资方式有很多,只要有创造力、努力工作、敢为人先,那么就一定能够创立出很棒的资产组合。"投资者需要提前预测和识别出新的投资类别或投资工具。假设投资者善于与人交流,那么萌生新型投资方式的机会就更大了。虽然马尔帕斯认为在市场全球化的背景下机遇更多，但是要发现这些机遇确实有种沙里淘金的感觉，“很不容易”。

马尔帕斯认为，小型投资机构有能力也应该管理投资项目，而非一味采用外包策略。

“这其实是一个老生常谈的话题，因为这涉及了投资外包的问题。当机构规模达到一定程度时，例如5亿美元，那么最好采用开发机构自己的投资方法和流程，或许也可以任命一位年轻有为的投资总监。我坚信，随着时间推移，只要能拥有更多的资源、建立起团队并随着基金的发展拓展新领域，就一定会拥有机构的投资经验，在此基础上建立的关系网络在未来对学校会起到更大的作用。”

是致力于经济收入还是忠于使命，这是个人选择的问题，值得研究与商讨。

“对冲基金的经济适用性往往会导致人才流失。因此，坚定我们的投资信仰就变得十分重要了。在全美排名前20位的捐赠基金中，我是继大卫·斯文森之后任期最长的投资总监。就信仰而言，我的副手——迈克·多诺万(Mike Donovan)——同我一样，我们都会一直持续为这个机构工作。有些年轻人也有机会能够从事其他工作，但他们还是选择在本机构工作。团队稳定性是极为重要的，但不是所有机构都能做到这一点。我希望人们可以尝试一下这种做法。”

马尔帕斯将这种情况比作学校竞技体育。学校如果能够长期任命同一位出色教练，那么成绩往往不错。其他学校照猫画虎，也许认为聘用这位教练就能取得胜利。“这个比喻与捐赠基金行业十分相像，长期稳定的领导机构能够树立起良好的企业文化，从而招募到出色的员工，其稳定性带来的凝聚力有助于长远发展。”

也许支持外包投资总监服务的人会指出，一些规模维持在5亿美元的机构是无法自行管理资产的。

“我认为，在正确的领导下，是可以完成的。的确，有些机构并不以长期稳定为目标，他们寻求短期效益。”

为了强调自己的观点，马尔帕斯提到了圣母大学的一次采访。“标题是‘合伙人和爱国者’，这也是我后来看到的，我非常喜欢这个标题。但其实我并不认为这很特别，因为在好的领导者的带领下，大家都能够做到。只不过由于管理不善，以及缺乏明确的信仰和目标，没有合适的投资总监，多数机构治理情况很糟糕，因此也就无法建立一个长久稳定的团队。学校是一个结构庞大、人员复杂的组织，假设能够拥有合适的人才，那么在未来的20～30年里一定会取得更大进展。”

挑战和机遇

“组建和维持伟大团队”是投资总监面临的最大问题和挑战。“关键在于人才选择。组织设计以及稳定性是一种竞争优势。这是我对我们团队感觉良好的原因。人员的稳定对我们来说是一个很大的优势。我始终坚信我们团队的素质和专业能力会笑傲江湖。”

马尔帕斯提醒投资总监们,需要致力于投资的基本面并追求价值投资。“专注和强劲的投资计划都很重要,而良好的合作伙伴关系也很重要。”捐赠基金及其投资经理人应该彼此促进、合作共赢。

投资误区

马尔帕斯同时提醒投资者,要有长远的战略投资眼光。“这会产生杠杆效应,是一种巨大的竞争优势。切勿受短期投资机遇的影响而忽视长期宏伟目标。不要出于短期目标做尽职调查。需要利用业务以外的电话沟通让你的社交网络真正起到作用。”冲动的、短视的投资策略往往会引发投资失误。“我认为在当下的投资环境中,狂热的投资状态需要冷静客观地去面对。”马尔帕斯近来放弃了一项有趣的潜在投资,因为他和他的团队希望能够进行更全面的尽职调查。“我们必须在完成好工作的前提下才能实现我们的承诺,要知道很多事并不以个人意志为转移。”

你无须追逐回报,也无须垂涎大型捐赠基金的收益。“你不需要因为是耶鲁大学或是哈佛大学的投资方式而也这样做。”不应盲目模仿其他投资机构的投资方式,因为每个人不能两次趟过同一条河流,大家都面对着不同的投资环境和风险。

“在全球化局势下投资变得更加复杂困难。比如说中国,我们在欧美都建立了良好的投资网络,但在中国却没有。我们需要的就是去开拓发展这一领域,并不断以此为追求目标。”

与经理人合作

圣母大学和155位不同的投资经理人构筑起了网络,同时马尔帕斯期待新经理的数量能不断增加,但也不需要像过去10年那样成倍增加。

“我们正在尝试更加频繁的人员交替，这也是一种艰难的选择。”现在经理人的平均任职时间已经增加了，这意味着替换经理人机制已经渐渐成熟。“许多甚至是大部分企业对经理人的任用都存在周期性，个人想要长期获得优秀的投资业绩是十分困难的。”

替换经理人的一大原因是绩效，但并非唯一原因。一般来说，组织结构的变化或激励政策的调整也常常是影响决策的因素。“很多事情都难以预料，我们只能在事情变得更糟之前采取行动。我们与合作伙伴之间有良好的合作关系，他们也很愿意和圣母大学进行合作。我们充满热情、相互信任、综合发展。一般来说，我们之间会保持交流，合作方对于我们的决策也顺理成章地认可。假设有一天他们对此深感意外，那或许就真出了一些问题。”

职业建议

在圣母大学，马尔帕斯指导学生、员工以及通过正式导师计划遇到的其他人。“我告诫他们要从心所向，要打破常规考虑问题并不断尝试同行没有尝试的新的方式。有些人刚刚结束为期2年的银行业项目，正为他们的未来打算。我建议他们要以长期发展的思维进行思考、抉择，比如可以选择去中国发展。”

一旦他们再次受到常规束缚，那么我就会建议他们去考取注册金融分析师。“成功的方式并不是唯一的，是多种多样的，而成功后的辉煌更是丰富多彩。”

影响力

马尔帕斯担心他注重的投资理念可能在其他人眼里过于传统老套，“近来我有机会与沃伦·巴菲特(Warren Buffet)进行了会面。我曾经在他到圣母大学进行演讲时见过他，同时也拜读过他的所有著作或是与他有关的书籍”。马尔帕斯提及巴菲特与他分享了长期投资观点和追求价值投资的信仰问题，尽管圣母大学通过投资经理践行了这一理念。“我很能理解他的投资理念，并融会贯通于实践。”巴菲特的职业生涯对马尔帕斯也有很大的影响力。“与巴菲特见面交谈后，我发现他对我的影响力比我原以为的更深远。”

马尔帕斯提到现任投资委员会主席杰伊·乔丹，对马尔帕斯和员工而言，乔丹就是市场的高价值信息来源和经验的传授者、一名有利于投资的鼓动者和值得信任的顾问。

马尔帕斯初任投资总监时，关于几种资产类别他曾咨询了多个领域专业投资者，包括风险资本、并购以及对冲基金等。随着他与每个领域的成功人士不断交流，马尔帕斯对于他们的帮助和影响深表谢意，马尔帕斯逐渐形成了自己的投资理念。马尔帕斯提及剑桥联盟资产管理公司以及相关信托人和投资委员会成员对他职业生涯的成功给予的帮助。“真正有关键影响的有 10～12 人。”

泰德·海斯柏格神父

马尔帕斯还说道：“每次谈及圣母大学捐赠基金时，我都不得不提及泰德·海斯柏格神父。他是行业历史中第一位提出并涉及捐赠基金及其对学校质量而言意义重大的人。1952 年他成为主席时，资产价值仅为 700 万美元，但在他 1978 年离任时资产价值高达 4 亿美元。他是哈佛大学的监察理事会里的首位牧师，并曾连续两年担任主席一职。他将我们的工作目标与学校的学生和老师紧紧联系在一起，他了解捐赠基金的真正价值所在。海斯柏格神父是真正给予我启迪和投资灵感的人。”

合伙人和爱国者

马尔帕斯在缺少投资经验的情况下就成为圣母大学的投资总监，但是人们或许并没有意识到，是他的信仰和职业道德引领他走向成功。经验不足反而成全了马尔帕斯的创造力，迫使他作为外行来迎接挑战，通过冷静分析形势、决定投资方式，继而充满热情地致力于计划的成功实施。

“从外部看投资行业其实很有趣。很难罗列过去 20 年来所有的成功因素。我们努力寻求最好的实践方式，明确哪些起作用，哪些不起作用，对于信息的识别和制度化，我们异常敏锐。不要为过去的成就感到自满，上年度已成历史，我将迈入下一年度，7 月 1 日，我需要设想未来。”马尔帕斯认为，他的团队和他拥有共同的投资理念。“过去 20 年间投资领域发生了巨大变化，坐等绩效良好的基金会抛出产品的时代已经不复存在，我们要自己去寻求机会。另外，我们还耗费了大量精力建立起了良好声誉，这并非一朝一夕就能完成，但这么做是值得的。”

每当获得了可观的回报，马尔帕斯都会说：“我们以正确的方式方法对待他们，他们给予我们回报，我希望能让员工感受到彼此共享投资的成果。他们的工作对学校的发展的确很有帮助。我们的投资委员会衷心感谢他们和我们的合作伙伴。”

马尔帕斯希望他们的合作伙伴能够理解投资团队的信仰以及学校所特有的性质，同时他也十分愿意和投资团队一起为实现更高目标而努力。

“我们把捐赠基金看作家族式基金，并用家族式基金的管理方法进行管理。唯一不同的是，我们还与全球其他投资者一起合作。”

承诺和目标

斯科特·马尔帕斯的职业生涯都致力于他热爱和注重的投资机构，如同受到上帝的召唤从未停下脚步。和他的同龄人一样，马尔帕斯机智聪慧，但不同的是，他对他所效力的机构做出的郑重承诺并付诸实践。

马尔帕斯非常崇敬海斯柏格神父，因此，神父的故事和箴言有助于我们理解其言行如何影响和改变了马尔帕斯的生活与职业生涯。

海斯柏格神父曾经拒绝替林登·约翰逊(Lyndon Johnson)管理太空项目的提议，并声称，“一个需要履行贫困誓言的牧师不应该管理 60 亿美元的项目”。幸好，马尔帕斯没有践行贫困誓言，不然他就不会管理价值 60 亿美元的捐赠基金了。

提及成为牧师，海斯柏格神父说，这是他的终生职业和人生追求。这句话恰如其分地描述了马尔帕斯作为投资总监对圣母大学所起的作用。

谈及圣母大学对海斯柏格神父的意义，他说:“圣母大学让我更加全面了解了基督教徒的生活。世界并不是一个世俗都市，而是上帝的王国，我们每个人，特别是深受神学教育的人，都可以通过我们的努力去影响周围的每个人。”

海斯柏格神父的话也反映了马尔帕斯成为投资总监的原因。在他任职过程中，他完全实现了自己对圣母大学的承诺。优秀的投资总监斯科特·马尔帕斯是一名出色的合伙人、爱国者和执行者。

第八章　利用常识构筑捐赠基金

——威廉·施皮茨(William Spitz)，范德堡大学(Vanderbilt University)投资总监

在过去的21年里，威廉·施皮茨以投资总监的身份就职于范德堡大学，他同时也是一位在整个捐赠基金行业举足轻重的人物。1985年，施皮茨选择了放弃待遇丰厚的工作，转而担任范德堡大学投资总监一职。以3亿美元资产价值为本金，在没有员工和授权有限的情况下，施皮茨将其发展成为今天拥有一个由独立投资总监管理的投资办公室、一支受投资业绩激励的专业员工队伍、资产价值高达30亿美元的大学捐赠基金。

作为行业中首批对另类投资，如私募股权、对冲基金等进行投资的投资人，施皮茨可谓是行业中的拓荒者。与此同时，他也是一位演说家和作家。在他的著作《利用常识来构筑你未来的财务》(*Building Your Financial Future through Common Sense*)中，对他个人及成就进行了最好的诠释。如同他崇敬的那位投资者一样，威廉·施皮茨为我们从理性和逻辑性的角度诠释了投资总监一职。

背景介绍

威廉·施皮茨曾任范德堡大学投资与财务副校长，掌管价值40亿美元的资产以及大学技术转让、企业孵化业务。另外，威廉曾经也是多元化信托公司(Diversified Trust Company)总裁以及知名的共同基金董事会主席。

1958 年,加入范德堡大学之前,施皮茨在纽约从事投资管理工作 11 年,曾担任投资分析师、投资组合经理、投资总监等职位。他在花旗银行(Citibank)开始了他的职业生涯的,并曾担任 NSR 资产管理公司(NSR Asset Management Corporation)总裁及韦特海姆公司(Wertheim & Company)副总裁。施皮茨拥有注册金融分析师证书,同时拥有芝加哥大学工商管理硕士及范德堡大学学士学位。另外,他还是 1992 年和 1998 年麦克米伦出版社(Macmillian Publishing Company)分别出版的书籍《慢慢致富》(*Get Rich Slowly*)和《为一个安全未来的聪明理财》(*Save Smart for a Secure Future*)的作者。

施皮茨曾在 2003 年被授予由全国大学和学院商务官员协会(NACUBO)颁发的"罗德尼 · H.亚当斯(Rodney H. Adams)奖",并在 2005 年获得了"赫特 · 卡拉汉(Hirtle Callaghan)最佳投资领导者"荣誉称号。现在,施皮茨在凯尼恩学院(Kenyon College)担任托管人。

寻求改变的华尔街分析师

从商学院毕业后,威廉 · 施皮茨在华尔街花了 11 年时间从一名研究人员和定量分析师成长为一家小型企业的投资总监。施皮茨说道:"我并不喜欢分析师的工作,对逐个分析股票也毫无兴趣。我也不在乎 IBM 是否达成了季度绩效。动物的本性是喜新厌旧。我个人并不喜欢单一重复又要细致的工作,感觉这工作内容就像是在洗牌,千篇一律,缺乏灵气。"

施皮茨曾任职的企业主要从事对退休金计划的资产管理。但当时由于绩效良好,导致筹资过剩,开始出现亏损。施皮茨对于业绩过好而终止运行感到十分沮丧。

"那时,我持续长时间工作,经常去纽约市出差,甚至连回家看看孩子的时间都没有。我迷茫,一直在考虑应该做些什么,却不知道到底要怎么做。"

与此同时,施皮茨仍然会定期参加范德堡大学校友会举办的相关活动。一次,范德堡大学董事会主席走到他面前,询问他是否愿意去纳什维尔管理投资部门,他的条件反射是:"别傻了!我现在可是华尔街的大腕,怎么可能去干这个?"但冷静下来、理性思考后,施皮茨发现这份工作对自己有着难以阻挡的吸引力。

从私人角度而言,施皮茨很喜欢纳什维尔这个地方,也希望能够抓住这次千载难逢的机会改变原有的生活方式。从专业角度而言，他认为自己更加擅长从宏观角度思考问题，相比研究如何选股，他更擅长分析国际经济事件、研究不同资产类别。他觉得这份新工作或许可以如鱼得水发挥自己的优势。即使接受这份工作意味着身份下跌、薪酬下降，但施皮茨认为，他能从喜欢的事业中获取心灵上的慰藉。他最终决定接受这份工作，并于1958年正式加入投资行业。

任职于范德堡大学长达21年期间，施皮茨将旗下资产价值翻了10倍，从原先的3亿美元发展成现在的30亿美元。2006年，施皮茨宣布退休。

范德堡大学第一个也是唯一的投资总监

施皮茨任职之初，范德堡大学捐赠基金采用的是相对前卫的投资方式。在很少有人投资国际投资市场时，基金将8%～9%的资产投资国际股，另外将3%～4%的资产投资风险资本和不动产。施皮茨说："基金之后的发展都以此为立足点。"

20世纪80年代中期，施皮茨着手投资对冲基金和问题股，并进一步加大了诸如风险资本、私募股权、不动产等私有资产的投资。范德堡大学捐赠基金和其他多数基金一样，将投资重心从传统投资转向了新型投资领域，在这一点上施皮茨略占先机。同时，施皮茨也继续加快在国际市场上的投资脚步，非美国投资敞口超过了美国投资敞口。

回到原地

随着施皮茨对整个投资行业认识的不断加深，他说道："我承认我现在的想法可能是多虑了。只做多头的投资方式并非那么不好，很多回报源自非传统资产的套利。当下的市场资金过剩、费用过高、条件恶劣，假如我在演讲中建议投资者还是采用原先的简易投资模型，我可能会被轰出去。"

"年龄的增长、经验的积累和长期任职于投资行业，可能会让我的观点带有一些主观色彩。我的观点有时甚至只是来自个人直觉而并非数据，直觉常常会决定我最终的投资方式。接着就会受到追捧，人们争相追逐，最终造成可怕的后果。20世纪80年代末，我在错误的时机选择投资了不动产，最终蒙受了巨大损失。"

施皮茨任职于5个机构的投资委员会，它们都有不同的投资目标。"每一家机构都会有投资顾问来访，宣传相关商品投资，所有机构的演示内容也都如出一辙，即恰当地利用 a 及合理配置另类投资。”

“当下部分迹象表明，对冲基金的 a 值和收益正在逐步下跌，其实早有征兆，只是当时我们尚未察觉。我个人强烈地感觉到大量的从众投资行为导致过多的资金盲目进入同一资产，从而导致先进入者获得不错收益，后进入者业绩糟糕。”

与此同时，施皮茨说道：“现在的问题在于，假设不投资新型资产，那应该投资什么？是再次返回股票、债券或现金领域吗？考虑到预期收益，大多数人并不认同。我也不能确定，但那也可能就是一个正确的答案。我们都在苦苦寻找着全新的投资领域，但我至今尚未找到与之相关的新型投资领域。我对你不了解，但是我确实没有找到适合的投资对象。”

施皮茨认为，投资者应该适当调低他们的预期收益率。“6%～7%的股票收益或是 5%的债券收益往往无法满足这些有点贪婪的投资者，他们的反应通常是，‘加紧着手投资其他资产类别，一定要达到预期收益’。但是，现实就是要我们接受这 5%～8%的收益率。”

成为投资总监

威廉·施皮茨在描述他过去 21 年职业生涯以及他采用的投资方式时，我们发现影响投资过程的各种因素是纷繁复杂、相互交错的。而资产配置决策的关键则在于治理方式。

施皮茨担任范德堡大学投资总监早期，他的每项决策都要经过投资委员会之手。尽管委员会一般都会审批通过，但长此以往，这种模式的缺点也逐渐显露，即缺少激励性薪酬。20 世纪 90 年代末，施皮茨向董事会提出：“任职至今，我自认工作表现良好，但是我无法接受每项决策都必须由投资委员会审批通过。”施皮茨希望董事会能够制定出明确的管理方针。“所有的员工都兢兢业业做好了自己的本职工作。如果董事会有异议或不满意，那么解雇我们。反之，我们也希望获得应有的奖金激励。”1998～1999 年间，董事会商议制定了新的资产配置管理方针。同时范德堡大学也破天荒地成为首家实施员工激励薪酬机制的捐赠基金。

除在选择投资新资产类别以及进行重大决策调整时需经董事会批准外，施皮茨在其他方面拥有完全自主的决策权和经理任免权。在之后的几年时间里，投资团队发现了战术性机遇并准备着手进行投资。

“当垃圾债券指数价差达到 1 200 点时，我告诉投资委员会，虽然我们固定的配置中不涉及这一领域，但我和我的团队希望能够利用这其中的潜在机遇。对此委员会存在一些担忧：‘假设利率增长或出现其他糟糕的情况该怎么办？’我们尚未有过这样的经历。最终，委员会对我说道：‘你的确有着敏锐的嗅觉和洞察力，这也是很不错的提议。因此我们理应赋予你更大的自主权。’

“投资委员会于是扩大了每种资产类别的投资范围，最终生成了‘机遇性投资配置’方案。由于该项资产配置的上限是 5%，投资团队有权基于投资主题或市场异常开展交易，主要利用重大的估值错误和两个标准差事件而不是短期波动进行投资。”

近来，施皮茨又调整了另一项资产配置决策，他对董事会说：“我们现在拥有 10 种主要资产类别，数不清的二级资产类别，我们需要适当简化。”

当今的资产配置

投资委员会每年度都会审阅资产配置及投资组合策略，通过逐条研究的方式了解每种资产类别在投资组合中的作用，从而更加全面地分析整个投资组合的效果。

简化后，所谓投资组合策略由六种广义资产类别设置组成，其中各项都代表着特定的投资目标，并有相应的可浮动范围。这种改变使得投资团队能够更好、更快地根据实际情况进行投资调整，并赋予其更大的自主权和灵活性：

1.股权。仅该项资产就占据了投资组合比例的 40%。同时不受限于地理、种类或市值目标，呈多样性。

2.私募股权和风险资本。

3.不动产。涉及房地产、木材和能源(包含商品或通货膨胀保值证券，如果大学可投资这些资产)。

4.绝对收益。不相关策略。

5.固定收益。

6.机遇性投资。5%的资产配置用于实施战术性方案，这是除经理外能让团队创收的又一个途径。

7.免责条款。部分投资策略种类无须完全按照资产类别或名称进行划分。

a.股权对冲基金。多/空股权基金一般会按照净多头或方向性划分至股权资产。其中也有部分股权基金属于绝对收益,这主要由投资经理人的资产组合决定以及市场β值决定。一般市场中性策略适用于绝对收益。

b.不良债券。由于此种类别与其他类别不具有相关关系,因此包含在绝对收益范围内。

使用战术性机遇增值

施皮茨和他的投资团队善于利用这一技术实施他们的投资计划,而这通过雇用投资经理人是无法有效执行的。施皮茨期望利用各种机遇获得增值,并且在实践中也做到了。

“在上一个财政年度中,我们在聘用经理上曾出现了问题,但是在投资策略调整下,我们的价值增长了160～170个点。这一年我们转危为安,主要归功于投资团队的整体投资策略,其中包括加大新兴市场投资以及适当投资国际能源市场。”

机会主义资产配置策略不仅仅为我们带来了投资收益,施皮茨说道:“此种做法收益巨大。另一方面,投资团队在这过程中也加强了对市场的理解。过去,他们主要聚焦微观领域,缺乏从宏观角度审视市场。现在,投资团队开始逐渐将注意力转移到资产类别和相对价值上了。”

最终,施皮茨希望将资产配置简化成三大类别:(1)收益生成型;(2)通货膨胀对冲型;(3)通货紧缩对冲型。

“这就是我们概念上的投资组合,但是否能达到,还是一个未知数。”

治理问题

投资委员会对捐赠基金相对较低的流动率负有相关法律责任。由于董事会成员大多数并非投资专家,于是董事会招募了四位校友担任独立董事,他们分别擅长私募股权、对冲基金以及风险投资。施皮茨说:“他们的确起到了极其重要的作用。”

施皮茨回忆起过去几十年中治理方面的变化时说道:“可以说好,但也可以说不好”。起初,所有投资决策都需要经由董事会之手。

“有趣的是,现在我们面临着与当初相反的问题。现在我们的委员会已经不再过多地干预具体投资的决策问题了。投资团队需要对每一个决策负有重大责任,并保证一切进展顺利。我个人由于长时间的任职,对投资决策愈发自信、自负。可有时要由多个人共同决策,那么要达成一致意见可能会困难些。这真是一个有趣的问题,我自己也常常无法确定哪种治理方式的效果会更好。"

建立投资组合

建立投资组合以及甄选投资经理等也反映了投资总监的职责交叉和其他问题。

"随着我在不断犯错的过程中学习,投资方法也在不断改进。我个人偏爱核心卫星投资方法,这也是我沿用至今的方式。在这种方式下,我们会选择从事被动投资或半被动投资的经理配置相当部分资金于核心资产,旨在获得正常市场下的收益。接着,我和我的投资团队会以此作为核心,集中投资产生高 a 的卫星项目。"

施皮茨对于自己曾经舍弃这种方法感到懊悔。"我带领新晋职员投资股权领域时,他们并不认同这种方法,于是我们就将精力更多投入到了卫星项目上,结果糟糕得很。接着我果断做了两件事:首先,我解雇了一个人;其次,我们重新对核心项目投入更多的精力。"

核心:被动投资经理

拥有低跟踪误差的投资经理组成了核心组合管理团队。40%的全球股权只被动投资包括新兴市场在内的全球指数。

"我认为被动投资没有任何问题,我觉得将被动投资经理放在核心位置也不存在问题。除非你说服镜子中的自己,说某一项投资一定会带来增值。被动投资使我们意识到长期采用被动投资方式所获得的收益并不一定会低于你的大多数同僚。因此,团队以此作为起点。"

股权投资组合也包括一些增强指数投资经理,例如量化投资经理,他们需要与基本面投资经理人相互结合。比如,他们投资了阿代吉(Adage)基金,该基金采用传统的基本面选股技巧管理增强指数。

卫星:积极投资经理

在投资组合核心以外的部分需要的是积极投资经理。施皮茨说道:"我们不害怕集中投资。部分经理人只持有 10～12 只股票。"施皮茨十分注重全球各地的自由投资经理人,他会放手让这些人进行有益投资。施皮茨偏爱积极投资经理的原因是，他认为这些经理的投资成果会带动影响各个资产类别。当我雇人投资时，我更希望他们有能力影响最终的投资结果。

慧眼识才

在选择经理时，我会开门见山地问："你的优势是什么？"如果他们连这个问题都没有考虑过，那么被录用的机会也很渺茫了。

如果他们确实有优势，那么这项优势具有可持续性吗？你的公司允许你产生这项优势吗？我们其实并不在意优势的具体内容，我们只是希望他们能够拥有自己专属的技能、信息流或其他有可持续性的优势，这一优势保持领先且能经常进行微调。我们想了解应征者的优势所在，如果应聘者阐述不清楚，那么我们是不会予以录用的。

所以我们注重风险管理、系统和任何利益冲突。我喜欢其采用的投资策略有很大一部分自有资金投入。

创意产生

一些论坛和投资经理都很不错。知名度太高的投资经理不一定就能萌生创意。像格兰瑟姆梅奥(Grantham Mayo)这样的企业之所以优秀，其原因就在于投资了多种资产类别。而我们在与剑桥联盟资产管理公司、共同基金同僚的谈话及广泛阅读中常会产生灵感。

我们现在正通过追踪成长股与价值股表现、大盘股和小盘股表现、国内和国外表现、相对估值和波动率等得出一系列的内部参考指数，以此帮助我们团队获得机会主义投资策略的创意。

招募和管理投资团队

施皮茨在范德堡大学任职 21 年的前 15 年里，整个捐赠基金基本由他一个人全权打理。现在，他组建起了一个由 5 人组成规模不大但精悍的投资团队，管理运营 30 亿美元资产。

“团队规模小并非是受限于资源，而是鉴于具体投资效率。我个人并不喜欢管理大规模员工或是大型组织，我更喜欢自己也以投资者的身份工作。

“我现在仍然会积极参与各种投资，以高高在上的姿态管理整个团队和横挑鼻子竖挑眼指点投资进程，这些不是我的风格。我希望自己能够充分融入投资过程和决策中。”

随着资产类别、投资组合、合规问题以及会计条例的不断复杂化，施皮茨认为也许他的理念有些落伍了。因此，他现在所推崇的理念将来确有可能被更大规模的团队和更新的组织结构所替代。

“我只是不想这么做。”

施皮茨坚信，投资团队规模小并不会为他带来什么不利影响，特别是在彼此进行了长时间的合作后，良好的绩效会说明一切。

当然，小型的投资团队并不意味着捐赠基金可选择的投资经理层较少。他会时刻提醒团队成员们要集中注意力，施皮茨表示投资团队需要不断萌发有趣的点子，开拓进取。

团队规模小有助于促使成员构建起自己的社交网络并从其他同僚那里获得各种建议。施皮茨从不雇用投资顾问，因为“我无法对临时性的责任人产生信任，给予重任”。

避免群体思维

在分享想法和人云亦云之间有一条细线区分。

对此我也没有准确的划分方式，但是我认为你可以做的是：首先，以怀疑的角度看待问题，所有投资人都对投资市场十分了解，因此你就会听到各种各样好的观点。这些专家也会利用相关案例支撑观点。因此，你需要从一开始就以怀疑的目光看待问题，但在生活中这可不是一个好方法。

其次，你需要利用你的直觉。当你反复听到同样的观点讨论时，你需要自行过滤、辨别。当我在任何一个投资委员会看到同样的商品演示时，我心里的警钟就会响起。我们的投资网络也许过分注重细节，所以稳健型经理数量占了多数。我们绝对不会去探问我们同行的具体思路和操作方式。

构建团队并进行决策

我曾经尝试让员工担任投资专员时还负责其他事情，效果不错。除我个人之外，团队的操作方式是每一个人主管自己特定的资产类别，但是最终决策来源于大家。

当私募股权的负责人发掘了一项有趣的投资项目，于是召开报告会，所有成员都会出席并要求他做更多的尽职调查，整个团队决定是否启动项目。我们从负责人那里获取信息，同时也能获得他人各种积极的建议。

激励薪酬也是依据整个投资组合的表现而非单个资产类别的收益。没有人可以问责其他人在投资上的失误，因为决策是由大家共同研究做出的。

鉴于团队长期的良好表现，我们已习惯于接受业绩奖金了。去年我们的表现不尽如人意，奖金落空，造成了团队内部的紧张。于是大家纷纷出招改善表现不佳的部分组合。有时，紧张和压力并非坏事，它会转化为一种积极的能量。

权威与经验的平衡

除非有极强烈的感情，我认为，如果对员工工作过多干涉，就很难组建一支成熟的员工队伍。遗憾的是，有时我也不得不对我觉得没有多大意义的事做出妥协。

有时在我无法赞同员工理念时，我会想："我才是投资总监，我有权否决你。"但转念一想，如果否定太彻底了，可能会影响员工的积极性和创造性，在他们以后工作中形成阴影。因此，把握好分寸很重要，不要轻易否定。

前所未有的成功

施皮茨发现他所取得的最大成就和所犯过的最严重失误之间的关系竟然是相互依存的。施皮茨提到，他最成功的莫过于投资那些冷门、不被看好的证券。1988～1989年间，在迈克尔·米尔肯(Michael Milken)入狱、美联航(United Air Lines)杠杆收购失败、储蓄和贷款机构不得不抛售其高收益头寸后不久，施皮茨第一次大胆选择投资了不良债券。他说道："要知道当时说服委员会投资这些临近破产的企业债务是多么不易。那次投资经历着实有趣，其投资过程是一波三折，而最后投资的内部回报率达到40%。这是一次强行推销，过程很痛苦。"

最严重的投资失误

施皮茨将其投资失误的原因归咎于投资时机的选择错误。

"1986～1987年间，我们受到不动产领域的影响。我们原先采用的是稳健性投资方式。可宣传人员上门为我们描述了多样化带来的丰厚收益并给我们展示了与股票相同的历史数据。可最后结果是，我们在周期的顶部进入，收益数据惨不忍睹。"

于是，施皮茨开始系统研究投资周期以及最近的投资效益、受欢迎程度和估值模式。他建议投资者："尝试在资产不受欢迎的情况下投资或在资产周期的低谷时进行投资，切忌在周期两端进行投资。"当然知易行难。

“无论你在行业中工作经验怎么丰富,免不了会受到环境影响,特别是在巨大收益的诱惑面前,你有时候会自言自语:‘我一定是全世界最愚蠢的人了,有钱不去赚。我怎么能错过这样的大好机会呢,我是不是也应该加入这波投资行情中去?

“我自己十分相信均值回归、投资周期理论。但我不是说,你必须完全遵循特定的投资时机。关键在于,投资者需要意识到自己所处的投资周期的位置。

“另外,还要记住你也不是世上唯一利用投资周期理论的投资者。”

同业竞争

作为投资总监,施皮茨能强烈感受到各大学在学生、教授以及捐赠方面的激烈竞争,即使是从捐赠基金的角度来看也同样如此,都希望拔得头筹,从而加大了投资组合以及投资业绩的复制压力,同时也加剧了对捐赠基金员工实施激励薪酬计划的难度。

施皮茨说道,要想拔得头筹,“我们还需要更加优化的资产配置方式或经理人招募机制。”

在资产配置方面处于同行业中等位置。“我们在这方面十分规矩,但如果我们采用传统资产,可能会取得不同效果。”

“我自己并不认为我们的经理人招募机制在行业中占优。我不能肯定我们在这方面一定出色。”这是因为,每一家捐赠基金都会致力于此,他们均拥有优秀的人才资源。

“当我告诉董事会我的目标是处于行业中间位置时,他们可能觉得我不够积极。其实能做到这样,对于我们而言已经很出色了。我们怎么可能超过哈佛、耶鲁、普林斯顿、斯坦福或是杜克大学呢? 它们客观存在巨大的各种资源优势。同时,它们也和我们一样具有优秀的校友以及社交网络。那么我们凭什么来超越它们呢?

“也许觉得难以接受,但这是不可否认的现实。”

施皮茨说到了投资领域中存在的各种挑战。从某种角度而言,早期采用新型投资方式并做另类投资的投资者占据一定优势。作为先行者之一,范德堡大学能够把握机会投资诸如红杉(Sequoia)以及克莱恩那帕尔金斯(Kleiner Perkins)等风险资本。“当下想再进行投资就如穿新鞋走老路,会成功吗?”

另外,施皮茨说道,很长一段时间之内,少有捐赠基金拥有专职员工,而今则汇聚了各种人才。伴随着投资中存在的种种机遇,他的同行都在争先投资相似的基金种类,这也使得投资市场竞争更加白热化。

薪酬影响

在实施激励薪酬机制之初,主要的衡量标准是将投资绩效和投资目标进行比较。现在,在投资目标上还增加了同业机构的对比收益。

“2001～2002年间,我们轻而易举达到了投资目标,但是在同类机构中却处于最底层的1/3。于是托管人说:‘太可笑了。机构的收益在行业中几乎垫底,但是我们还要发奖金给你们。’我当时的回答是:‘事实上我们确实达到了投资目标,也为机构带来了增值。’迫于一些压力,我们增加了同业比较,以达到或超过10亿美元的剑桥资产管理公司联盟为衡量标准,并以此作为激励薪酬的一小部分。

“该联盟的业绩远远胜于大多数其他类型的机构(如养老基金),这是个很难战胜的组织。我们是否选对了参照对象?数据是否准确可靠?这些又有谁能一目了然、一锤定音?”

同业关系

施皮茨说,尽管和其他同类机构享有相似的激励机制,但迄今为止他们尚未和同行之间进行过面对面的激烈竞争。同行间仍然很愿意共同分享信息和某些想法。除了对潜在投资机遇交流之外,施皮茨的团队也会偶尔和同僚一起合作。

但与此同时,施皮茨说道:“像大卫·斯文森这样的人会主动和我分享他的投资理念吗?显然不会。当大卫·斯文森做演讲的时候,他会告诉你他的做法。在座的普通听众会认为他们能够从中收益,可其实不过是他的老生常谈。

“所有常春藤联盟的大学之间竞争激烈。那对于范德堡大学而言最直接的竞争对手是谁呢?也许是乔治敦大学或是华盛顿大学,这还有其不确定性。我们和常春藤大学还是有所不同。我认识常春藤联盟中的一个小型捐赠基金投资总监,他坦率地告诉我,要想超越哈佛或耶鲁是难上加难,可能性几乎不存在。”

经验、观察和建议

另外,施皮茨也提出了他对于投资、管理以及基金会和捐赠基金行业未来发展等一系列问题的看法。

投资经理人之忧

施皮茨借此机会就不合理的条款和费用问题向投资管理机构提出建议。

“我需要指出的一点是，我特别注重条款，尤其是对冲基金的条款。没有人能说清空头和多头的不一样，但是费用却从 50%变成了 2%和 20%(2%管理费用以及 20%业绩费用)。

“锁定期并不值得提倡。就一些只有内行能懂的策略而言，头寸很难卖出，两年锁定期对我而言没有问题。而大盘股多/空经理也要求有两年的锁定期，他只是让我保证其收入流，对此我没有兴趣。

“我对我的投资团队说过，‘不要随意介绍对冲基金经理给我，除非他能够在水上行走’。我们并不认可费用结构以及锁定期，除非其投资策略是独一无二的、业绩是显著的，让我能够投入最后一分钱。”

施皮茨同时表达出他对退出基金投资的后悔。

“过去的几年里我们投资的一些基金业绩不佳，我们想要退出市场却不能。当我们的投资期限将至时，他们分配我们资产的 8%，并告知我们必须在审计工作完成后，也就是在 3 个月内获得剩余的 20%。这太可笑了。”

施皮茨提到他和一名投资经理之间的对话：“一名私募股权的合伙人对我说，‘我不会去赚那 2%的管理费，我只会赚业绩费用。’我当时坐在那里说道，‘等一下，我计算一下，50 亿美元乘以 2%是 1 亿美元，你们有 10 个人……’”

同时，“大量数据表明如果不投资排名靠前的公司，那么你就再别想再投资该资产类别了。因为如果你没及时投资，以后就更没有机会了”。

“如果团队中有一名私募股权的投资专家，再寻找一名新的私有资产经理时，就会产生问题。你要注意他能否带来投资增值？这其实很难认定。一方面你希望团队成员可以不断寻找新的投资经理，但另一方面你又必须以怀疑的眼光准确判断其是否能带来增值。”

捐赠基金和基金会管理问题

随着越来越多的中小型捐赠基金采用外包经理人的方式，施皮茨说道：“我最近也认真考虑了这个问题。这当中涉及很多有趣的问题。假设你拥有 1 亿美元捐赠基金,但没有员工和投资委员会,很自然会有人告诉你:'你没有资源和专业技术,外面有不少拥有这些技能的外部机构,为什么不采取外包形式呢?'而此方案中,举证压力是让捐赠基金机构放弃外包的主要原因。"

施皮茨坚信,大型捐赠基金一定会面临大量员工保留问题。"员工在捐赠基金工作并不完全是为了钱,而是使命感以及生活质量,但不能太离谱。我相信如果他们能在外包企业中从事如同在哈佛、杜克、范德堡大学等相同的工作完全能获得更高的薪水和股份,只不过压力会更大。除了薪酬的上涨压力,激励机制也引发了小型捐赠基金是否采用大型捐赠基金挽留人才手段的问题。

他笑着说道:"尼克·萨宾(Nick Sabin)最近在亚拉巴马州执教棒球获得了400万美元的薪酬,我并未对自己的薪酬感到不满意。"

施皮茨相信,未来必定会有更多新的压力。他提到越来越多的学生运动涉及投资、审计标准以及《萨班斯—奥克斯利法案》中更加严格的信息披露和利益冲突制度。同时他对于薪酬的压力可能使得美国国税局(IRS)——如果它认为非营利机构的雇员赚了太多的钱——加强对于非营利机构的监督表示担心。最后,施皮茨认为在正常的投资环境下,4%～5%的费用率是不可持续的,仍然存在着下降的可能。

投资委员会

虽然投资经理是由投资团队招募,施皮茨曾尝试安排投资委员会成员面试经理候选人或以雇员的身份对投资经理感到不信任时征询其意见,以此为投资委员会重新注入活力。他发现委员们的个人参与度都很高,对各种意见的反馈、调查和参考都十分尽责。

施皮茨说道:"我已经在范德堡大学任职21年,并树立起了自己的威信,我想知道自己解甲归田后会发生什么。一般而言,委员会寄希望于我掌管投资组合。但当新的投资总监就任,情况一定会有所转变。在没有给予足够自主权的情况下,董事会是不会轻率任命一名新的投资总监的。另一方面,新任投资总监能否享有和我一样的自主权?也许不会,获得这项权力的过程是有趣的。"

影响力

施皮茨认为查尔斯·埃里斯(Charles Ellis)和杰克·鲍格尔(Jack Bogle)对

自己投资的思维方式产生了重大影响。同时他也谈及了剑桥联盟资产管理公司的亨特· 刘易斯(Hunter Lewis)以及该公司对于捐赠基金领域的思考及其如何融入商业元素所产生的积极影响。杰里米·格兰瑟姆(Jeremy Grantham)则是施皮茨最为敬佩的投资人。

"这些人都充满智慧,善于过滤掉无意义的信息,利用经济学进行全面分析。投资过程中夹杂着很多垃圾,比如广告夸大、信息杜撰,他们能够从理性的角度去伪存真。这些投资者都十分理性并拥有严密的逻辑性思维,非常注重定量分析。这在一定程度上也反映出我作为一个投资者的风格特征。"

常识性收获

施皮茨对他的投资职业生涯进行了总结,同时也为所有希望成为投资者的人提出了建议。

对于自己的投资理念,他说道:"在投资过程中你能够掌控的部分很少,你也无法影响最终的收益,唯一能够掌控的就是买入价格。因此,我尽力选择最适当的买入价格。我的决策也并非全部正确,但我认为,这是投资中我们唯一可控的部分。我想,这在一定程度上也能反映出我是一名典型的价值投资者。"

"另外,我个人认为我和我的同僚们并不善于招募股权或债券经理人。这的确不是一件容易做好的事,因此我们采用量化被动投资方法。我们耗费了大量时间和精力研究可以带来增值的投资工具(如股票和不动产),致力于能够提供最显著效益的投资策略。"

对于希望成为投资总监的人而言,施皮茨说道:"不要尝试模仿别人,不要想方设法成为大卫·斯文森或是其他人。要发展形成自己的投资方式和投资风格,尽可能找寻自己的优势所在并加以充分利用。"

第九章　独具慧眼的投资艺术家

——艾伦·舒曼(Ellen Shuman),卡耐基基金会(Carnegie Corporation of New York)副总裁兼投资总监

1976年,艾伦·舒曼毕业于缅因州布伦瑞克鲍登学院(Bowdoin College)艺术史专业。如果让她自己来描绘未来的职业生涯,她可能也没想到能在投资领域中获得成功。经过不断学习业界最佳的案例,加上自己的思考,艾伦·舒曼成为捐赠基金投资领域的艺术家。

背景介绍

1986年,大卫·斯文森从耶鲁大学财务部招募艾伦·舒曼成为投资部的一员。随后的13年里,她逐步成为投资总监,主要负责投资不动产与资本市场。1999年1月,舒曼出任卡耐基基金会副总裁兼投资总监一职。舒曼管理的多元化资产投资组合价值超过25亿美元,她所取得的投资收益远高于政策基准及业内其他同僚,因此获得了业界人士的认可与尊重。2006年度鲍登学院投资委员会荣获由《机构投资者》(*Institutional Investor*)杂志颁发的最佳投资管理奖,其中,舒曼个人获年度荣誉奖。

毫无疑问,舒曼早期在耶鲁大学与斯文森一起的工作经历对她后来的职业生涯产生了巨大影响。与大多数艺术家一样,舒曼也有自己的洞察力。她说:

“各种投资风格都能奏效，关键在于找到适合自己的风格。如果你是一名成长股投资者，就坚持投资成长股；否则，成功将离你而去。相信自己，坚持自己一贯的投资理念，成功迟早会到来。”

艾伦·舒曼作为高级管理团队的成员，负责向卡耐基基金会主席瓦坦·格雷戈里恩(Vartan Gregorian)定期汇报。在耶鲁大学任职期间，除去在投资部的相关工作，平时她还在耶鲁大学管理学院和耶鲁学院教授相关金融投资课程。

舒曼是鲍登学院董事会成员之一，2000～2004 年任董事会副主席。2001 年，舒曼出任投资基金会(The Investment Fund for Foundations, TIFF)总监。此外，她还担任爱德纳·泰康诺·克拉克基金会(Edna McConnell Clark Foundation, 1998)、大纽黑文社区基金会(the Community Foundation for Greater New Haven, 2004)、美国艺术文学学院(the American Academy of Arts and Letters, 2005)和白兰地信托基金(Brandywine Trust, 2006)的投资顾问。

2004 年，舒曼加入了全美最古老封闭式基金之一的通用美国投资者公司(General American Investors, NYSE: GAM)董事会。

1984 年舒曼获得耶鲁大学管理学院公共和私人管理硕士学位。1992 年，舒曼获得了注册金融分析师证书。

耶鲁大学

从鲍登学院艺术史专业毕业几年后，舒曼开始重新思考自己的职业规划，最终她决定自己需要回炉，前往康涅狄格州纽黑文耶鲁大学管理学院攻读公共和私人管理硕士学位——相当于工商管理硕士学位，以优异成绩于 1984 年毕业。该项目课程注重非营利和公共项目管理，涉及面广泛。在学习过程中，舒曼对高等学府财务产生了浓厚的兴趣，在毕业后就加入了耶鲁大学财务部。一年之后，“我觉得投资部更使我有兴趣，更能激发我的职业冲动”。

由于之前学习过教育金融的课程，舒曼意识到了捐赠基金的重要性，但在当时，捐赠基金管理行业还尚未成熟。当时，无论是退休金管理机构、捐赠基金还是基金会，大部分采用的都是 60/40 的股权/债券配置比例，而国际股在当时则划分为另类资产。

1986 年，斯文森招募她成为投资部的成员。虽然斯文森拥有经济学博士学位和在华尔街的工作经历，但他当时是捐赠基金管理领域的新手。“当时，一切都听大卫安排。”舒曼回忆道，斯文森，这个拥有强烈的中西部价值观的威斯康星人，“被他在华尔街的工作所暴露出的规则委托—代理问题惊呆了”。当时，投资经理和投资者之间的利益相关性分析法尚未普遍，但后来该方法逐渐成为耶鲁大学特有的一种投资分析法。

“很遗憾，我自己没有在华尔街的工作经历。在耶鲁大学的工作经历让我意识到委托—代理的重要性，也对我后来的投资观念产生了重要影响。和大卫一起工作弥补了我未能在华尔街工作的遗憾。”

不动产、石油和天然气：训练场

舒曼主要负责管理不动产、石油和天然气投资。她说道：“由于这些资产类别尚未成熟，因此通常是由非专业但能力较强的交易员负责。当时的不动产委托—代理情况混乱，现在看来主要是由于当时大多数对冲基金及私募股权企业希望从公共市场中获得‘永久资本’所造成的。”

“我们发现当时最常见的情况是，不动产投资经理使用基于资产价值的独立账户收取费用，但资产估值也是由投资经理进行。同时，投资经理不会立即获得奖金激励，于是投资经理会为了获取费用收入而很少变卖财产所有权。投资经理会利用这些不同的独立账户投资混合基金，那么如何确定各账户的收益？如果账户持有人没有指定具体投资内容，那么就用于投资混合基金。他们从中获取收购和处置费用。无论如何，这是一种恶性发展。”

由于机构投资资产类别尚处于萌芽期，对于舒曼而言这是投资的好时机。此时，基金会和捐赠基金很少投资不动产，因此是较为保守的投资方式。另外，储蓄—贷款危机及其导致的不动产火爆销售的终结对耶鲁大学而言也是一大幸事。“当时，我们采用了冷门的逆向投资方式，鉴于市场中存在大量抛售低估资产的投资者，我们以严谨的态度投资不动产。后来，这成为耶鲁大学长期盈利投资机遇的开始，因为我们愿意质疑现状。耶鲁大学由此为整个行业带来了永久性结构性变革，并成为业界的领导者。”

“斯文森当时提出了一个现在看似平常，但当时十分奇特而新颖的想法。‘为什么不动产的投资结构不能和私募股权一样呢？为什么不聘用一名经理担任操盘手而非顾问呢？为什么操盘手不能像私募股权的投资经理那样募集资金，作为其唯一的投资工具，进而持有和管理资产呢？’现在不动产市场中的投资者通常不会直接指明自己的投资偏好，但当时并非如此。大型退休金机构各账户投资都需要进行批准。事实证明，当时的做法既不明智也不合理。实际上，在投资项目通过上级层层审批的同时，也使这项投资错失时机，因为好的投资往往是来不及等待养老基金和委员会批准的。”

舒曼指出，耶鲁大学捐赠基金是首家支持不动产经理募集资金——作为其公司的唯一投资工具——的机构投资者，更重要的是，耶鲁大学给予投资经理充分的自主权，这在当时是一种“超前”的做法，但它的确起到了作用，平衡了普通合伙人和有限制合伙人的财务利益。这也使它们成为投资舒思深、阿盘提(Avanti)以及布鲁克戴尔的首位投资者，同时也逐渐将机构投资转向不动产领域。

这次的投资经历也形成了舒曼投资理念中的一个核心信条。“我的一个偏好源自耶鲁模式。我从中认识到专注度的重要性，后来我偏爱专注度高的投资经理。特别是对不动产而言，需要的是‘当地的神枪手’，而非泛泛之辈。布鲁克代尔专攻美国东南部地区，舒思深则专攻市场上主要的写字楼。优秀的投资经理并不是通才，可在某专业上均有独到之处。不动产属于地方性投资，因此想要投资每个市场的各种房地产类型并全面开花的操盘手只能趋于平庸。”

“真正的地域投资者能够知道街道的哪一边更好或某种建筑平面更符合当地承租人的习性。我清楚地认识到‘当地的神枪手’的重要性——他们对任何能够带来不同的细节都一清二楚。我也尝试将这一理念运用到其他资产类别的投资中去，特别是针对某一国的投资。”

舒曼在耶鲁大学投资部工作将近13年，后来外加负责资本市场。鉴于她这段工作经历，舒曼当之无愧成为另一个组织的一名投资总监。1999年1月2日，她成为卡耐基基金会的首任投资总监。

卡耐基基金会

卡耐基基金会由安德鲁·卡耐基(Andrew Carnegie)创立于1911年，是一家私人资助型基金会，起初拥有1.35亿美元资产。其中5%投资固定收益证券，80%投资美国钢铁公司(U.S. Steel)——卡耐基先生非常熟悉的公司——的债券。舒曼说道，基金会由于债券配置比例巨大又经历了美国大萧条，于是每年以10%的速度逐渐加大对股权的配置。

舒曼很快意识到相比大学捐赠基金,基金会长期疏于管理其金融资产。

"基金会的发展已持续落后于大学的捐赠基金。基金会的负责人主要关注使命和项目。他们对金融的敏感度相对较低,长期过于重视项目。私人基金会每年至少需要花费资产均值的5%。如果资产价值持续走低,那么花费则相应减少。无论是在卡耐基还是在其他基金会中,固定成本一般较低,但可变成本(主要是资助)则处在高位。例如,在企业中,员工工资、差旅费以及其他管理费用等固定成本大约占企业预算的15%。大部分人认为,基金会应该采取更加保守的投资组合,因为这是其收入的唯一来源。但是如果资产价值下跌,那么我们就必须降低可变成本。"

反之,大学捐赠基金85%或以上是固定成本,从而导致捐赠基金投资收益的压力日益增长,因为要想削减费用支出几乎不可能。舒曼很庆幸格雷戈里恩(Gregrian)主席曾担任大学校长,因此他能够清晰地认识到捐赠基金管理对于一家私人基金会的重要性。

"相比大学捐赠基金,基金会在管理投资组合中所面临的障碍相对较多,包括税赋以及非主营业务所得税,影响了杠杆的使用。卡耐基基金会作为封闭式系统面临更多的流动性约束,因为我们不像大学一样接受捐赠。直到1911年之前我们可是毫无收益可言。"

在舒曼加入卡耐基基金会之前,组织采用了由委员会而不是员工驱动的投资流程。投资委员会是作为财务行政的下属部门进行运作而不是独立运作。财务总监仅花费一半的时间负责投资,另一半的时间则用于处理预算和行政事务。1997年6月,布朗大学前任校长瓦坦·格雷戈里恩(Vartan Gregrian)担任该基金会总裁。基于学术背景,他深知积极资产管理投资的重要性。于是他任命舒曼成为基金会中首位全职投资专家。舒曼继而掌管价值160亿美元的投资组合。幸运的是,在接下来的几年里,由于一些敏锐投资者——资产受托人——的投资成功,基金会收益颇丰,其中包括罗伯特·鲁宾(Robert Rubin)、约翰·怀特海德(John Whitehead)、迪克·费雪、文森特·麦(Vincent Mai)和拉里·蒂施(Larry Tisch)。投资委员会也自行加入其中。"在高科技行业面临市场泡沫期间,我们从风险投资中获得大量收益。一天早上,经纪人打电话问我是否需要卖掉股票时,他说:'看来我需要更新签名栏了。'于是我问他:'原先是谁签的名?'他说是罗伯特·鲁宾。罗伯特·鲁宾于1995~1999年间担任财政部长。"

1998年秋天，在创立投资总监一职后，基金会建立了由私募股权领导者安盈投资(AEA Investors)主席兼执行总裁文森特·麦(Vincent Mai)领导的投资委员会。1996～1998年，包括大卫·斯文森在内的投资委员会顾问团队重新进行了机构调整，同时制定了资产配置政策目标，并将另类投资列入多元化组合。

尽管投资组合仍然偏重于固定收益和做多股票而非另类投资，但舒曼经过深思熟虑发现了一项合适的投资组合结构，该结构注重对各资产类别进行微调。

成为投资总监

舒曼是一位天生充满才华的投资总监。“能够加入新的投资机构或投资委员会是一件非常有趣的事情，因为可以通过截然不同的方式来完成某一件事。我拥有自主决策权，我很享受实施决策的过程以及不断从全新的角度评估机会产生的价值。”

资产配置

起初，舒曼选择另类投资的原因在于，与传统资产类别相比，其缺乏效率，能够带来更大的增值。1999年7月，梅雷迪斯·詹金斯(Meredith Jenkins)加入其中并在私募股权领域中获得了巨大收益。于是，这两位高级投资专家早年间通力合作以重新塑造投资组合模型。首先，2001年1月1日，正值高科技市场泡沫逐渐消退，他们加大投资对冲基金并将战略重心移至绝对收益投资。

“现在看来，当时的决定纯属偶然。我们花费了几乎一年时间来说服委员会调整策略，他们原先并不赞成降低活跃市场的投资。当时我们的价值取向还存在一定矛盾，但时机很合适。高科技市场泡沫消退之时成就了我们顺势而退。”

基金会有一项正式的资产配置政策，由员工和投资委员会每年进行全面评估。假如需要变更，则需要考虑实际操作的可行性以及市场时机的选择。他们尽可能将私募股权以及私有不动产配置政策调整到与实际相符。“假如你设计的资产配置中私募股权占比15%，但实际只占10%，那么一切都变得毫无意义。”

再平衡

舒曼在耶鲁大学的经历让她拥有一种强烈的再平衡意识，特别是在1999年早期加入卡耐基基金会后。1998年夏末长期资本管理公司以及俄罗斯金融危机的相继来临摧毁了新兴市场的价值，使基金会原先5%的资产配置比例跌至3%。于是她建议投资委员会进行再平衡。虽然委员会并不完全赞同，但最终还是支持了她的决定，其结果是收益颇丰。后来，当她的同僚曾对她说“这种做法太冒险了”或“你真勇敢”时，她会说：“这不过是一种获得再平衡的方式罢了。大多数人在价格下跌时就不会再投资，但这也往往反而印证了估值原则。”

再平衡对于所有投资者而言都是一个长久的问题，实际实施起来存在着一定的难度，主要是由于许多人都会封闭投资或者不采用新的投资对策。“如果你不把钱拿出来，就没办法进行再投资。”由于所有资产类别的高估值，再投资实际上运作异常困难。

舒曼近两年有意识地停止了对新兴市场的再平衡。“在一个估值充分的市场中如何继续进行投资？新兴市场相比其他而言则更具吸引力。”幸运的是，舒曼发现基金会旗下的部分投资经理正自行再平衡投资组合，这让她非常高兴而且备感轻松。例如，他们会出售估值充分的证券或私募股权公司出售旗下公司。随着投资经理相继撤资，卡耐基基金会从私人不动产和私募股权方面获得了潜在收益。舒曼说道：“我们的经理人在买入时持谨慎态度并乐于卖出。如果实在没有可投资项目，就持有现金。”

资产组合构建和管理

由于基金会必须面对极大的税赋问题，因此在构建资产组合时必须更加小心谨慎。例如，杠杆策略对基金会产生所得税问题，但是对大多数捐赠基金不存在影响。

舒曼刚开始并没有意识到两者之间存在如此巨大的差异。她依稀记得，在早期任职期间需要现金流时她随意地说道：“我们可以直接从现有的基金当中借。”但实际上，与捐赠基金不同的是，基金会并没有像捐赠基金那样有另外独立的基金，即使有，借款会产生赋税。就税率而言，基金会需要更加注意流动性问题，因为这是最薄弱的环节。

基金会相比大学捐赠基金而言对于债券配置的比例往往需求更高，同时还需要兼顾现金流以及资金承诺问题，因为主要涉及5%的费用需求以及防止企业潜在的短期私募股权以及不动产需求。“2002年夏天，市场价值不断下跌让我十分担忧。市场下跌导致我们对于资本的需求增大,以应对短期投资的承诺。我一直在想,'我们什么时候能够获取收益?'没有哪个投资者希望在价格最低的时候售让股权。"

在决定资产类别时,基于她的团队及其获取薪酬的方式,舒曼并不过分担心。因每一位资深雇员都专注于自己的投资类别,薪酬则是取决于整体投资的收益。她希望手下的员工不必关注其他投资经理适合何种投资组合,另外,她判断现有的15项投资可以被划分到多种资产类别中。她认为对于投资经理而言,他们必须清楚自己的职责:"大多数人不可能是全才,团队需要协作。"她说部分资产类别的混合性自然需要不同员工之间的密切配合。

治理问题

从任职第一天开始,"完善的治理方式"是舒曼成功管理投资组合的重要因素之一。"我拥有伟大的非常支持我的投资委员会主席,他们先后分别是瓦坦·格雷戈里恩、马蒂·莱博维茨[Marty Leibowitz,美国教师退休基金会(Teachers Insurance and Annuity Association-College Retirement Equities Fund, TIAA-CREF)副主席兼投资总监],如今是乔夫·布瓦西(Geoff Boisi)。此外,格雷戈里恩主席也会亲自参加每次例会。他们给予我充分的信任,让我觉得自己不单单是投资总监,更是在管理自己的资产。"

员工

除了和投资委员会之间建立良好的工作关系,舒曼手下的员工工作年限一般都长达6~8年。在竞争激烈的纽约市场,长期留住人才可是一项了不起的成就。

舒曼笃信并采用学院派的组织形式,她给予团队权力,让他们变得更富责任心。然而她也坦陈:"只要能够充分参与到投资组合的管理和构建中,我愿意承担一切责任。"

"关键在于让投资团队和投资经理之间保持良好的合作关系。"更重要的是,投资委员会给予支持、探讨建设性的问题且不干涉细枝末节事务。投资团队甄选了许多合适的经理人,同时委员会也让我们去主动发现一些缺乏效率的投资项目,我们对此十分感激。这大幅提升了我们的投资绩效。

投资委员会关系

一些不寻常的投资引领他们走向成功。2001 年,舒曼任职第 2 年,她引荐了一位投资撒哈拉以南非洲及中东地区的经理,当时这些市场令人难以捉摸,严重缺乏效率。“当时任命这位投资经理似乎有些反常。”尤其是这位经理刚刚从失败的投资阴影中走出来,舒曼说道:“我们在非洲有捐赠项目,我觉得投资委员会对于在这一地区进行投资是非常开明的。”最终,该基金成为卡耐基基金会唯一一只表现最佳的公众股权基金。

投资委员会审批所有经理的任命,其他同行或许不会如此,但在舒曼看来,这能够让投资委员会更加融入具体投资活动中去。另外,写推荐信并引荐给投资委员会也是不错的。关键的原因在于:“如果情况糟糕,那么投资委员会也不会回过头来多责怪你。”

慧眼识才

在寻找投资想法时,舒曼以随机性眼光看待问题,她会通过自己的社交网络寻求建议。在选择经理时,她十分果断,她相信自己的经验同时也会从旁打听这位候选人是否满足她的需求。舒曼说道:“我们不会冲动地在某个特定领域全面搜寻经理并确认其是否符合我们的严格要求。”

在委托—代理问题上,她寻找委托人持有的公司,在这样的公司里,是委托人而不是股东或出资人获利。“我们不想让出资人分享激励薪酬。”舒曼希望投资经理能够做到:投资策略集中度高而无论其资产类别;组合集中程度高;拥有对投资充满热情与渴望的稳定性好的投资团队。

对于解雇问题,舒曼说道:“我从来没有仅从业绩起伏去解雇一名投资经理。一般我是出于组织动荡或是管理风格而解雇。例如,我们曾经解雇了一名纽约小型对冲基金经理,他们开始投资大中华与巴西市场,这显然不是其竞争力所在。”

当投资表现不尽如人意之时,她会评估形势,考虑其中是否存在机遇。“投资经理业绩不佳,但忠于自己的投资风格,也许你应该考虑更多的拨款给予支持,因为可能是他们的投资风格不合时宜引起的,这种情况往往需要的是耐心,因为投资委员会会不断质问表现欠佳的经理。此时你也需要兼顾协调两者关系。”

舒曼认为,在投资经理表现欠佳时给予必要理解和支持非常重要。“我总以鼓励的方式和经理们共事。绝不轻易打击他们的积极性。”

经验、观察和建议

舒曼和我们分享了她对于投资和行业发展趋势的看法，并且就投资管理公司、同行以及新生代投资总监提出了中肯的评价和积极的建议。

投资主题

影响舒曼投资组合的投资主题包括新兴市场以及专注私募股权的策略。由于大型基金并购的风靡以及对资产类别的绩效追求，尽管私募股权在大型基金会中不太受重视，但基金会在这方面的投入仍然超过了基准线。基金会还在寻找印度、中国以及其他发展中国家新兴投资市场中的私募股权企业，舒曼坚信能从中获得巨额收益。

风险资本：猛烈的冲击

舒曼认为，顶级风险资本企业较小的基金规模以及相应风险资本配置的下降已然成为机构投资者所面临的一大难题。“想要在杰出企业发起的基金中获得有意义的资产配置相当困难，尤其是在企业以往几乎与其没有任何交集的情况下。”她提到了最近卡耐基基金会获得的一项 800 万美元的资产配置。尽管规模不大，但对公司 25 亿美元的基金会而言仍然意义非凡。其价值就相当于将3 200万美元资产分配给 100 亿美元市值的基金会。“仔细观察大型机构将会如何投资创业初期企业获取有意义的资产配置的问题，将会是一件有趣的事。”

针对风险资本和私募股权表现的相关研究表明：第一四分位数的投资经理通常持续处于最佳表现基金行列且大幅领先其他同行。“投资者都希望将资产配置到同类的小部分企业中。由此，我们也只能获得小部分的资产配置，这意味着企业基金规模已经萎缩。”除此之外，她还谈道：“如果你没有充分准备好成为一名投资者，你将无法从中获得配置的额度。”

舒曼表示，对于现有投资者而言，企业基本是公平的，资产配置不足的情况也基本一致。她想了解的是，如果小型配置会影响大型投资组合的绩效，那么大型机构继续投资该项资产类别是否合理？

经理规模扩大

舒曼承认,经理规模扩大是当今面临的一个首要问题。她说:“不断增加经理数量不是问题,却会导致效率问题。我们现在过分多样化了。投资组合的顶级头寸通常由多个经理人共同持有,可能代表了最大限度的70个基点。”

舒曼认为,导致多样化过度的原因在于,投资总监不断招收经理人以不断更新投资组合。“有趣的是,又不想无故给予解聘。”尽管担心经理人数过多,但舒曼仍然会根据市场需要不断发掘有能力的经理。

同时,舒曼还提出疑问,随着市场规模在不同区域间的不断扩张以及在有限的人力资源条件下,基金会和捐赠基金将如何继续在招募人才时进行必要调研和尽职调查?

“卡耐基基金会投资新兴市场,是因为我们相信这有助于促进绩效的长期增长。然而,在人力资源条件有限且又需要全球商务旅行来投资该项资产类别时,我们该如何去完成?”现在舒曼手下的一名核心成员已经迁往中国工作,同时仍然为总公司服务,这样至少在亚洲她也有了自己手下的员工。

同业竞争

资产配置的竞争以及以激励机制为基础的同行业竞争,为业内的资源和信息共享造成了障碍。对舒曼而言,大学校园的人文气息是吸引她在基金会和捐赠基金工作的一大原因。但是,这种竞争正在侵蚀人与人之间的友情。“我或许会在企业拥有资产配置后告知我认识的一名优秀经理,但之前我绝不透露半点风声。”

与投资经理共事

卡耐基基金会在一些投资中位于领先者地位,但同时又缺乏足够人力资源。“对于资产相对较小的机构而言,建立长期合作、相互信任的关系是一件至关重要的事。”

“现在要找到新的富有才华的投资经理已经越来越难,特别是在对冲基金领域,选择范围一般都是26岁左右人群或高年龄群体,两者之间鲜有合适候选人。我们不需要无法满足我们投资组合需求而又过于自负的经理人,否则我情愿降低我们的对冲基金配置。当你计算对冲基金费用以及总收益时,得到的净收入需要基本等同于股票指数,因此投资经理必须大幅度提升业绩。鉴于市场的零和属性,费用总体而言过高。"舒曼担心,随着费用的升高,风险从普通合伙人转向有限合伙人,投资者对于收益会失去信心。由于私募股权以及对冲基金导致的高额费用也同样是一个令人担忧的问题。"不仅仅是因为费用增加,他们还会加收已经包含在管理费用中的服务费。"

舒曼还提及另外一种情况,就是一枚硬币的两面性。在锁定投资者和锁定经理人之间存在对应关系。"投资者一般锁定期为 3 年,但经理每年都可以随时提取(绩效费用或利润)。"舒曼始终意识到委托一代理问题的存在,一直在寻求能够合理分配利益的方式。"如果我们需要 5 年的锁定期,那么投资经理必须锁定 5 年。一般我们偏爱锁定期,这有助于剔除短期投资者。但我们真正担心的是,企业自己必须负担合法的开支。我们要求在锁定期内经理人每年能够提取 5%,因为我们在锁定期内没有新的资产加入投资组合。这其实是一项非常合理的要求,它有助于公司管理费用的正常支出。"

舒曼认为,类似的政策也同样有利于投资经理。"当投资者只允许每 5 年收回本金,这也就意味着我们一次性交易额过高、过大。我们鼓励投资经理锁定期交错开来,因为同时到期时如果赎回要求超过其预期,就可能会产生问题。如果真的发生这种情况,说不定也会变得很有趣。"

投资失误

对于团队决策,舒曼提出了自己的观点。"明星新投资经理或资产类别往往存在一些问题隐患。"投资者应该避免人云亦云,保持头脑冷静,坚定实施自己的投资决策。

"人类的天性就是想要融入人群。特别是当薪酬是基于同业竞争中相同的基础上时,和你的同僚采用相同的投资组合不失为一种稳健的方式。"舒曼指出,同业竞争有时会带来负面影响。"有时会导致资产配置以及经理选择的过分相似,使整体趋于同化。"

舒曼无法理解当大型团队聚集形成全球化企业并开设大型基金会时产生的超级规模效应。她怀疑这类基金会更多是为满足投资者对于投资规模的需求而非利润。对于自己无须面对类似的状况,她感到十分庆幸。

职业生涯

谈及职业生涯的导师，话题再次回到了舒曼在耶鲁大学的导师大卫·斯文森。

“我从大卫那里学习到了很多。他最大的特点就是乐于指导他人。2006年12月，我和大卫接待了赛斯·亚历山大(Seth Alexander)，当时他离开耶鲁大学，出任麻省理工学院管理公司主席。这也可以说是耶鲁大学投资部老同事之间的小型聚会。我简单讲述了大卫为投资部所做的一切以及他所培养的人才。如果我们当时不是思想独立、我行我素、野心勃勃的人，就不会离开原来的工作而进入投资行业。大卫在为投资行业做出的巨大贡献之一，就是培养出了如此多的优秀人才。”

谈及在一个由男人主宰的领域中能获得一席之地，舒曼本人的表现似乎不足为奇，尤其是在当今社会中拥有诸多女性投资总监的情况下。可她同时说道：“有趣的是，我们当中很少有人有自己的孩子。这项职业使我感到充实而满足，最近的薪酬也让我精神振奋。或许我一辈子也不可能变成真正的有钱人，但是这份工作让我感到职业的荣幸和骄傲。”

工作第一年负责不动产、石油和天然气领域，对于舒曼而言，这是对另类投资的一项基础训练。这给予她一个很好的平台用以学习实施尽职调查、用新的方法进行结构化投资，确定投资经理专注的领域。

“在耶鲁大学，我和我的同事们需要加倍努力建立起全新的不动产投资结构。当行业受到储蓄贷款机构危机影响缺乏资本时，创造了巨大的逆向投资机会，我们进而因采用该策略而处于领先地位。这样的环境提高了耶鲁确定基金期限和结构的机会。最终，不动产投资在投资组合中的表现出色。但今天，要做到这样就不那么容易了。这早期的经历对我之后的职业生涯产生了非常深远的影响。”

尾　声

利用在耶鲁大学的工作经验和培训经历，艾伦·舒曼将个人投资理念几乎完美地运用于基金会和捐赠基金领域，最终成为一名优秀的投资艺术家。

第十章　全能大师

——布鲁斯·麦丁(Bruce Madding),亨利·J.凯泽家族基金会(Henry J. Kaiser Family Foundation)投资总监

在基金会和捐赠基金投资领域中,布鲁斯·麦丁是一名积极乐观的领导者,也是为数不多的几乎整个职业生涯都服务于同一个组织的投资总监,他在这一过程中也曾跌宕起伏、历经坎坷。布鲁斯·麦丁是亨利·J.凯泽家族基金会的高级副总裁兼财务总监(CIO),同时也是作为它旗下报告国内外健康问题的运作型基金的投资总监兼财务总监。他的主要职责是管理6亿美元资产投资组合并负责财务事宜。较之业内其他同僚,该基金会的运营费用较高,因此他需要达到的投资目标自然也水涨船高。他的投资决策往往是基金会投资运营的关键所在。

作为一家运作型基金会,凯泽家族基金会主要依靠年度收益分成维持日常运营而非外部资助。由于鲜有外部资助,因此无论是基金会的内部运营还是员工薪酬,大部分都依赖于基金的投资收益。即使是麦丁自己也从未承认,但他的确是整个基金会的灵魂人物,平时还监管内部行政事宜。长达18年的任期及行业的领袖气质让他能够掌控一切。

麦丁曾任美国红十字会(American Red Cross)投资委员会及财务经理基金会(Foundation Officers Group,隶属美国最大基金会)主席。此外,他也曾任职于加州大学伯克利基金会(University of California-Berkeley Foundation)投资委

员会及其他多家咨询委员会。他也曾是财务会计准则委员会(Financial Accounting Standards Board's)非营利小组的成员之一。

1974年,麦丁从南加州大学毕业获得工商管理硕士学位,另获加州大学伯克利分校学士学位。之后,他在普华永道(Price Waterhouse & Co.)开始了自己的职业生涯。布鲁斯·麦丁还拥有注册会计师资格,也是美国加州注册会计师协会会员。

背景介绍

布鲁斯·麦丁在普华永道任职超过10年,具体负责国内外项目。他的工作性质决定了他需要频繁地走南闯北。

会计工作的收获

"由于海外工作需要频繁接触国际会计准则及发布规则和要求,这让我对全球金融体系和政策有了进一步了解。与美国人不同,国际社会将会计师看作金融专家。过去两年我在普华永道的主要工作是从实践角度与内部技术研究中心合作。当时公司内部正着力于研究新兴信息技术及其对金融服务的影响。

"到基金会工作对我而言是一个全新的转变,同时也让我有机会和凯泽董事会中经验丰富的投资专家共同对业内颇具规模的投资组合进行管理。刚开始我计划在此工作3年,然而,自开始着手学习管理投资组合至今,我已经工作18个年头了。"

虽然并不具备业内同僚从事直接投资的专业背景,但麦丁认为自己的专业知识也能带来独特的优势。

"财务的专业背景使我能够从辩证的角度对投资项目进行客观评估。作为一名财务人员,必须不断观察并发现问题,简言之,就是要持有怀疑态度,同时更要深度了解各项细节,以获取进一步的证据而非简单地相信某个答案。这种方式偶尔能引领你到不同的方向。基于之前对于各个架构的认知,在评估终了时,你对于整体组织结构会有清晰的认识。我在提供资源前,必须确保对投资活动有彻底、完整的了解。假设我无法向别人阐述投资活动的内容及因果关系,那么表明我仍然缺乏对潜在风险的认知及把控。我不希望有任何盲点存在。"

从凯泽起步

1988年刚刚加入凯泽基金会时，价值3亿美元的投资组合主要由个别资深股权经理和一名固定收益经理负责。其余部分资产则用于投资不动产、风险资本、小型经理权益基金（SMEF）——主要投资小型新兴经理及新兴资产类别。SMEF背后蕴含的投资理念是：基金会可以适当利用新兴基金经理管理投资组合中新增或替代部分。现在，"新兴基金经理"的概念已众所周知，但在1988年时完全是独树一帜。

1988年，基金会先一步投资国际股权市场和对冲基金。麦丁加入时，基金会已将部分资产配置投资风险资本，并在不断加大份额。凯泽基金会对风险资本投资的权重远大于其他投资机构。

"公司所处的地理位置对我们投资风险资本产生了一定影响。地处北加州，靠近硅谷的核心。置身于此，能及时吸取信息，能最先见证技术的创新以及小型创新企业的建立。所谓'近水楼台先得月'，地理优势让公司的投资常常先人一步。"

麦丁认同所谓成功的捐赠基金和卓越的捐赠基金之间的最大差别在于私募股权投资组合。"风险资本能够为基金会带来显著的价值。在被称为风险资本之乡的沙丘路拥有20英亩土地面积确能带来实质性改变，周围许多著名企业都是我们的客户。反之，假如地处中西部或南部地区，要进入风险资本领域会困难得多。优越的地理位置确实带来了优势，因为周围接触到的人大多置身于创新领域中并在不断创造商机。我非常幸运能够身处这种环境并从中获取收益。当然，如果没有投资委员会成员的信任、支持，仅仅依靠地理优势，我们也无法向前迈进。"

"从一开始，董事会就允许在投资组合中采用内部策略。无论是在VC[风险资本]、对冲基金还是国际市场中，我们都一马当先。我们是全美首家任命全球基金经理的公司，现旗下资产价值已高达300亿美元。投资委员会实际也很支持我们尽早先涉足商品和新兴市场。"

1988年，麦丁认为，大多数基金会已经开始逐步采取谨慎型的投资方式了。"大家的心态是以降低损失风险为主调。董事会对新型投资策略也进行了自我约束。基金会的发展确实离不开专业的投资委员会的领导。难能可贵的是，我庆幸自己无论是过去还是现在都能遇到这样专业的委员会，我相信并不是所有人都能像我这样幸运。”

麦丁还提到聘用一名经验丰富的投资总监的重要性。他认为，这是一种积极有效的方式，因为这些专业经理均拥有强大的金融背景为后盾。

“20 年前，主要是由财务总监监管捐赠基金资产，专业的投资总监少之又少。现在，基金会则会任命拥有投资背景的专业经理进行监管，曾经一职多能的财务总监将会逐渐让位。对于许多小型基金而言，要想找到既能管理经营活动又能从事投资组合管理的人才将会更加困难。”

“出于组织机构复杂性考虑，分别从财务管理和投资策略角度入手会导致某种分离。如果基金会只是采用 60/40 的股权和固定收益比例，事情就会变得很简单。但是现在，我们还需在此基础上就对冲基金和商品证券进行评估。我们既要充分利用良好的地理位置，也希望能够在债务担保证券类衍生品的交易方面处于领头羊地位。

成为投资总监

基金会财务资源的管理是与人力和项目管理相联系的。作为运作型基金会，凯泽基金会少有资助。主要开销包括员工薪酬及项目管理费用。凯泽基金会团队有 110 名员工，其中大部分人需要频繁奔波于国内外市场。基金会设有两个办公地点，其中之一在华盛顿特区，总部则位于加利福尼亚。其中，位于华盛顿特区的办公地点拥有播音室以及会议设施，这也导致了基金会的运营费用相对较高。

凯泽基金会的组织结构特点是，“没有丰厚、稳定的回报，也就无法拥有足够的员工和令人满意的办公地点”。

从外部来看，布鲁斯·麦丁需要满足基金会的各种需求。他所管理的机构完全不同于其他同类机构，因此无论是投资目标、投资理念还是投资策略，也必然大不相同。

投资目标

凯泽基金会拥有近 6 亿美元资产用以产生现金流并满足机构高额的运营费

用。机构首先不依赖外部资金资助;其次,凯泽基金会不同于大部分运作型基金5%的年度开销比例,凯泽每年的花费比例达 8%,相当于其捐赠基金的12%~13%。

“对于持续高效回报的需求决定了我们的投资策略。我们必须在获得高增长的情况下不断平衡流动性并保证资产安全。我不可能对业务发展部的负责人说,‘我们一起去为某项筹资活动或年度募捐活动筹款吧’。我们唯一的资金来源就是通过投资组合所取得的收益。因此,我只有大胆探索、勇于承担风险以获得高额回报。每个年度的基本投资目标就是满足 8%的开销、通货膨胀及其他管理费用。这相当于要在低通货膨胀环境下获得 10%~11%的投资收益率。研究表明,从整个行业来看,年度开销长期高于 5%的基金会最终会入不敷出。可当下,我们成功地解决了这一难题,同时也扩张了我们的投资组合。”

投资理念中的投资目标和限制:(1)费用高支出;(2)资金池受限制;(3)收益稳定;(4)下行敞口获得保护。

在资金池受限制的情况下,获得下行保护至关重要。“2002 年,标准普尔500 指数下跌了 22%,假设你处于下跌行列,同时开销又达 10%,那么大致估算整个投资组合价值将会下跌 1/3。然而在我们多元化的投资组合下,跌幅仅为5%,当然整体 15%的下跌率也不低。在资金池受限的情况下,长期处于下跌状态绝不可行。”

投资策略

整体投资理念主要涉及下列因素:(1)投资策略及地理位置的多样化;(2)寻求非相关收益;(3)稳定的管理团队——投资策略和团队风格的有机结合;(4)善于利用基金会资本的长期性特点;(5)关注资金流动性并降低风险;(6)避免税收问题。

“迄今为止,我们尚未涉足任何固定收益。在当下低利率的环境下,我无法忍受低收益的风险。我必须保证足够现金流用作日常运营。在急需资金时,我们会选择将证券换成现金或从投资组合中占比 26%的不动产投资获得的租赁收入中提取现金。实际上,投资运营不动产使投资项目变得更加复杂,当初我们购买房产是为了给基金会提供栖身之所,此后我们也在不断开发价值 1 亿美元的房地产,在此过程中我们也获取了很大的收益。

麦丁希望通过投资不动产获得股权上涨收益的同时，控制通货紧缩和现金流。

“拥有不动产本身就存在一定风险，我们会受到投资价值上下浮动的影响。基金会必须每年度基于市值标注资产价值，而资产规模又会直接影响支出和税收。在某些方面不动产投资和股权投资是相同的。对于资产价值的上升，我们似乎坐享其成，但我们也同样要面对资产下跌的状况。我们在沙丘路(硅谷风险资本之乡)投资了部分房地产项目，由于 2000～2001 年的互联网泡沫，我们的房地产项目价值下跌了 25%，这曾引发基金会不少担忧，却并未影响基金会的日常运营，所造成的唯一结果是开支费用增长到了 13%。”

“税收会影响到很多方面，除税务豁免外的税收负担对基金会投资策略的整体影响不是很大。但是，在管理投资组合并寻求收益的过程中，这是不容忽视的一部分。”麦丁解释道，如果基金会支出高于 5 年的移动平均水平，那么基金会就不用向政府支付 2%的消费税，只需承担 1%税赋并将另外的 1%用于捐赠。

由于麦丁经常需要抽调现金，迫使他必须高度关注现金流的问题，麦丁会不断调整投资组合，时刻关注每月的现金流并予以掌控，因为不同投资经理调用现金的期间都有所不同。

资金的流动性需要将会影响到每年 1/3 的投资组合，另外也会对偿还债务、履行投资——用以支付账单、投资私募股权及房地产建设项目和分配不同投资项目——产生影响。

“相比不存在限制的机构而言，我们可能每年都会放弃百分之几的收益。但我们更承担不起流动性风险。高昂的代价也让我无法按我所设想为投资进行必要的资金储备。”

风险和预期收益

认识到基金会的目标在于持久性，基金会领导层也同时意识到了使命的重要性和项目支出的影响，于是他们接受了每年超过 5%的开销。

“现在多花 1 美元的社交费用对整个社会的影响可能会远远高于投资获得的收益。凯泽基金会的重要使命是医疗保健领域。全美有 4 200 万人没有医保，全球医疗更是问题重重，医疗需求显而易见，董事会也注意到了其中蕴含的机遇。我们希望投资所得不仅能保证日常支出，同时还能壮大投资组合。”麦丁逐步实现了投资目标，而他的成功是难以复制的。麦丁也意识到，“相比其他机构，成倍的支出也意味着需要承担更大的风险”。因此，他的投资组合中的确存在非一般的风险，董事会对此也很清楚。他也会定期审视投资组合结构，并研究讨论各部分存在的意义，宏观上主要讨论经济结构对投资组合的影响，微观上则关注下跌风险相对上升潜力而言的程度。“董事会汇聚了各种精英人才，他们虽然并非投资方面的‘金融专家’，但经济方面的问题对这些拥有商业背景的通才们来说是驾轻就熟。”

为了更好地与董事会成员沟通投资组合中的风险问题，麦丁还特意进修了“如何进行对话”这门课程。

资产配置

投资委员会按季度审阅投资组合。麦丁每年都会选择在其中一次会议上详细阐述其最近的、现在的以及将来的资产配置策略。

资产会被分成股权和固定收益两部分。其中股权部分又包括 7 种类别，其涵盖面十分广泛。也正因如此，使麦丁能够灵活自如地调整投资组合。虽然资产配置中还包括固定收益部分，麦丁自己也承认：“我现在都无法确定投资组合中的固定收益到底是为了获得收益，还是以一种保护策略而存在。当下房地产的投资能够为我带来收入的增长和升值潜力。总之，我们务必基本保证 8%～10%的收益率来维持日常开支。”

基金会不动产的投资策略是整体资产配置中的一个典型例证。作为沙丘路最大的房地产所有者之一，凯泽基金会拥有 20 英亩土地，这部分资产绩效的前后差异很能说明一些问题。1999 年，凯泽基金会可以收取 200 美元/平方英尺的租金，现在收取的每平方英尺租金只有 100 美元。但随着区域功能的不断扩大，这部分资产总体仍然处于升值状态，麦丁说，当下的资产价值一定高于 1999 年。基金会过去在房地产评估价值上的现金收益大约在 8%。对于基金会年度投资组合价值评估，针对不动产部分的评估麦丁向来比较保守。他当下完全能够以高于现值的价格变卖这些资产，但更高的估价也意味着未来投资组合将获得更高的绩效，而当时他尚未明确具体投资的方向。他开玩笑说，其实任何资产都需要一个合适的售价。

除了定期与投资委员会一起审阅资产配置状况和策略，他每月还会向委员会递交一份详细的报告，其内容包含投资经理、资产及其他重点项目的具体事项。

麦丁实际上已将定期审阅资产配置看作管理投资组合不可缺少的部分。当务之急的问题是:“接下来应该如何进行投资?近3～5年来我一直都在努力寻找投资方向。我总是从将来的角度来掂量现有投资组合。眼前的目标很简单,就是能够达到收支平衡。”

管理投资组合

高标准的目标迫使麦丁采用激进型高风险的投资风格,而低风险和非相关策略则不过是缓解他的风险。

“我们以激进的投资方式寻求高收益,实际这与我个人的价值倾向存在一定矛盾。多/空股权经理既要在上涨时获得收益,又要保护投资组合免受下跌风险。”

在绝对收益投资组合中,麦丁看好当下市场的不良资产类别,这也比较符合他的个人价值倾向,相比其他另类投资,它更具风险保护作用。他以往经常会将资产从不良债权中抽出,然后再踏准时机进行再次投资。他也会选择投资不良债权来替代固定收益。这些都是高级证券投资中的非杠杆交易,这样投资能够获得高于一般不良债权策略下的收益。他认为,越来越多的公司将会面临财务问题,于是他采用了激进的方式进行不良资产投资,期望能够在同行中领先一步。

创意的产生和评估

麦丁的投资创意兼顾了量变和质变两方面。他的大部分创意来源于行业社交。经常与其他私募股权的投资领导者以及非营利组织董事会成员相互交流信息,这一点至关重要。

财务经理基金会为基金会提供了学习和交流的平台。麦丁说道:“基金会之间并不是在比赛谁的创意最好,而是在相互合作的过程中得到升华以促进行业的整体发展。”

麦丁的社交网络起到了重要的作用,通过不断地对话和会议分析,他会敏锐觉察到潜在的新机遇。另外,他也会从一些公开信息、书籍报刊、电话交谈以及投资经理提供的书面信息中悟出新想法。

接下来所有的投资创意会汇集起来进入结构性研究和尽职调查。麦丁估计他和下属两名员工每年要处理400～500项创意,每周需要会见4～5名经理。

他们会从其他资料库汲取信息并加入内部系统,通过分析模拟数据,以风险/收益为基础,通过图表形式来评估经理们在未来 3 年、5 年、10 年的绩效。这一系统也会对经理们的实时绩效做出及时的评估。

“我们也注重倾听,并做出回应。这项持续性的分析会帮助我们在大量的资源中取其精华。在 400 名经理中,我们会选取其中 30 名经理。在进行内部评估后,我们会将人数减少到确实值得进行尽职调查的 10～15 名。最终你发现会有和你共同投资的 3～5 名经理。这是一项漫长的过程。”麦丁喜欢执行能力强的规模小而精的投资经理队伍。

评估投资经理执行力

在研究小型投资经理与大型投资经理时,由于我自己在小型组织机构中工作,因此我觉得需要从企业家和个人两方面考虑。但是,这也离不开风险控制和冗员问题,在这个问题上我的财务背景起到了直接作用。与独立经营相比较,我更偏爱小规模团队的经营方式。我认为投资经理间需要不断交流,专业员工间具有挑战性的辩论会带来意想不到的效果。另外,基础服务方面也必须紧跟到位,我会严格审阅后台部门的实际状况,具体了解交易的形成、决策的进程以及过程控制的责任人是谁。无论是从单一角度还是从多角度审阅,了解哪些情况下团队或个人的决定会与高级管理层的决策背道而驰。对冲基金通常存在单个参照点——唯一的投资组合经理,我需要保证有足够的讨论交流,尽可能避免短期或理由不充分的决策。

以合伙人角度评估投资经理

于是,问题为,“导致陈述人失败的原因是什么? 以及如何在最初面试过程中对前来应聘的经理进行正确的评估?”我觉得最糟糕的是那些内容笼统、陈述者自己尚未参透具体内容的演示。这种情况屡次发生,常会导致他们失去成为优秀经理的机会。培训员工使其能够有效代表公司形象是经理的职责所在。对我而言,如果我手下的员工无法透彻理解他们的业务并进行明确的阐述,那么我会毫不犹豫地否决他们的投资方案。我一般在会议过程中担任聆听者而非质疑者的角色,我会提前阅读材料并仔细倾听他们陈述。我偶尔会以对话的形式针对部分主张提出看法。你在会议室中不仅是在评估对方的绩效和背景,更是在评估他的为人处事。你是否愿意在未来和他共事? 他是以什么方式回答问题? 如果是一次令人信服的演示,那么最终在进行投资决策前还是需要经过多次讨论、论证。

责任心

在投资总监需要面对如此高要求的情况下，似乎很难兼顾财务总监的工作。那么他又是如何达到两者兼顾的呢？

麦丁笑着说："也许一天需要125%的精力？投资工作占每天75%～80%的时间，剩余45%的时间就用来财务等方面的管理。"

作为财务总监，他需要管理包括人力资源、财务、法律等行政事宜，有一名得心应手的助手在长期协助他的工作。在投资方面，也有两名曾参与由麦丁创立的类似实习项目并从中脱颖而出的分析师作为他的帮手。这类分析师大学一毕业就进入投资部门工作，为期3年。在进入商学院深造或开始下一阶段的职业生涯之前，先在投资部门协助麦丁工作，同时学习投资方面的专业知识。该项目类似于筑巢引凤，每年吸引了来自全美主流大学的近400名申请者，在录用者中有来自密歇根大学、宾夕法尼亚大学、加州大学伯克利分校、斯坦福大学及哈佛大学的毕业生们。

董事会监管

鉴于麦丁在凯泽基金会的长期任职所取得的良好绩效，董事会赋予了他比同僚更大的投资决策权。投资委员会每年举行4次例会，麦丁会与委员会主席共同审阅研究投资策略和发展前景。

"对于小型机构而言，这样的运作方式给予了我充分的施展空间，实际效果很好。投资运营过程中，往往是环环相扣，因此要额外安排月度报告或审阅会议确实存在困难。与同僚相比，我无须面对此类压力，实属幸事。"

在小型机构中他和他的同僚们所共同面临的一大困惑，是如何拓展投资视野。"你有时只有将同事、论坛、董事会等一系列事务搁在一边。"

经验、观察和建议

作为最具经验的投资总监之一，特别是一名长期任职于中小型机构的投资总监，麦丁对同类型机构的资产管理提出了一些尚未定论却富有建设性的提议。"我经常思考的一个问题是，我所在机构的规模是否太小？资产价值超过多少时，机构才需要任命投资总监？或者说董事会怎样才愿意在投资方面聘用专业员工以解决当下投资环境中所面临的挑战？当下价值5亿美元的基金会的复杂程度完全可媲美规模大出其1倍甚至4倍的机构组织，因为他们同样需要考虑所有的投资策略问题，唯一的不同可能就在于组织投资中的项目大小而已。初步研究表明，员工规模应由资产比例来决定。年度耗资比例较低或许是大型机构优势，小型机构却行不通，除非这些小型机构自愿降低收益和竞争力。固然，组织规模无论大小，都必须有资金投入建设机构内部的基础构件。"

尽管自己所在的机构目标长远且收益良好，但麦丁仍在思考如何达到投资组合收益的最大化，而目前这样的规模是否显得捉襟见肘。"假如我不是投资总监，那么我会建议投资外包。"

另外不得不提到他长时间的任职所积累的丰富经验。"在这里工作长达18年使我能够充分了解并熟悉市场、同事和董事会。尤其当你成为受市场认可的投资者之后，经理们会更加愿意向你请教。作为一名投资者，需要与业界知名人士经常接触，更需要有不断发现机会的能力。"

麦丁觉得自己很幸运能够身处投资行业、受到投资机构的接纳并遇到一些志同道合的人。"我很荣幸，因为人们愿意与我进行会晤、探讨，更因为我能为基金会效力。投资经理愿意加入基金会和捐赠基金，这正是他们对我们长期工作效益的一种认可。"

当今投资主题

麦丁广泛深入了解投资行业后意识到，整个市场将会进入收益低迷时期，这必将使自己11％的目标收益增加难度。可他满怀自信，认为私募经理可以增加a值并获得14％～15％的收益，这将有助于自己目标的实现。

在全球市场中，麦丁发现部分投资者正着力于自然资源方面。麦丁则更愿意注重"资本主义的个性"，着手研发开拓越南等地区，希望利用企业文化填补自然资源空缺过程中产生的投资机会。

全球中产阶层消费者的兴起，特别是巴西、印度等新兴经济体国家的出现，将会成为未来的主流，其中最具潜力的市场是中国。但基于法律、政治因素，麦丁对中国市场更多的是采取外部方式而非直接打入市场。现在主要是从中美贸易或进口获利中，由投资经理进行合作，布局市场。

"我们正在寻求能够有效适应中国市场的服务方式，但其整体还处于摸索阶段。相比新兴国家的企业,一般投资者更偏爱美国本土企业。但情况正在发生改变,新兴国家的企业正在不断优化,处于上升期,而部分美国本土企业——比如安然公司(Enron)——已经破产了。"

投资失误

麦丁早期的会计专业和相关的培训让他避免了一些重大失误。

"敲敲木头[1]——我们是幸运的。由于工作节奏快而放弃关注细节的习惯,我们可能就会遇到大麻烦。那些大刀阔斧、人云亦云的投资者们实际承担着巨大的风险。细节往往会决定成败。"

他曾看到不少机构仅基于经理的声誉而非通过尽职调查进行某项投资。他提醒投资者务必完全了解投资策略以及投资组合的可行趋势。如果员工规模较小,深度研究策略会有困难。因此,日常需要多加注意调查潜在的风险,并要持续跟踪关注。

"我不会投资阿玛拉斯(Amaranth),但我可以想象一些小型机构的投资者会因为过度依赖公司历史业绩而忽略交易活动中的变化,从而感到措手不及。投资初始的尽职调查十分关键,同时不能忽略细节的变化。后续监督也是非常必要的。"

通过他和团队对尽职调查的研究分析,在记录过程中产生的"无数底稿"最后凝练成一份3页的报告,其内容包括:(1)经理背景和经验;(2)先前的结论;(3)内部优势和劣势;(4)投资利弊;(5)与投资组合的兼容性;(6)投资合理性;(7)预计投资额。

虽然最终的报告只有短短3页,但其背后是以实际存在的大量信息作为支撑的。年度审查报告同样也要经过类似详尽周密的程序。

布鲁斯·麦丁的失误

"我不知道这算不算是投资失误,之前我曾做过一项决策,坚持拒绝了与我朋友的投资合作。合作者是投资行业中的佼佼者,为此我付出了不小的代价。"但是现在,麦丁已经不过分在意自己是否错失良机或犯了什么大忌。"我不再拘

[1] Knock on wood 按字面的意思就是"敲敲木头",这个短语是指接触木制的东西可以确保好运、甩掉坏运气。这是一个典型的英语惯用语。

泥于琐碎小事,只是尽可能地不再重蹈覆辙。”

任何投资者和经理都会犯错,但也有机会可以弥补自己曾经的过失。“某些时候,我们也会冒险聘用部分绩效下降的经理,但最终他们却为我们带来了可观的收益。例如,我们曾任命一名国际投资经理,给了他 2 000 万美元投资,但这名经理去年的绩效下跌达 60%。我们仔细评估其绩效下跌的真正原因,确认曾经疏忽的风险已经得到有效控制,并建立了不错的关系网。我们愿意承担风险,随即得到了几倍的回报。”

风险资本的考量

作为风险资本的一名长期投资者,又占据极佳的地理位置,麦丁对风险资本中的机遇几乎做到明察秋毫。

“地处沙丘路,我认为这是我们的独特优势。现在,风险资本周围充斥着可投资资本,但退市壁垒却很高。我觉得这一过程就好像是棒球赛中的本垒打,风险基金的某项投资所得将会起到平衡作用。我们在不断审视所有的高绩效数据。重复的成功几乎不可能,就算有,也仅仅占一小部分。投资原本就并不容易,现在则变得难上加难。我认识的一位功成名就的风险资本家现在也已经停止对风险资本的投资了。主流风险企业通过建立自己的品牌形象和市场关系来占据优势,他们能最先摸清市场趋势,最早发现潜在机遇。对于想要涉足风险资产类别的投资者而言,坏消息是,这些主流风险企业通常会制约新资产流入风险资本市场。同时,好消息是,风险企业中部分经验丰富的风险资本家正逐个开始自立门户。”

无论是风险资本市场还是硅谷地区,在继互联网泡沫后都已是沧海变桑田。据麦丁所说,20 世纪八九十年代的风险资本家一般都是拥有工商管理硕士学位的投资银行家,而今这些人大多已经具有丰富的操作经验。业界人士称到 2000 年,风险资本家人数会超过 8 000 人。该数据在市场反弹前已降低到了 5 000 人左右。这一情况与麦丁所想如出一辙,入行不久的年轻风险资本家,其中主要是刚毕业的工商管理硕士们,他们通常不具备市场交易经验,往往在缺乏机会时选择了退却。

谈及凯泽基金会的投资组合,麦丁再次谈到了风险投资,他说自己在投资上非常挑剔。再加上开展工作缺乏足够信息资源,使他偏爱循序渐进的投资方式而非直接又激进的投资形式。

社会议题

由于基金会主要致力于医疗保健,这涉及政府政策问题,因此基金会尽量避免某些敏感领域的投资。“如果需要我们向议会保证或承诺什么,那么我们绝不想彼此间产生任何相关的误解。”除此之外,凯泽基金会也不参与酒类及烟草行业的投资。

在董事会的敦促下,加上非裔美籍国会女议员巴巴拉·乔丹(Barbara Jordan)的协助,凯泽基金会在南非开创了一个特殊投资项目。当众多机构投资者纷纷撤回对南非地区的股份时,这位女议员告诉董事会,应该投资南非地区的医疗。这是一项积极而有益的风险投资,是她的支持让投资有惊无险。“如果不受女议员影响,我们一定会同大多数非营利机构一样选择退出。”

影响力

麦丁认为,没有哪个特定的人物对他职业生涯产生了重要影响,但他也提到了几位令人尊敬的投资者。“谈到受人尊敬的投资者,像沃伦·巴菲特等这类传统投资者会立即映入我的脑海。此外,阿瑟·罗克(Arthur Rock)也是一个有趣的人,特别是他别具一格的投资风格和企业方针。鲍勃·斯旺森(Bob Swanson)则是基因泰克(Genentech)创建者,他的行业为我们所有人带来了福音。”

麦丁加入凯泽基金会之初,他很庆幸自己能够获得众多投资经理的协助。“虽然我们公司不是什么大客户,但菲舍尔·佛朗西斯·特雷斯和沃兹(Fischer Francis Trees and Watts)的迪克·菲舍尔(Dick Fischer)仍然尽力协助我们。”

至于其他投资总监对他的影响,他未一一道来,只是说自己从每一位投资总监那里都学到了非常宝贵的经验和知识。

底　线

布鲁斯·麦丁在凯泽基金会有众多的头衔——投资总监、财务总监、房地产开发商等,这让他能够从不同领域吸取所需的投资理念。过去 18 年里,在监督财务和基础性职能的同时,麦丁所获得的成就包括:在不具备相关专业背景的前提下接手管理投资组合；实现极具挑战性的绩效目标；有条不紊管理投资机构及业内相关事件；完成日常基础性投资任务。这些成就表明，布鲁斯·麦丁不仅仅熟练掌握了工作需要的专业知识，更能出色地胜任自己所担当的角色。布鲁斯·麦丁是一位名副其实的全能大师。

第十一章　灵活的投资家

——鲍勃·博尔特(Bob Boldt)，灵活基金(Agility Funds)投资总监

鲍勃·博尔特作为投资总监，显示出了非同一般的能力且具备丰富的投资经验。作为普望合伙企业(Perella Weinberg Partners)的合伙人，博尔特带领自己的资产管理团队，将捐赠基金的管理准则运用到了中小型基金会和捐赠基金以及部分高净值个人和机构的管理中。“灵活”这个词反映了鲍尔特坚信，这是区分基金会和捐赠基金投资者与普通机构投资者的关键。

从工程行业转向投资行业，博尔特的整个职业生涯对“灵活”这个词进行了最好的诠释。作为投资者和投资总监，他涉足的领域包括私募和公共投资、养老金管理和捐赠基金，他也曾为基本面和量化投资公司管理过资产。加上曾经的企业家、公务员经历，博尔特拥有丰富、专业、灵活的实际管理经验，可以说，他是一位灵活出色的投资总监。

加入普望合伙企业之前，博尔特在2002～2006年间担任得克萨斯大学投资管理公司(University of Texas Investment Management Company，UTIMCO)总裁兼投资总监。在得克萨斯大学投资管理公司的任职期间，他所带领的专业团队管理整个组织价值近200亿美元的捐赠基金。此前，博尔特曾担任核心资产管理公司(Pivotal Asset Management)执行总裁，并于1996～2000年在加州公务员退休基金系统(California Public Employees Retirement System，CalPERS)

的全球公共市场投资部就任高级投资人员，当时他主要负责监督并参与运作某个对冲基金投资项目。

博尔特毕业于得克萨斯大学工程学专业并获得理学士学位，之后他又取得了工商管理硕士学位。此外，博尔特还获得了注册金融分析师证书。

背景介绍

鲍勃·博尔特本科就读于得克萨斯大学工程学。“可以说，当时正处于工程学电脑化的早期阶段。当时的工作环境远不如当下，电脑的使用也仅限于尖端又复杂的项目。”

大学毕业后，博尔特的第一份工作是为得州仪器(Texas Instruments)专门编排、设计高端计算机程序。能在工作中使用新型超级电脑进行编程和设计电路，这让他爱上了这些高科技活儿。然而视野开阔的他并不愿意只是“管中窥豹”。的确，普通的工程师通常只能接触到整体中很小一部分，因此也少有机会看到问题的全貌并对全局进行把控。

意识到这一问题之后，博尔特开始慎重考虑自己下一步究竟该怎么做。“我发现了很重要的一点，长此以往，这绝不是能让我一生追求的事业，因为它不是我的兴趣所在。”

回首过去，他开始认真考虑自己真正喜欢的是什么。博尔特发现投资对自己有着难以抗拒的吸引力，但他未曾考虑以此为终身职业。“我仅希望把自己设计的程序和方程式运用其中，设计出一个有助于投资的系统。”

投资管理

于是，博尔特再次回到得克萨斯大学商学院专修金融学硕士，毕业后进入美国北方信托(Northern Trust)工作。“那是我第一次感受到什么是真正的投资。当时没有人相信定量分析法，大多数客户也并不认可这种方法。”虽有部分同事已经看到了这种方法的端倪，但企业还是强调基本面投资。博尔特以分析师和投资组合经理的身份，工作中坚持不懈地在定量分析领域进行研究，积累了丰富的经验。“当时我的工作本身也涵盖了投资的方方面面。”

博尔特热衷于定量分析法，于是他再次回到商学院学习定量投资。他说：

“在不断从事交易的实践过程中，我也发现了定量分析法的局限性。”此外，他还热衷于模型法并逐步理清了什么是可以建立模型的、什么是行不通的。“证券市场和物理学是不能一概而论的，证券市场不同于物理原理，因此，你无法建立一个完美无缺的模型。”

博尔特还提及他投资职业生涯中经历的一次至今记忆犹新的低谷阶段。“20 世纪 70 年代的市场低迷时期，我选择入市，就给了我当头一棒。当时每天的交易额大约有 2 000 万美元。如果现在我告诉别人这个数字，他们会问，‘这是一个上午还是一小时内的交易量？’市场持续低迷，当时又正处在石油输出国组织(OPEC)贸易禁运期间，加油站排起了长队，业务推进陷入非常困难的阶段。”

美国北方信托真可谓一个避风的港湾。“我基本身处稳定的环境中，裁员风波并未波及我。当时的情况能说明很多问题，你能从中了解到真正的风险是什么、经济萧条下大众的反应是怎样的，这可是一次难得的锻炼机会。但那时我并不觉得有趣，事后反观，尽管残酷，但回忆中似乎不再那么苦涩，并且回味无穷。”

职业生涯早期的两次坎坷经历对博尔特专业能力和投资观念的形成具有重要影响。“其中之一是定量化策略培训。另外，我的职业生涯起步于市场低迷期，现在的大部分投资者都从未经历过市场低迷时期的恶劣环境，这也是我担忧的地方。或许有些投资者会矢口否认，但请相信我——他们一定没有经历过如此令人寝食不安的市场萧条期。”

博尔特对同行的决策方式也十分感兴趣。“我认为，自己是一名理性的思考者，我会根据客观事实进行决策，但很多人的决策方式与我的不同。”观察其他人如何应对棘手问题，促使博尔特想深入了解这些决策的形成过程。了解他人的决策过程有助于取其精华并改善自己的决策方式。“我喜欢自我观察决策过程，这能使我避免做出仓促草率的决策。这个过程的意义不在于重新思考决策，而在于考察决策的过程。”

早期广泛的投资经历培养了博尔特出色的综合能力以及纵观全局的视野。“当时主要是由银行承担财富管理业务。你既需要管理财富、做出决策，又要直面客户。如果你搞砸了，那么你必须解释清楚到底是哪里出了问题。当时，我的工作是调研、管理投资组合并协调客户关系。”他认为自己早期的经历“相比现在的人们显得更加开阔而充实，因为我的工作内容涵盖了各种事务”。博尔特并非投资单一的资产类别，他在投资多种不同资产类别过程中，积累了极其丰富的市场经验。

作为一名工作在强调基本面的投资企业中的“前工程技术人员”，博尔特发现业内来自芝加哥大学的同僚们对有效市场理论有着激烈的争论。“他们认为：‘市场的运作是有效率的，所谓的信托部门是愚蠢可笑的，实际上存在更好的方式。’我试想，‘如果去了芝加哥大学商学院并形成与他们同样的想法，那么还有什么必要进入投资管理行业？’”

对定量投资的兴趣驱使博尔特前往美国国家银行(American National Bank)和雷克斯·辛克费尔德(Rex Sinquefield)共事。这是一位颇具影响力的有效市场理论的反对者，在激烈的争论中，他持有自己独到的见解。“部分使有效市场理论成立的假设实际上并不合理和全面。我认为，在有效市场理论外围一定还存在其他方式，因此我选择一条另外的道路。”

博尔特以一种截然不同的方式继续推进自己的职业生涯，即从美国北方信托积极的管理方式转向了美国国家银行消极的管理风格。“他们都认为我疯了，但这实际是让我对两种不同的管理方式有了自己真正的理解，最后我还是选择了前者。”

随之，博尔特离开美国国家银行并开创了积极投资风格的资产管理企业，其资产价值后来达到了25亿美元。“曾经这25亿美元确实存在过。”投资者都曾将投资组合分为核心与非核心部分，博尔特和他的搭档则专注于投资非核心部分。“我们致力于获得积极的收益而非一味关注指标，因为这毕竟不是封闭指数基金。我们会提出最好的想法并索要相应的费用——往往在基准之上1%～10%的范围内。就费用而言，我们已经十分接近对冲基金了。”企业的目标是成为更加激进的投资机构，管理存在“巨大跟踪误差”或偏离指数区域的密集型投资组合。

与搭档一起管理资产的过程也给博尔特带来了意料之外的收获。“我对人性有了更进一步的了解，特别是在面对重重困难的时候。这种情况往往发生在运营跟踪误差较高的密集型投资组合时。”他解释道，“在两种情况下你能加深对一个人的了解：在大起或大落之时。如果你和你的搭档没有类似的经历，那只能说明你对你的搭档还谈不上完全了解。”当他们获得成功时，博尔特发现有一名合伙人“情绪激昂并开始购置豪华的住宅、玩古董”。当状况不尽如人意时，“这名合伙人则表现出恐慌不安，这样的情绪会严重影响他的投资决策，这也是职业投资人的大忌。因为，在债台高筑的情况下，人们决策失误的概率往往更高”。

博尔特从实践中收获了不少经验。“我管理着大量个人财富，我也从中吸取了有关搭档在决策和财富管理中的一系列经验和教训。你无须掩盖如今一些经理的做法。他们在投资中遇到麻烦，然后原路返回再次关注指标。我们是绝不会这样做的。”他意识到，自己的商业模式仍然不够合理。“如果收费能达到稳定状态，那么也就没有必要让商业模式处于风险地带。现在这条道路上仍然是困难重重。”

博尔特的个人经历深深影响了他选拔投资经理的标准和方式。

“在年轻、精力旺盛、能力不受约束并能够专注于事业的时候，任职于资产管理企业是不错的选择。如果年轻的投资经理处境艰难，你需要和他们共患难。或许这不会是一段有趣的经历，但这能让你更好地对一家企业的未来发展前景做出预判。”

博尔特告诫他手下的年轻员工们：“不要过分专注业绩记录——这没什么用。你们要关注他人是如何决策的。”让年轻职员们都感兴趣的是，他还说：“我可以走进一个地方，花上半小时到一小时的时间，然后凭直觉指出它是否会获得收益，但我也说不清自己是如何做到的。这也许是一种感觉，有来自你们年轻人的热忱及语言的氛围所产生的能量，也有来自我曾经对投资和业务的交叉管理的经验。”博尔特的多数同僚都缺乏全权负责管理财富的经验，“但这却是一个对投资极具影响力的方面”。

“一家实力雄厚的企业”斯卡德、史蒂文斯和克拉克(Scudder, Stevens and Clark)雇用博尔特全面管理位于旧金山的一个分部，这给了他首次在大型财富管理企业施展才华的机会。“无论是从合伙人到经理的角色转换还是从小型企业到大型企业的规模转变，都会让你的观点和想法随之变化。”

面试时，博尔特问该企业的执行合伙人：“这是一家营销企业还是投资企业？答案是‘投资企业’。虽然面试官认为企业性质为投资，但实质上作为行业中的投资企业，也必须拥有营销企业的属性。”

博尔特认为，对企业自身属性的误解最终会导致企业的衰退。“投资企业从未设想成为嘉信理财(Charles Schwab)集团的一员，这怎么行呢？企业既没有就基金管理进行收费，也不能有效定位于免佣金基金市场。”当博尔特还在得州仪器任职时，有时员工会埋怨企业怎么由工程师管理，应该让专业经理管理才更有效率。“斯卡德也是由非专业投资者经营，而非市场营销人员。”

博尔特非常欣赏与他共事的同僚们，但当企业将投资重心放在美国纽约，而地方分支致力于维持市场和客户服务时，博尔特选择了离开。他承认，这样的治理结构对企业而言的确更加合理，但是，这个职位对于他却失去了吸引力。

加州公务员退休基金系统

1995 年，谢莉尔·普雷斯勒(Sheryl Pressler)说服博尔特加入了加州公务员退休基金系统，第一次我感觉自己的角色产生了变化。“我认识谢莉尔有一段时间了，当她还是麦克唐纳—道格拉斯公司(McDonnell Douglas)的一名实习生时我俩就已经相识。在那里，我们共同起步、一起成长。”普雷斯勒希望手下的员工能拥有独立的财富管理理念，并将其融入投资决策和人员选择中。“对我而言，那真是一段充满乐趣的时光。”

博尔特加入加州公务员退休基金系统时，整个投资环境正面临新一轮的变革。“在过去的 10～15 年里，市场的变化真可谓沧海桑田，其幅度甚至超过了过去 50 年。当整个世界发生了变化，这意味着你可以利用越来越多的金融工具和方式获得 a。全球性的变化正在不断加剧，与大多数一成不变的公共养老金不同的是，加州公务员退休基金系统的董事会始终处于变革的前沿并且非常开明。”董事会的思维模式促使员工追求创新理念。“固然董事不会同意我们的所有提议，但至少我们拥有提出观点的权利。”

博尔特将这段经历看作让自己“大开眼界的经历”，他从中领略了许多经理的想法、做法，“我不得不说，对他们的有些做法我感到遗憾”。那个时期，投资行业的领导者查尔斯·埃里斯(Charles Ellis)撰写了一本书，主要是阐述“如何让大企业变强，只有强大的企业才能主宰世界”这一主题。经理们知道加州公务员退休基金系统拥有足够的财力和发展前景，于是迫不及待致力于扩张企业规模，当然同时也是为了他们自己。

“职位变换后，我经常会问，‘你到底能带来多少增值？’但最终的回答往往不尽如人意。”博尔特常常让一些年轻的员工参加会议旁听学习。但对于经理，他已经逐渐失去耐心，他对经理们说：“如果再让我听到那些自上而下或自下而上的笼统分析，那就散会吧。”

博尔特听到针对价值问题的回答都是:“通过自上而下和自下而上的两种分析,他们会详细告诉你如何分析且怎样选股。”他觉得这些回答都毫无意义。“每个人都自认为自己的方法独一无二,但其实都大同小异。我无法再继续开这样的会议了——我再也忍受不了了。”

如果经理们从投资者的角度来看问题,那他们就绝不会给出那样的报告。

博尔特曾倡导加州公务员退休基金系统投资对冲基金。“在一次董事会议上,我竭力说服他们投资对冲基金。很显然,捐赠基金正在投资对冲基金,而养老基金对此则无动于衷。”这项投资立即引起了媒体的广泛关注,这让博尔特这个名字在加州变得几乎是路人皆知。这期间,他接到了一个神秘电话。“对方不肯透露自己的姓名但又坚称自己所说的非常重要,他想谈谈一项新型的对冲基金。”在博尔特接电话后的10分钟里,这位匿名来电者振振有词地说道:“你的所作所为只会搞砸一切,我希望你能够慎重考虑自己的行为。我会在加州法律允许的范围内,利用一切可能的手段把你逐出该行业。”博尔特从未听说过有自称“对冲基金复仇者”的来电者,他猜想这也许是某一对冲基金或家族办公室的职员吧。这名匿名来电者还充满敌意地说道:“我等着你的死亡威胁!”

无论是市场的起伏还是人事的烦杂,博尔特在加州公务员退休基金系统的工作经历让他的能力得到了质的飞跃,特别是在审视投资经理、观察其决策过程并了解其背后缘由方面。加入加州公务员退休基金系统之初,小型经理项目的整体情况并不理想。博尔特为此专门成立了经理发展小组,同时聘用了战略咨询服务公司(Strategic Investment Group)共同创建全新的经理培养项目。“我们首先选择阿洛斯瑞特公司(Arrowstreet)。我们这样做,不仅因为这是正确的选择,更因为加州公务员退休基金系统的董事会一直位处前沿。因此,既要新的人员补充,也需要新型的人才储备。”

博尔特偏爱管理资金规模较小的或新任投资经理,对于他们也需要投入很大的精力和资源,因此他选择在新兴市场基金经理中另外增加一名专业人士用以实现投资目标。“这不仅是在选择经理,更是在引导他们,将他们介绍给投资者,并在他们需要之时出谋划策以助一臂之力,使他们成为真正的投资者。然而,这些都需要耗费大量的时间,大部分组织并不愿意也承担不起。”

即使是资源丰富的得克萨斯大学投资管理公司也无法独立承担人员的培训费用,他们选择聘请一家外部机构协助经理培养计划。“类似员工培训项目的人均投资成本甚至高于风险资本的投资。但对于实力雄厚、专业化能力很强的门徒合伙(Protege Partners)或美国车桥制造国际控股有限公司(AAM)而言,可谓轻而易举。”

博尔特认为,相对于选择经理,也许加州公务员退休基金系统的投资委员会和养老金董事会更擅长制定战略性资产配置的决策。“因为他们具备开阔的视野,善于进入新的领域。”在加州公务员退休基金系统任职时,博尔特在资产配置决策上花费了大量时间,通过利用创新型调查问卷的方式了解董事会每位成员的潜在理念和关注点,而非单纯接受最终的集体决策结果。

决策因素分析

“一项决策的形成会受多种因素影响,管理过程中的一大问题就是协调与董事会的动态管理。这是一件复杂而又棘手的事,但我会将其放在首要位置。”

加州公务员退休基金系统的董事会决策采用推选和指派相结合的方式,从技术层面而言就是上下交叉的管理模式。决策分析中“摒弃了政治因素,我们向董事会层面的每一位成员进行询问,继而根据他们的答复呈现相应的资产配置预案”。

这样的过程有助于董事会成员更好地理解最终计划并付诸实施。“通常情况下,还会有一名投资顾问的加入,在加州公务员退休基金系统有3名顾问。他们会进行全面的风险收益评估和相关性分析、市场观点调研,获得有效前沿的比尔·夏普(Bill Sharpe)指标,接着他们会说:‘现在我们已经划定了可选的投资组合范围——哪一个最合适呢?’

“在与董事会交涉过程中最重要的是,切忌询问使董事会成员们感到难以作答的问题,即使问了也得不到满意的答案。”博尔特认为董事会成员能够在充分了解风险收益的基础上做出合理有效的对策。“但如果问题本身就充满了不确定性,比如不可预知的事件发生的可能性,我相信,无论是谁都会对这种似是而非的问题感到厌烦。”

当董事会成员不得不回答越界的问题时,答案很可能会由于过分保守而失去价值,因为他们实在无法把握太多可变的未知数。如果真的出现这种情况,委员会通常会选择与业内同僚类似的投资组合或资产配置方式。在博尔特的决策影响因素分析问卷中,有些问题对于识别个人偏好和优先选择问题会有所帮助,例如:(1)加州公务员退休基金系统的参与者不再需要在3年时间里将收益率增加15%,在你看来是否重要?(2)绩效位于第一四分位数,在你看来是否重要?(3)收益率除了达标之外还要超过1%~2%,在你看来是否重要?

调查问卷就一切影响成员们决策的重要因素进行了罗列,每位成员都需要按重要性进行排序,由此得出的结果会采用定量分析法进行分析。基于调查结果,加州公务员退休基金系统的员工会模拟各种资产配置方案,并将最终方案呈现给董事会。

“基于每位成员所给出的重要性排序,这才是应该予以关注的资产组合。虽然项目的预期风险都高于实际,但这种方式对长期计划还是有好处的。”

博尔特提到,虽然这一过程增加了董事会的有效性风险,但这也是组织必须承担的。通过利用定量分析法辨明重点目标,继而进行决策。整个分析过程最终能产生令董事会满意、市场成功率高的投资决策,因为这项决策是通过科学合理的筛选所产生的。

“假设投资组合的收益下跌了10%,你可以清楚地指出,这是由于第4或第5项因素导致。我们选择资产配置的原因是基于调查问卷上的结果,这也有助于时刻提醒成员们切记自己曾经的选择。”大多数基于定性分析的决策团队在这种情况下会调出会议记录,指出哪一点是由谁提出。博尔特说道,通常他的回答是:“不,我的意思并不是这样。”我们的流程“有助于维持决策的持久性”,甚至一名新晋董事会成员也能参与决策。针对‘我真正想表达的意思是……’中可能出现的辩解,我们要做的就是消除辩解的可能性。”

当投资绩效不尽如人意时,博尔特和他的同伴可以根据分析得出结论:“我们这样做是为实现了目标1和目标2,当然,在实现目标的同时,我们也必须承担是由于某项不良因素造成的风险或结果。”

更重要的是,这种方法“让争论处在了战略层面,注重回答的问题。董事会成员只需要回答他们能够并且适合回答的问题,而不是感到难以作答或只能无奈地泛泛而谈”。

博尔特举例说明这种分析方式是如何改变他们的政策方针的。“加州公务员退休基金系统投资政策中指出,加州公务员退休基金系统致力于在各个市场都处于第一四分位数区域内。我们通过决策影响因素分析后发现其蕴含的真正意思是,‘我们要做的就是不处于四分位数末端区域’。于是他们重新对政策进行了更客观的阐述。”

在加州公务员退休基金系统就职是一次很好的工作经历，“这是一个‘享有’大量财富的舞台，这是一份很有意义的工作。加州公务员退休基金系统使很多人的生活充满色彩，我在其中也充满乐趣。董事会致力于创新，虽然缘由存在些偏差，但是他们依然乐此不疲”。

继加州公务员退休基金系统之后，博尔特和他的朋友们共同运作一只科技对冲基金。“当时正是科技板块最艰难的时候，但这也是一次不错的学习机会，对以后非常有意义。”

母校得克萨斯大学来电话找到博尔特，希望他出任得克萨斯大学投资管理公司投资总监一职。“对我而言，能够在家乡为我真正在乎的组织机构工作，既有意义，更感觉高兴。”

得克萨斯大学投资管理公司

在得克萨斯大学投资管理公司面试投资总监一职时，博尔特对董事会说：“如果你们只是想招聘一名暂时的代理人，那你们需要的一定不是我；但如果你们想把企业发展得更具竞争力，那我很愿意为此付出一切。如果你们只是需要一名代理人，请不要雇用我。最终董事会选择了我。”

得克萨斯大学投资管理公司的监管人希望获得像哈佛管理公司那样的业绩。“1992 年，哈佛和得克萨斯大学投资管理公司还是规模相当，甚至得克萨斯大学投资管理公司的规模还略大一些。10 年之后，哈佛捐赠基金的规模相比之下已多了 110 亿美元。杰克·米亚(Jack Meyer)的管理十分合理又极具特色，特别是在捐赠基金领域，他获得了丰厚回报。”

“得州人也不甘示弱，哈佛将我们一军后，我们也一直耿耿于怀地想着要回他一枪。”

哈佛和得克萨斯大学投资管理公司之间如此巨大的差距严重冲击了上层监管者，他们逐步开始采取一系列必要措施来发展捐赠基金。雇用博尔特就是其中之一。

以往的历史表明，得克萨斯大学的风格相对更开明、更激进。1996 年，得克萨斯大学投资管理公司是首家由公立大学设立的投资公司。雇用博尔特“主要是为了增强组织机构的竞争力，基于董事会的信任，我想我能够好好干上一段时间”。

加州公务员退休基金系统有价值 1 600 亿美元的大规模投资组合，对博尔特投资某些特定资产增加了难度——“要移动这根针实在太困难”。但规模相对较小的得克萨斯大学投资管理公司投资组合让他能有机会进行跨类别投资，以较为激进的态度投资对冲基金，采用积极的投资策略和“潜在高附加值的投资策略”。

类似加州公务员退休基金系统，得克萨斯大学投资管理公司也是一家会受州立政治特性影响的公共机构。“政治无论在哪儿都是一样的。得州和加州的政治环境相似，甚至在得州更容易在政治方面被抓住把柄。”

在加州公务员退休基金系统，博尔特主要与具有不同政治倾向的工会以及共和党控制下的执行分支打交道，好在两者之间也有互相制约作用。得克萨斯大学投资管理公司的董事会由 5 名专业投资管理人士组成，其中包括对冲基金和私募股权经理各 1 名，另外 3 名是地方任命的权贵和 1 名学者型的得克萨斯大学体制下的首席法官。后者因为对一些治理问题持不同意见，最终选择了离开。

“我在得克萨斯大学投资管理公司的任职期间，度过了一段十分美好的时光。如果你无法创立属于自己的企业，那么最好的选择就是管理捐赠基金，因为这有助于全面提升你的创造力。”

文化变革的恒久遗留

得克萨斯大学投资管理公司的信托人聘用博尔特还为了实现另一个目标，即将学校原来官僚的文化背景转变成一家投资管理企业应具备的文化氛围。作为 1996 年成立得克萨斯大学投资管理公司的初衷之一，也促使他们找到了这位新的领导者。

“我们希望能够改变现有企业文化。因为眼下这里更像是一家会计师事务所和一般运营组织而不是专业的投资管理企业。我们现有的人员配置合理、结构稳定，但是‘企业氛围’却存在不少问题。”

管理专家都会说组织领导者面对的最大挑战就是企业文化的转变。博尔特起初雇用了不同背景的员工，但他知道真正的改变需要自己从战略层面上注入投资管理公司文化。

博尔特就收入、声誉和回报设立了三大目标。从形式上看，这三个目标似乎和其他投资管理组织没什么明显区别。但细究之后会发现，这其中包含着一种改变员工个人行为的意愿。相比设立特定的目标(比如,“我会像一名专业投资者那样思考和工作”),这些目标更注重从团队层面实现目标。而想要实现这些目标,无论个人还是团队都需要以全新的方式进行思考。

这种方式看似与博尔特在加州公务员退休基金系统董事会采用的影响投资因素分析法背道而驰。但在得克萨斯大学投资管理公司,自上而下的组织目标有助于刺激行为变革、加速转换个人观念模式,从而达到自下而上的文化变革。

得克萨斯大学投资管理公司的三大目标

目标一:每年至少将投资组合收益和资产增值额提高1亿美元。第二年则从零开始再创利润,这些利润的获得来源于积极的投资组合管理和经理的选择机制。后来博尔特将额度提高到了2亿美元。

目标二:成为前5大管理完善的捐赠基金。这是一项难以衡量并且故意略微模糊的目标,博尔特知道最后的结果一定要通过定性分析得出。

目标三:从得克萨斯大学内的客户那里获得相当的满意度。得克萨斯大学投资管理公司有400多个机构,其中包括董事会成员、主任以及旗下小型捐赠基金的领导者。

博尔特通过一系列手段和积极的方法以宣传来强化这些目标信息,在公共区域张贴海报甚至设计成电脑程序,让员工一登录就能显示在电脑屏幕上。至于衡量目标实现情况则通过月度绩效呈现,还有定期的信息反馈要求。

博尔特取得的可观成果

目标一:在得克萨斯大学投资管理公司4年间的累积增值额高达140亿美元,平均每年3.5亿美元,是原计划的3.5倍。

目标二:得克萨斯大学投资管理公司被《机构投资者》(*Institutional Investor*)提名为最佳大型捐赠基金。因为提名大多源自报社记者、业内同行和其他行业的内部人士,博尔特将这一认可看作是声誉的提升。他已耳闻“得克萨斯大学投资管理公司的排位正在逐渐上升”的传言。要与哈佛、耶鲁、斯坦福并驾齐驱、名列前五并不是一蹴而就的事。“虽然我们还没到达那个位置,但我们已经接近目标了。”

目标三:博尔特通过网络调研的方式定期获得反馈。“我们总共进行了三次调研,连纽约的市长都会问‘你们做得怎么样?’信息反馈处于一种良好的状态。”

博尔特对其收获的成果表现出的傲视群雄的姿态也是情有可原。“这是我完成得最满意、也最让人高兴的事。我们针对一系列富有价值的目标进行了组织调整并使企业宗旨发生了根本性的转变,其已成为一家真正的、有特色的投资管理企业。”

灵活性

博尔特指出,在招聘人员的一系列问题上,无论需要招聘的是什么职位,其程序和要求与招聘捐赠基金投资总监在原则上是一致的。

“为何来自捐赠基金的投资总监更擅长处理投资问题?为何捐赠基金的绩效表现得更优越?这些原因都可以归纳成一个词——“灵活性”。之后我还会反复多次提到它。”

捐赠基金的灵活性表现在多个方面。

“首先是思维方式的灵活性。我从来不会听到‘我们无法着眼于衍生品’、‘不能利用杠杆’或‘这个选择很不明智’一类的话语。捐赠基金董事会是不会以这样的思维方式来考虑问题的,他们很注重开放和灵活的思维模式。”

博尔特指出,正是这样的思维方式使捐赠基金总是在新型资产类别的投资上“领先一步”,当大众如梦初醒时,我们已是收获丰厚。

扁平化的治理结构有助于捐赠基金在更短的周期内以更灵活、有效的方式将决策内容呈现给投资总监。小型捐赠基金受限于资本,因此在灵活多变性方面可能略逊一筹。相比之下,大型捐赠基金则享有更多的资源、财力以及更多雇用经理的渠道,这些优势让小型捐赠基金望尘莫及。

捐赠基金的灵活性受到诸多因素的影响。“由于资产配置会随机遇的变化而改变,因此资产配置本身的影响并不太大。但是,开放的思维模式和良好的治理结构有助于抓住机遇。出色的经理希望与明智的投资者共事,当你拥有了资源,自然就会吸引出色投资经理的加入,最终促进整个企业发展。”

对于资产规模较小的机构,博尔特也设想了其可能面临的挑战。

“假设组织拥有良好的董事会、灵活高效的投资方式,但资产只有2亿美元,这是一件令人沮丧的事,因为组织会缺乏足够资源让员工实施运作。或许大部分风险资本和私募股权的投资机构并不会遭遇这种情况,但对冲基金确有这种现状。投资这些资产类别已经成为一场博弈，对小型捐赠基金而言却是不宜也不应去博弈的，因为结局很可能会令人大失所望。”

博尔特将资产基数介于5 000万～20亿美元的组织划分为小型基金会和捐赠基金。对其董事会而言，他们必须清楚意识到，只有雄厚的资源加上专业的能力，才能在愈发纷繁复杂的投资环境中得到淋漓尽致的发挥。

“我在许多基金会的董事会中任职，我绝不会敷衍了事，否则我就没有在董事会中存在的必要了。精干的投资者期望获得成功，但有时问题不在于他们本身，而是巧妇难为无米之炊。这其中不仅包括经理的选择，还涉及对投资组合的监管以及实施有效的风险管理机制。这需要不小的开支，如果组织规模太小，那么机构运转将面临困境。

“他们一直在努力朝着正确的方向尝试，但他们也清楚结果一定不如预期。”

灵活的投资总监

针对小型捐赠基金面临的问题，博尔特坚信自己的方案能予以解决，为此他与具有良好声誉的普望合伙企业合作并创立了一家投资管理公司。博尔特将自己的理论全面应用于新公司的投资管理工作，将公司命名为“灵活”(Agility)。

“这将导致董事会完全专注于自己的本职工作，解决他们职权范围内的问题，比如宏观战略问题等。至于日常事务管理，则可交与能有效执行的经理进行管理。实际上，所谓的解决方案就是部分人提出所谓的外包模式，但我并不喜欢这个术语。我认为这更是一种内外部经理共事的合资模式，外部经理会根据董事会的战略方针建立有效灵活的投资组合。”

博尔特将自己的业务模式与由其他捐赠基金投资总监们创立的投资管理企业的模式进行比较。其中，迫使董事会成员在经咨询的一系列备选项中做出选择的模式违背了博尔特独到的决策初衷——从不向董事会成员提出其能力范围以外的问题。综观其他投资组织，它们基本都采用了单一化的运营模式。而灵活的合作模式在其中恰有独到的好处。

“从更高的层面和董事会进行交流，并提出可能直接影响决策的议案以让其衡量权重。最重要的是要让董事会的成员们了解，‘基于你提供的信息，这是最佳的投资组合。我们希望能获得授权建立投资组合，我们会尽全力做到最好。

你是在战略层面上参与到该投资组合的运营中'。"

博尔特将其描述成"一种让董事会成员充分参与,但又避免让他们做出对其来说很难的决策的模式"。

诸如剑桥联盟资产管理公司等咨询公司可能会把博尔特的公司当作是强劲对手,但他自己却不以为然。"剑桥联盟资产管理公司是一家人才济济的大型组织,但并不负责具体的资产管理工作。它更偏向于学术化路线,对实际投资决策并非擅长,更不可能对我们投资组合设置障碍。"博尔特还提到了摩根凯瑞(Morgan Creek)的投资总监马克·W.尤斯克(Mark W. Yusko)(详见第十五章):"我非常欣赏他,他极富智慧并充满想象力,他通过利用独特的混合模式来应对市场。"

资产配置

当被问及投资资产类别的方法时,博尔特说:"问得好,你问到点子上了。"他针对这一话题详细阐述了他个人的观点。

"1980年的捐赠基金投资组合就像现在的养老金一样,重心都放在股票和债券上。所谓'另类投资'仅占投资组合4%~5%的比例,而所有的权益投资又合并在了一起。

"2000年,你能看到一张生动而又多姿多彩的饼图。资产类别被分割成了许多小块,权益分为成长型和价值型,对冲基金分为绝对收益和方向性收益,私募投资分为风险权益和私募股权,每一部分都设定了各自的投资目标,这使得'顾问的工作面变得更加广泛'。他们会进行大量的调查研究,最终你就能够海阔凭鱼跃,可抓住所有的战术机遇管理投资组合。"

博尔特希望投资者能够投资更多的资产类别:(1)全球化股权;(2)全球固定收益;(3)绝对收益;(4)房地产;(5)私募股权。

"除了上述资产类别,可能还会包括国际股权、新兴市场和美国定向对冲基金及阿尔法运输(alpha transport)。如此一来,你的面前就有了更多、更好、更宽广的投资选择,而不必过于因循守旧。"

如果投资者受限于狭窄的投资类别划分,那么投资的资产类别就会容易崩塌。在得克萨斯大学投资管理公司的最大争论点就在于,什么是真正的对冲基金?

“什么是对冲基金？根据证券交易委员会的定义，它包括任何尚未注册的资金池。那所谓的130/30基金是什么？像关系投资者公司(Relational Investors)那样不做空的又是什么?”

这些看似没有实际意义的定义是促使博尔特推动投资进程的动力。博尔特认为，对冲基金就是一种积极的管理方式。

“在得克萨斯大学投资管理公司，我们耗费了大量时间和精力探讨这个问题。董事会成员受媒体影响，对选择投资对冲基金持消极态度。博尔特之所以把对冲基金单列为一项资产类别，是由于董事会希望能够实时了解其在投资组合中所占比例。就是否将对冲基金加入国内权益资产类别中，我和董事会之间产生了明显分歧，他们并不同意这么做。看来董事会在一段时间内要受到舆论的左右了。在当时来看，我并不愿意耗时费力地争执对冲基金到底是否属于权益范围，更不要说让我赔上整整一年时间。”

博尔特坚持认为，对冲基金代表的是一种积极的管理方式而绝非仅仅是单独的资产类别。“这听上去好像我是在批判一些咨询顾问的观点，但我其实是通过让经理的投资份额不断增加继而从传统理念中脱颖而出来获取机遇。如果你能找到合适的经理，那你务必要给予他们机会以获得增值。在我看来，这其实是一只多策略对冲基金。”

创意产生

博尔特发现自己的新想法常常源于和他人的思维碰撞，从中冒出的火花点燃了一种全新的思想。“真正原汁原味的凭空想法是罕见的，创意也可以说是来自对多种思维方式的重构。业内人士的某些只言片语会突然让我发现，原来自己从未从这个角度入手考虑，这无意中拓展了我的思路。”

博尔特通过与人交流、阅读和观察的方式萌生新的想法，而且不少还往往来源于非投资领域。“我的女儿在医药行业工作，和她的一次交谈中，让我产生了一种的投资想法，阿尔法运输就是其中之一。我在加州公务员退休基金系统任职时，没有人投资可转债套利项目。由于类似的项目的利润较低，所以感兴趣的人不多，但这毕竟也存在利润。这部分收益其实是富有价值的，仅靠公共股权投资很难获得。这提醒了我，我们可以将可转债套利投资与衍生品投资相结合，果然，后来我们从中获得了股权收益。”

博尔特的女儿，一位基因专家，曾向他诉说关于转变人类基因组的事。“啊！这是多么困难和惊人的过程。但投资经理统计套利的工作却要比这烦琐100倍，因为市场是千变万化难以预测的，但我们仍然有信心，通过努力去做好投资。”

人类基因组的转变让博尔特开始重新思考定量分析模型能否继续在纷繁复杂的市场环境中发挥其效用。

博尔特表示：“我并非是全盘否定定量分析法。”他认为，定量分析经理仍然可以通过处理大量数据流并结合数学模型分析，最终将结果运用于一系列证券投资获得增值。“只要拥有足够的数据流和目前的电脑设备，并能将其运用到各类证券投资中去，定量分析仍然具有无法替代的作用。随着市场的动态变化，虽然该方法可能只适用于短期投资，但那却是建立金融市场模型的奠基石。”

此外，神经网络模型也引起了博尔特的兴趣——“我历来喜欢这种前卫时尚的东西”，就现在而言，博尔特不会像早期那样注重定量分析策略了，因为他还难以确定如何建立起长久可持续模型。

逆向投资概念

博尔特利用一种心理游戏来描述他所谓的“飞船市场”（spaceship markets），他用“飞船”这个词来形象描述那些新的或不同的投资理念。

飞船市场

“假设你是一名对冲基金的投资者，在获得成功的同时你的优势也在逐渐减弱。你已经获得了巨额收益，于是你必须开始寻找下一个机遇。你发射了一架宇宙飞船并派出了两名交易者一起走出地球前往太空搜寻另一个星球。最终他们降落在了Z星球上。他们发现了新机遇：一个功能齐全的股票市场，但是他们不喜欢也不想待在那里。于是他们决定：‘我们要用Z货币买入Z星球的指数化证券投资基金。’于是他们返回地球对老板说：‘这是来自Z星球的指数化证券投资基金。’

“那么请问，来自Z星球的指数化证券投资基金收益在地球上应该是属于α还是β呢？”

博尔特对于那些认为属于β的观点给予否认。“这个选择忽略了非常关键的一点，那就是，首先他们建造了一艘宇宙飞船。这才是他们的优势所在，而这

属于 a。”

在博尔特描述的飞船市场中，投资者获得了先发优势。“a 并非一种纯粹零和博弈。好事也不可能都让你做了，随着市场规模的不断延伸，自然也会有大量资金不断涌入飞船市场中进行角逐。”

在寻求下一个新市场的过程中，博尔特认为投资者能够利用投资组合之外的资产风险以获得更高的收益。“在降落到 Z 星球之前你可能已经到过其他 12 个星球，就好像其他投资者可能已经勘探过邮政、艺术等领域，而你需要做的就是进一步勘探。”

20 世纪 80 年代早期，对冲基金属于飞船市场，率先进入的投资者具有先发优势。“那时只要你能挑选对冲基金，就能获得优势。”随着市场发展得越来越成熟，正如美国现在的对冲基金市场，想要获得优势就不再那么轻而易举了，现在技术含量比速度更为重要。

博尔特认为，碳交易就是飞船市场的活生生的例子。投资音乐版权对加拿大养老金基金而言则是另一种收益的保证。他鼓励投资者：“睁大眼睛，你要找的不一定是规模庞大的投资领域，比如捐赠基金的对冲基金领域，你更要关注那些细小的甚至以往被忽略的领域。你会发觉有些经理目不转睛地专注于投资飞船市场。一旦你有所发现并进行勘探，就将会获得难以估量的回报。”

与此同时，投资者绝不应该将发掘市场作为一种自我满足、自我陶醉、实现自我的工具。“每个人都想成为寇克船长(Captain Kirk)来防止星际迷航[1]综合征，但任何时候你都不能忘乎所以。其一，资源配置会时刻受到市场波动的影响；其二在财富有限的情况下，大量优秀的人才正专注于获得最高增值额的机会。”

随着机遇的不断减少以及部分层面受到技术原因的影响，投资者有时不得不进行边缘化投资。

“我并不喜欢黑莓(BlackBerries)手机，但它的确反映了我们当下所面临的状况。其技术精湛，但现在手机行业中最出色的东西正在逐渐衰落，市场份额也在锐减。一旦这种情况发生，那我们的优势也将消失殆尽。”

多策略的基金模型

养老基金类似小型捐赠基金已毫无优势可言。“养老基金领域已经落伍，当

〔1〕《星际迷航》是由美国派拉蒙影视制作的科幻影视系列。

捐赠基金投资由于机遇逐渐减少,其业绩表现平平,而养老基金还在考虑这些策略的风险是否太大。"从另一方面而言,博尔特表示基金会和捐赠基金的投资总监存在相对的独立性,"他们都处于市场前沿的风口浪尖,所以目前并不存在什么问题"。

博尔特暗示基金会和捐赠基金以及多策略对冲基金实际有很多相似点。

在对冲基金的业务模式下,经理可以灵活采用多种金融工具;客户也允诺他们进行各种尝试,致使他们最终能获得良好的绩效。新任经理则主要通过发现早期利基市场中的商机来获利。

对于一些投资企业而言,"最好的选择是保持专注。如果你要变得强大,唯一的途径就是进行扩张,而扩张必将伴随风险。因此,你要做的就是不断在各个领域获得成功。"随着单一模式的对冲基金逐渐发展成为多策略对冲基金,它们也会形成更加复杂的组织形式。"管理多策略企业将面临的是一项艰巨的任务。"

优秀的多策略对冲基金擅长利用各种金融工具并致力于保持行业的领先位置。从这一角度而言,博尔特认为捐赠基金就像多策略对冲基金。"我们都知道这种运营模式的效果很好,因为哈佛就是这么做的。"

他还提到,相比多策略对冲基金,捐赠基金自身还存在一定优势。"就大型基金会[如法拉龙(Farallon)]而言,它仍然属于封闭型基金会。汤姆(Tom)会出去发掘人才并将其收入旗下。而在大型捐赠基金模式中,你会寻找最优秀的经理并出资让他们施展投资策略。这其实也可以说是一种开放式的多策略对冲基金模式。"

真正的收获

博尔特并未表示出从某一位特定的投资者身上获得启发或感悟到什么。他的灵感往往来自自己的同僚,而他也很想弄清楚自己是如何将这些灵感转化为创意并形成一种新的运营模式。

"在捐赠基金领域总还是存在友谊的,除了一些例外情况,大家还是愿意彼此分享成果。"

博尔特承认,在这样紧密的社会环境中,集体考量的确存在一些问题。"我们自主创业的初衷就是摆脱一味遵从领导旨意,从长远来看并非最佳。"对于资源有限的组织而言,必须时刻提醒自己不能盲目跟从。"你当然可以跟着别人走,但没有人会告诉你退出市场的最好时机是什么。"投资者只能学会独立。"如果你进行投资是因为一名杰出的投资总监告诉你这是一个很好的选择,那么你必须请这名投资总监在需要抽手的时候别忘了通知你。"

博尔特还另外提到了两项让他觉得出任捐赠基金投资总监或投资顾问非常高兴的原因。他称赞剑桥联盟资产管理公司在行业内形成了"一股紧密而强有的力量,所有组织都会和他们合作"。所有人都愿意同剑桥联盟资产管理公司合作,大家在各方面都享有同等的态势,这让投资者之间能够共同利用信息的全面性,进行调研、挖掘机遇。

让博尔特感到成为捐赠基金和基金会投资总监很快乐的另一个原因是:"行业中的每个人都自觉地在为一个有意义的目标而奋斗。我在加州公务员退休基金系统面试的时候,他们问我,'你为什么对这行有兴趣?'我的回答差点让我失去了这份工作——'我希望能够帮纳税人省钱'。也许当时我应该说的是,'我希望能够为退休人员赚更多的钱'。因此,继加州公务员退休基金系统后,我觉得自己应该找一份更能吸引我的工作。无论是杜克大学、圣母大学、斯坦福大学还是得克萨斯大学,投资总监们自始至终都专注于自己的工作和目标,这才是最重要的。"

自从开始为超级电脑设计软件,鲍勃·博尔特的职业生涯又开始了一次"太空旅行"。不断从事新的职位、在不同组织中任职、从新科技领域重新寻求机遇,博尔特是一位名副其实的灵活投资家。

第十二章　出于好奇
——唐纳德·W.林赛(Donald W. Lindsey)，乔治华盛顿大学(George Washington University)投资总监

唐纳德·林赛作为投资总监,其特点在于独树一帜的投资风格。他谦逊的态度使他从其投资者和投资经理身上学到了创造力、表现力和专注度。最重要的是,唐纳德·林赛自认为与其他投资总监的最大不同在于,自己在不断创新的同时,从不违背自己的初衷。

背景介绍

2003 年 4 月,唐纳德·W.林赛加入乔治华盛顿大学,负责管理旗下价值 9.6 亿美元的捐赠基金。2000 年 5 月,在加入乔治华盛顿大学之前,他创立了多伦多大学资产管理公司(University of Toronto Asset Management Corporation, UTAM)并成为其首任总裁兼首席执行官。UTAM 主要负责管理多伦多大学价值 40 亿加元的捐赠基金和养老基金。他早在 1987 年就在弗吉尼亚大学投资管理公司(University of Virginia Investment Management Company)开始了自己的职业生涯,他从投资总监助理起步,逐渐成为一名高级投资专员和出色的投资总监。

林赛本科毕业于弗吉尼亚理工学院(Virginia Tech)政治学专业,之后在詹

姆斯·麦迪逊大学(James Madison University)攻读并取得工商管理硕士学位，另外他还获得了注册金融分析师资格。他是乔治华盛顿大学的专职金融讲师并在工商管理硕士项目中教授应用投资组合管理课程。他也曾任教于弗吉尼亚大学麦金太尔商学院(McIntire School of Commerce at the University of Virginia)和多伦多大学罗特曼管理学院(Rotman School of Management at the University of Toronto)。他曾是弗吉尼亚州退休系统投资咨询委员会的成员之一。

弗吉尼亚大学

在泰勒墨菲研究所(Taylor Murphy Institute)任研究助理时，唐纳德·林赛就对财经领域产生了浓厚兴趣，该研究所后来成为弗吉尼亚大学达顿商学院(University of Virginia's Darden School of Business)的一部分。在研读经济学的过程中，系统化的教育使他受益匪浅、跃跃欲试，但遗憾的是，他总是无用武之地。在攻读 MBA 夜校课程时，他发现有一种能化解这一难题的方式。在 1987 年，他加入了弗吉尼亚大学投资部，希望借此获取经验，继而从事私募投资领域。

点燃火花

“捐赠基金快速增长的那段时期实在太棒了。我非常喜欢在充满创造力和企业家创业精神的氛围中工作，其工作中也没有过多束缚。我很荣幸在职场的创新开拓中没有遇到这样或那样的障碍。”

1988 年，投资总监爱丽丝·汉迪(详见第六章)被任命为弗吉尼亚州财务主管，因此，部门中的每个人也都要相应分摊她那部分的工作。“我对此感到很兴奋，我突然需要开始管理现金，但我连长期国债和机构债券之间的区别都不太清楚。好在由于当时投资组合结构十分保守，暂时没有太大的问题。但这却是一次非常好的实践训练机会，我从朦胧中渐渐成长为一名成熟的固定收益经理，从中获得了丰富的投资经验。直到我离职，我一直在做管理、运营投资组合的工作。”

20 世纪 90 年代早期，林赛就实施开发对冲基金的投资项目。考虑到投资委员会的接受程度，他选择以合并套利作为战略方针。后来合并套利的投资模式遭遇瓶颈，于是经理们纷纷转向投资不良债权，这使得他以最高效率对不良债权做了全面的了解。由于当时市场有效性低，他认为其中存在巨大机遇。他选择了与经验丰富的不良债权专职经理而非前任合并套利经理合作，这一方式他沿用至今,效果甚佳。20 世纪 90 年代中期,他开始着手投资多/空股权基金,后来则逐渐转向专项基金和特定板块对冲基金。例如,佩科特人(Pequot)医疗保健和科技基金。虽然他一开始只是一名负责按揭贷款发放的普通投资分析师,但从大学离职时,他已经积累了丰富的投资经验并建立起了颇具规模的对冲基金投资组合。

曾担任固定收益经理的资历教会了他在市场中需要保持积极主动性并了解市场中的投资心理。

"大多数人认为市场一定是有效的、有规律的,但事实并非如此。市场是由人组成,而人类的情感对市场活动和市场噪音有时会起到关键的作用。"例如,一份不利的经济报告往往就会促使投资者盲目抛售,从而给了林赛随即买入获利的机会。

"第一次海湾战争的时候,办公室里还没有电视机,但隔壁办公室有一台。当时,詹姆斯·贝克(James Baker)和伊拉克外长塔里克·阿齐兹(Tariq Aziz)会面,就伊拉克军队从科威特撤退一事进行会谈。整个过程持续了很长一段时间,商议结果仍不明确。从债券市场角度而言,这似乎是一个好的征兆。'商议时间长意味着会产生一个明确的结果。当我从电视机里听到贝克即将发表一项讲话时,我当即跑到了隔壁办公室收看。国务卿贝克讲话的开头是:'首先我感到很遗憾。'这句话话音刚落,我就冲回了自己的办公室。此时,石油已从 28 美元/桶涨到 40 美元/桶,5 年期和 10 年期的中期国库券价值持续下跌。我立刻联系了我的股票经纪人,他说:'市场上现在没有人投标买入。'我当即回答说:'我不在乎,无论通过什么方法,帮我买入任何投资产品。'我告诉他,只要市值还在下跌,就持续买入。在国库券以每秒 5～10 个点的速度不断下跌时,我已经累积持有了大量债券。风雨过后见彩虹,24 小时后,市场恢复正常,于是我变卖了我所持有的债券,从中获取了巨大利润。"

"你需要学会利用市场活动产生的心理影响。投资市场中的噪音也会带来机遇,原因在于其他投资者对消息的误判。但是,同时你也必须学会避免市场噪音的干扰,面向重点,例如,要从市场的长远趋势进行观察分析。我觉得人们对于出售资产会产生某种担忧,而这往往创造了机会。理解这一点不但有助于经理的投资,更能帮助他们增强策略实施的信心以及在面对逆境时的信念。"

多伦多大学

在步入40岁生日之时，林赛认真思考了自己下一步的职业生涯，最终他决心要成为一名投资总监。他申请参加了不少机构面试，最终决定在多伦多大学任职。在一家独立的投资公司任职，对他而言将会是一个良好的开端，他主要负责捐赠基金投资及机构的其他大小事务。

对市场噪音不予理会

数年之后，林赛仍然在运用他早期在弗吉尼亚大学获得的经验。

“2003年末，在乔治华盛顿大学，我们高估了能源比重。我曾在加拿大(多伦多大学)待过3年，也曾经是和安大略省教师协会(Ontario Teachers)一起投资加拿大油砂公司(Canadian Oil sands)的首批投资者之一。在与私募股权企业共事的过程中，我判断，亚洲国家特别是中国对石油的需求会不断增长，于是我开始建立能源敞口。2006年夏天，随着石油价格跌至78美元/桶，导致许多杠杆投资者平仓。突然之间，能源被列入了不受欢迎的投资清单中，但我认为多头的主题仍然未受到影响，于是基于当下市场情况，我依然决定不出售或降低持有的份额。我认为这是市场噪音。但这个过程非常难熬，毕竟你所持有的投资组合正以每月5%～10%的幅度下跌。那时，我们必须对自己的投资策略充满信心，我们也不断对此进行反复检验，并时刻关注公开交易的股票价值，好在多头的趋势仍然保持在可控位置。意识到这将会是一场持久战，而我们必须坚定自己的选择，才能挺过这寝食不安的艰难时期，迎来一个丰收的季节。”

身处险境

“实际工作的3年时间里，我学到了在MBA课程中无法获得的东西。市场让我学会如何认清自身的特点以及如何通过雇用合适的员工来弥补自身的弱点。这一点在机构运营中至关重要。从人力资源角度而言，人们通常会注重开发自身优势。因此，我的用人理念是，雇用了某一个人，他一定是个专才而非全能通才。但是，还有不少首席执行官并未清楚地认识到这一点。在拥有不同个性和专业的人才中需要寻求一个平衡点，这样才能让机构运作顺利，同时也能为自己解决疑难问题。当自己不擅长某一领域时，那就用人不疑地交由他人全权负责吧。”

多伦多拥有40亿美元资产——其中捐赠基金占1.5亿美元,其余部分为养老金。任职3年间,他学习研究了加拿大养老金法,并组建了一个14人的专业团队。“首席运营官会找我在投资协议上签字做决定,她有时还会告诉我说:‘另外,这是新办公室地毯的颜色样式。’这就是我在2分钟之内需要处理的一系列大小问题。我觉得我更像是在运营一家公司而不是进行投资管理。当时,虽在资产配置和经理选择上做不到一锤定音,但影响力已足以改变本来的状态,当然与现在已完全不可同日而语。”

“由于不同企业文化的影响,那真是一段艰难的时期。在我曾经身处的环境中,捐赠基金还是一种前沿投资。基金会也想达到某种绩效,但又担心捐赠基金和养老基金的结构有别于国内其他同类基金而变成异类。人们对我的所作所为充满了惊奇和不理解。《环球邮报》(*Globe and Mail*)专门就此发表了一篇文章,商业报道电视台(Report on Business Television)——相当于是加拿大的美国全国广播公司财经频道(CNBC)——也采访了我,要我就这一系列问题做出回答。我觉得自己就像生活在鱼缸里一样,既无隐私,也没有海阔凭鱼跃的环境,我的一切行为都必须经过检验。无论是管理公司的董事会、大学董事会还是其他的主管部门,他们仔细又严格地审查了一切。在那时,我练就了如何在逆境中集中自己的注意力。也正是那段艰难曲折的经历成就了今天的我。”

“所幸的是,我雇用的员工工作都非常努力敬业,他们全力支持并配合完成了任务。这时你会发现,正是这些部下在你最困难时给你带来信心和力量。”

乔治华盛顿大学

虽然林赛并没有长期留在加拿大的打算,但他还是计划至少在那里待上5年。而乔治华盛顿大学给他的机会似乎来得比预期的要早。

“我在想,‘如果几年之后我想回国了,但我唯一能够去的地方并非我所期望的,那又该如何?’华盛顿对我而言堪称完美,它靠近我成长的地方,让我倍感亲切,它又是权力中心,发展潜力很大。我认为已是到瓜熟蒂落的时候了。”

“华盛顿大学的工作经历对我而言是与以往不同的。虽然资产规模和人员结构相对较小,但正因为如此,才更能让我实施直接管理的投资管理方式。我坚信我们一定会不断壮大,就是需要一个循序渐进的过程。”

成为投资总监

与其他的同僚相比，林赛对资产配置的观点更加宽泛，他也认同自己的方式似乎更接近“主题配置”而非“资产配置”。

资产配置

“在过去的 6 年里，我的投资方式一直在不断演变中。人们常常想打破传统，追求新奇，来促进绩效。投资总监会耗费大量时间思考同行业的人正在干什么并将彼此的绩效进行对比。如果你能够避免这样做，那结果可能会更好。真正重要的是，必须认识和充分了解机构中每一名成员的特点，制订出具有个性化的投资计划，以让你管理的机构在投资领域独树一帜、称雄一方。”

“我尽量避免过多考虑每一种资产类别的投资数额，我会以一种更加宽阔的视野寻求在未来 10 年甚至更久的时间里获得资产增长的方式。这样，你才能不拘泥于局部范围，而是结合全球政治、世界正在发生变化的趋势以及在未来 10 年内可能会引发趋势改变的纵横两方面来思考。当然，你也需考虑雇用经理的问题并仔细研究当下经济和地理区域的最新变化。所谓拥有全球化视野，意味着你对其他国家的认知程度应该达到和自己的国家一样。你一旦能从地球某个地域中获得哥伦布似的发现，就需要马上思考其中是否存在能够令资本增值的投资机会。”

“需求/供给曲线一般会长期保持平衡，外部环境的影响会让该曲线上下平移。你需要注意是否存在价值偏离的产品，或是长期内是否可能存在变数。能源问题就是一个很好的例子。”

一旦发现投资机会，林赛认为，最佳的实施方法就是需要寻找到专业的投资者并尽快投资。他并不过分在意投资的是私募股权、公募股权或其他。如果他手下有思维清晰的投资经理，而且适合专注于投资多/空股权基金，那么林赛就会毫不犹豫地进行投资。

虽然大学也有资产配置指引，但他并不会拘泥于此。

“当然学校也有目标配置，我们可能基于这些目标进行投资。可这些目标配置就好像是一种固定的模式，‘如果我们实在没有别的投资方式，那我们可能会选择它'。我们希望5年乃至10年后回首现在，能够将我们独创的配置和模式化的配置相比较。如果前者结果更好，那就意味着我做好了自己的工作；反之，则说明有时也不该过分强调创新，结果如何都是需要时间来证明的。另外，定期和投资委员会交流，以便让他们了解到不同时期有起伏的收益状况。只要坚信我们的配置方式长期来看没有问题，我们无须再去担忧什么。"

任何的配置主题都需要有5年期的实施过程。其特点是摒弃交易状态，保持长期性。"丰富自己，让自己更好地了解某一个配置主题以及行业状况，还有助于产生其他配置主题。"配置主题的时长也可能远不止5年，其中部分的规模也可能大于其他。受风险管理影响，某些时候往往是无法立即按某一主题配置。这一系列的决策都是基于风险管理参数而定。

"实际上，配置主题一般不可能发生突变，新的主题也是在原先的基础上演变而来的，要实施这些配置则要耗费几年的时间。我们认为，对于实施时间大于等于1年的配置需要做一系列周密调查研究工作。同时也要在其他人意识到机会之前先下手。"

实时主题

当下有一个属于能源的配置主题，即农田投资。"10～15年前，当一切还是一片森林的时候，机构投资者并未意识到它的价值。大多数人对农田的认知都局限于小麦地和玉米地。但其实这是一个充满变数的领域，因为全球对土地资源的需求日益增长。在酒类和农作物之间存在一个交叉点，却无人关注土地对农作物和作为不再生能源的需求会产生怎样的影响。"

"继关注农田后，我们也开始注意到了水源投资，因为农田离不开水的灌溉。我耗费了大量时间研究水源问题，这在美国已有100年的历史了。未来10年时间里，人类对水源必然会产生巨大的需求。人类将不得不耗费数十亿美元，这仅仅是为了满足对水资源的需求。但这巨款又是从哪儿来的呢？它们不可能来自哪一只联邦基金，只要瞧瞧眼下的社保基金和医疗基金，政府是绝不可能为此埋单的。因此，它们应该只有来自私募投资。'投资水源？'可能会让人们感到疑惑，水，源于自然用于自然，是上天掉下来的。但无论水源是否充足，消费来自水库的水是需要花钱的。在未来的几年之内，这个投资主题一定会逐渐显现其价值。"

构建和管理投资组合

无论是管理捐赠基金还是基金会，需要的不仅仅是投资组合和投资管理技术,重要的还有对人员的评估和外部的关系。林赛在构建投资组合时,会将团队管理特点、选择投资经理以及与投资委员会沟通等问题囊括在内进行综合考虑。

关于员工特性

“对员工而言,很重要的是,他们必须对自己充满自信,同时能够清晰地认识到自身的优劣,不畏惧犯错,勇于尝试新的事物。有时,往往只有打破传统思维方式的人才能获得好点子。员工们因为热爱自己的事业以至于他们将工作看作一种生活方式而非生存方式。周末在家时,他们也是埋头工作,研究新点子。也许在外界看起来工作有点过度了,但这正是他们所必须具备的特点。你应该以此为一种驱动力,而不是单纯地将任务一定由工作的时间来完成。也许你的员工常会难以平衡工作和家庭的关系,而这样的员工才是你所需要的——难以平衡、工作过度。

“另外一个重点要素是谦虚。如果有一天你的员工自认为知道一切而目中无人,那么他们可谓身处危机了。你的员工要勇于承认他们犯过错或他们在无路可走时善于探索新路,这一点非常重要。”

治理标准

“为了让治理达到效果,就必须对每一个人的责任有清晰的划分。无论是投资总监还是普通员工,都需要对自己的工作有责任感,董事会也是如此。如果让董事会来扛起员工职责,那将十分危险。尽管投资总监需要做出决策,但仍有部分项目最终需要由董事会或委员会决策。为了达到良好的效果,无论是董事会还是管理团队的规模都需要小而精,这样才有助于每个成员承担起自己的责任并全身心投入工作中。如果规模大于或等于 10 个人,想要获得一致意见就会变得很困难,即使妥协之后的决策也不太可能是最佳决策。

“投资总监在资产配置上占主导地位,但对于审批和特殊情况还是需要董事会的批准。董事会设定参数,而投资总监则在实施上负全责。如果所有决策都必须经董事会批准,那么决策就会失去时效性。另外,让新的董事会成员投票表决他们一无所知的事项也有失公平。尤其是所有工作都由属下员工完成,给予董事会的信息却并不充分——例如一份 4 页的整理报告以及一次半小时的陈述,然后要求做出决策,这样的流程管理很不合理。合理的方法是,决策者应该参与到每一次的具体会议中去,但这又不可能。

“这可能也是一种体制上的缺陷,但我仍然觉得投资总监依靠投资顾问进行决策的方式失之偏颇。对于一些特定的项目,比如寻求更好的风险管理体系等,顾问的确能使问题迎刃而解,但是依赖他们进行决策就有问题。作为信托人,你受雇来工作,你必须依靠自己的决策来巩固和发展企业。如果什么都要依赖顾问,那么企业就没有雇用你的必要。”

类似于员工雇用,林赛偏爱能够拥有谦虚的态度又敢于尝试新想法的创新型经理。

经理选择

“谦虚,这一点即使不算最重要,也位列前三。投资经理随着水涨船高会越来越富有,金钱往往会改变一个人,通常是朝着不好方面为多。你需要使他们知道每天来工作的真正原因,工作并不纯粹是为了金钱,更是因为对自身职业的热爱,是兴趣所在。

“其次,诚信也非常重要。你情愿经理和你过分沟通而不是从不沟通。曾经我手下的经理只是为了一点微不足道的小事在周末给我打电话。没有什么会比在一个周六下午的 3:00 收到一条语音信息更令人不安,此时你感觉心跳突然加快,内容却是:‘唐,发生了××事,请及时回电。’但当我意识到这已经是一种企业文化的体现时,我还是会感到欣慰。我宁愿他们随时向我汇报任何事而不是杳无音信。即使有时只是一些无关紧要的琐碎小事,但我还是很高兴他们愿意打电话来告诉我。”

林赛尽量避免采取高杠杆策略,他认为下降趋势的可能性远高于上升趋势。他欣赏从逆境中走过来的经理。虽然有些经理颇具才华、绩效优良且曾任职于私募投资交易平台,但林赛反而会更加认真仔细地审视这些经理,正因为拥有正常交易平台的支持,他们相对缺少了独立应对逆境的经验。

风险管理

“风险管理的重点就是要考虑到最坏的可能性,同时具有应对意外事件的准备。你需要应对可能发生的最糟糕情况,导致这种情况发生的原因是什么,而你又该如何让自己幸免于困难的境地。因为明天一切还要继续下去。”

“关键在于你的方法要使用得恰到好处,并确保投资组合中的其他部分能随着时间的推移有完全不同的表现。当极端事件发生时,市场会不断下跌,你需要识别出跌幅最大和最小的两个极端,从而利用平衡的资产配置策略进行化解。大多数人认为这其中定量化的分析占据主导,我却认为这更是主观定性的分析。

你所获得的大部分数据都存在局限性，过分依赖一定会导致失误。”

经验、观察和建议

在唐纳德·林赛的职业生涯中，他总是乐意表达自己的想法并给出建议。他和我们共同分享了就投资管理、职业生涯以及投资未来等一系列的观点和见解。

沟　通

林赛谈到自己已学会了要尽可能与投资委员会进行沟通，但也不要想当然地认为他们会立刻赞同你的话。他经常提醒自己要逐个联系投资委员会成员或者给整个小组提供一份备忘录。虽然这是一件耗时费力的事情，但他认为这一点至关重要、不可缺少。

投资失误

“如今我们正在犯一个很大的错误。大部分机构对于资产类别的认识观还十分肤浅，他们总在极力保持某种平衡状态。他们声称私募股权占比从5%增加到10%，对冲基金占比从5%增加到10%。那么最后的决策到底是什么？对于设定投资私募股权的具体数额并没有什么特别意义，眼前对于资产类别投资数额的具体分析已显多余。关键是基于趋势和机会。如果不存在机会，那么盲目制定目标、设定数额就是犯了大忌。

“当下对于监管与投资经理之间关系的流程还不够合理。一旦投资经理连续6个月绩效不尽如人意，那么他们就会在未来6个月内被列入‘观察名单’。在一段时间里，大家对于绩效和标准之间的比较显得过于频繁了。当那些曾经绩效良好的投资出现下滑时，我认为这对表现欠佳的经理而言是一个充分表现的好机会。

“在评估经理时，不应过分注重绩效，而更应该从投资管理企业的文化进行动态评估。你希望营造一种充满责任感和尽职的企业文化，使投资经理们作为信托人的同时也能致力于做正确的投资。如果在这样的情况下经理绩效还不理想，那你就需要进一步了解导致这种情况的根本原因，并进行适当调整。”

投资策略溢出

“人们对市场波动性的感知往往带有太多理想色彩，用过分天真的态度看待自己策略的预期收益，以为只需要收取2%的管理费用和20%的绩效费用。太多的投资者自以为在小幅下跌的趋势下仍然能够获得很大收益，这纯粹是一种错觉。还有投资者认为，高比例的投资组合能够减少波动。事实上，只要你了解了流动性需求，那么波动率问题也就迎刃而解了。投资赚钱风险是无法回避的。存在波动问题时，投资价格往往会被误判。但这也会给意识到关键问题所在的投资者以机会，然而大部分投资者往往会选择远远避开。”

“投资对冲基金的热潮是由于2000～2002年间的绩效大幅下滑引发的恐慌。人们突然意识到：‘我的天啊，我的资产要抹去20%！’他们当时的观点往往是：‘我要尽一切可能避免这种情况发生，我必须对冲这些风险。’这其实是再一次承担风险，因为我们刚刚经历以此巨大的跌幅，很可能在未来的10年里都不会再发生这种情况。我想这些人在10年之后会意识到，当时他们为了获得很低的收益付出了太多，实际上他们完全能够以更少的资金换取稍高的回报。对S&P指数我并不抱有太多期望，但是，如果投资者关注于S&P指数而非投资组合，低廉的费用对他们来说未尝不是一种好的选择。”

α 和 β 分离

“α 和 β 之间，我更关注后者。我认为它被高估、售价太高，因此出现了明显的反常。那么对于折扣现金流策略就我而言，最好的评价是什么？这些现金流是否会增值？涨幅会是多少？它是否来自 α、β，γ 与 ζ，谁会在意？我的意思就是，这与获得收益之间并不存在直接关系。”

有效的经理监管体制

“例会是很重要的，最好的就是能够有持续交流几分钟的时间。如果我每6个星期能够从一个人那里听10分钟的汇报，这比每年1小时以上的年报效果要好得多。这其中不仅仅是我打电话找我的经理，他们也会自己主动联系我。有时他们打电话来是因为他们最近绩效不太理想，想听听我的意见；但我也愿意在他们绩效优异的时候打电话告诉我来龙去脉。无论怎样，我为能与这样的经理合作而感到由衷的高兴。”

投资影响

问及对他产生影响的投资者时，林赛说：“我并未过多在意其他的成功投资者，那些著名的投资者几乎家喻户晓。我早期曾经读过彼得·林奇(Peter Lynch)的一本书，我认为他是一个很棒的投资者。”

“我一般更多的是阅读交易期刊，《水世界》(*Water World*)，以及石油与天然气、农作物与养殖等方面的刊物。大家可能会对此感到疑惑，心想：‘你到底是以什么为职业？’事实上，我主要是想了解投资领域中人们的想法及行为。相比自己的同业竞争者，我更关注我所投资领域内的人和事。最近一次农业会议上，我是唯一的一名从事捐赠基金经理。很多人看我的眼神就好像我疯了似的。我并不在乎与我交谈的人是否了解投资，我只想知道他们是如何看待自己所处行业的实际状况。”

给投资经理的忠告

“经理应该养成一种将脑海中的想法记录下来的习惯。这会耗费不少时间，但我认为，这肯定会物有所值。以橡树资本(Oak Tree)的初创人霍华德·马克思(Howard Marks)为例，他可是一位书面交流上的佼佼者。我认为，这是经理需要引起注意的地方，许多经理谈GDP(国内生产总值)和CPI(消费价格指数)报告、美元的表现以及应该如何调整投资组合时，口若悬河又条理清晰。虽然也很清楚了解投资组合情况的重要性，但作为投资经理，应该花点时间把对未来的思考、实施的过程、事情正在面临怎样的变化以及它对今后的影响逐条记录下来，书面文字总是要比口语严谨得多。

“另外需要提到的一点是运营投资管理企业和资产运营之间的矛盾冲突。管理者关注的是资本增长和营销，这与业务人员所注重的好点子和盈利存在直接冲突。只有不超过50%的人能够理解这种内在的冲突，并关注如何盈利。经理则需要尽可能保持两者之间的平衡。”

基金会和捐赠基金机构管理

“文化上最严重的冲突在于，需要在学术机构的限制下创立专业投资组织。

你需要给投资人员适当的激励，但是，薪酬激励机制在一定程度上和学术机构之间又存在矛盾。我们面临着太频繁的人员流动，当下连续工作 20 年的投资总监已经寥寥无几。”他认为，随着这一问题的延续，越来越多的组织会选择外包投资总监一职以避免类似问题。

好奇心、创造力和智慧

全神贯注地工作，时刻关心政治、经济和市场动向，对新点子和创造型机遇充满热情。唐纳德·林赛以他亲身实践所得出的体会，向我们提出了中肯的建议。

“你必须保持一种如饥似渴的状态并将自己的整个生命都投入进去。在起步阶段你会失去自己生活的空间和时间，可是在如此激烈的竞争环境下，这是你不得不付出的。”

“成为一名出色的交流者，无论是在书面还是口头上。与他人保持经常沟通，善于表达‘这是我的想法。’我曾遇见过太多才华横溢却不善言辞的人了。”

他还提到了信誉及学习。“享有注册金融分析师资格，表明你是一个认真、能够战胜逆境和兑现承诺的人。无论是学习经济、财务还是会计，你的本科专业远远不像你想象的那样重要。要会享受学习的过程，如果你过分在意自己的年级名次或是下一场考试的成绩，你就无法享受学习过程中的快乐。在投资领域，你需要享受学习过程，并观察此间你从未见到过的事物。你必须保持好奇心，这是最重要的一点。”

第十三章　总裁般的投资总监

——乔纳森·胡克(Jonathan Hook)，贝勒大学(Baylor University)投资总监

中小型捐赠基金的大多数投资总监正处于一个愈发注重规模的投资环境中。业界观察者普遍认为，未来几年，如果受托人没有资产管理外包的打算，那么会有越来越多的组织开始起用或雇用他们的投资总监。贝勒大学的乔纳森·D.胡克就是在如此势态下孕育而成的一名具有代表性的投资总监。

2001年2月，乔纳森·胡克被任命为贝勒大学首任投资总监，在没有实际投资管理经验的情况下，他天才般的表现诠释了这一职位的全新意义。鉴于由他掌管的捐赠基金投资在2003～2004年间的出色表现，《基金会及捐赠基金管理》(*Foundation and Endowment Money Management*)杂志授予其"年度最佳捐赠基金高管"称号。作为一家中型捐赠基金的首任管理者，他的方法、风格及取得的经验，尤其值得同类型机构的初任投资总监和经理们学习与借鉴。

背景介绍

贝勒大学是当今规模最大的浸礼会大学，学校位于得克萨斯州的韦科(Waco)，学生数量约14 000人，捐赠基金价值仅10亿美元。胡克加入贝勒大学前已在企业和投资银行业工作长达20年之久。加入贝勒大学前，他在佐治亚州

亚特兰大的美国第一联合证券(First Union Securities)任高级副总裁一职,专注于开发商业服务板块业务。内容包括公共债券和股权的发行和交割、私募、银团贷款、衍生品和资本运营服务。在银行业的从业过程中,胡克花了 8 年时间专攻美国西部和西南部的能源及公用事业产业。

胡克积极为众多慈善组织和社会组织进行筹款,其中包括联合之路(United Way)、男孩女孩俱乐部(Boys and Girls Clubs)、亚特兰大商会(the Metro Atlanta Chamber of Commerce)和贝勒贝尔基金会(Baylor Bear Foundation)。胡克 1987 年毕业于威拉姆特大学(Willamette University),获经济和社会学学士学位,并于 1981 年获得贝勒大学金融学工商管理硕士学位。家庭生活中,他有让人羡慕的爱妻凯伦(Karen)与两个小天使肯德尔(Kendall)和康纳(Connor)。

投资银行业与关系管理

在 1981 年获得贝勒大学工商管理硕士学位至 2001 年再次回到贝勒出任投资总监期间,乔纳森·胡克在企业和投资银行业工作时间长达 20 年。作为一名在投资企业一无经验、二无建树的投资总监,胡克将自己在企业领域掌握的关于公司、行业和金融的知识及技术巧妙地运用到投资中。之前职业生涯大部分时间对能源、石油及汽油和公共事业产业公司的关注在此起了很大的作用,"在得克萨斯,你的投资组合里必定包括石油和汽油。"

他敏锐感觉到:投资总监的众多工作内容与自己之前的有许多相似之处,比如有限合伙协议就类似企业和投资银行业的借款合同书等。

"我已经习惯于做一名手持项目协议书的人。我知道如何阐述想法并且技巧性地解释那些条文。在销售或与他方的沟通过程中,无论处于哪一方立场,双方都需要寻找共同点,这和我之前的工作内容也颇为相似。唯一不同的是,会经常听到像'索提诺比率'(Sortino Ratio)等行业专用术语,我想我还是会很快弄清、弄懂这些术语的意思。"

无论是现在还是过去,胡克的职业生涯中主要是与人交流、交往。"你需要冷静又清楚地区分出长期合作者和普通合作伙伴之间的差异,因为长期合作可能导致自身受限的同时还需要长期处于与合作方攻守同盟的状态。但从基本观点来说,两者之间并不存在本质上的差别。"

基督教学校的校风可能对他的伦理准则影响不小,无论在哪里工作,他说:

"人与人的相处终究还是归结为所谓的黄金法则,以己之道还施彼身。只要做到这一点,那么未来的局面总会向更好的方向发展。"

"每个人都会面临种种问题,彼此之间都需感受到对方所承受的压力,因此在遇到问题时更需要一起讨论研究。'通过大家一起调整、理顺秩序,共同协作办事。'如果彼此之间能够坦诚相待、互相尊重、沟通融合,即使最终未能达成交易,也能建立起一种良好的人际关系。但是我还无法确定有多少人会在交易过程中这样做。特别是在听了许多人的亲身经历后,我对此产生了疑惑。我也怀疑那些所谓的好人到底是否会言行一致地这样做了。"

胡克的教育背景和企业从业经历对他的投资理念具有深刻的影响。

"我自己属于一名逆向投资者,而且可能还带有点价值投资倾向。无论是在上升期还是在下降期,我的私人投资组合都涉及了科技泡沫,最终我还是没能从中获利。"说到这里,他坦然一笑,又继续说。

"以低于市场价格买入似乎是一种基本面投资方式。而我们通常会从价值角度构建投资组合,而且我认为从长期来看,结构不断优化后绩效更好。在不同时期,彼此间势必存在优劣,但 10 年之后,以价值为导向的投资一定会是最终的赢家。"

逆向投资和价值投资倾向也影响了胡克对投资经理的选择和对资本的配置。

"我们偏爱小众化、个性化。我们希望经理能够发掘出某一尚未成熟的投资市场——当然这已经越来越难了,或者经理能够在某一成熟市场中具备独树一帜的风格。"

胡克坦承,自己的社会学教育背景影响了他的投资理念。"我浏览了大量行为金融学的资料,希望借此充实自己基于价值投资倾向或逆向投资的理念。我没有太在意市场有效性问题,因为市场变化是无规律可循的。有时人们对市场的反应也并不符合逻辑,所以行为金融学对我而言非常具有指导意义。"

贝勒大学:任投资总监

胡克刚开始和贝勒大学接触时,贝勒大学的投资组合中已经包括了另类投资,在 1999～2000 年间,对冲基金在机构之间已获得了更广泛的认可。虽然有些人认为,当时的投资环境糟糕得"令人作呕",但贝勒大学还是选择投资了不良债权，由此增加了不良类别在投资组合中的比例。所幸的是，他们选择的投资经理让其获得一定的收益，这也让贝勒大学能够顺利度过技术泡沫破灭时期。听了这段经历后，他感觉到：受托人也与自己一样，是价值倾向型投资者，从而使他欣然接受了投资总监一职。

“客观上来说，我们的契合度很好。董事会和投资委员会都秉公处事、严谨有序，特别是在向董事会提交报告、推动变革和抛售资产时，两者之间都有及时的信息反馈。这非常有助于我对决策的付诸实施和时机的准确把握。”

胡克将自己的职位看作业务管理，而不仅仅是管理投资基金。这明显体现了他企业经历所留下的特有印记。

“随时了解集团决策动机以及动态的把握。熟悉机构内部的动态对于个人来说很重要。当然也无须去揣摩企业财务总监的计划，关键还是要将周围同僚形成一个紧密合作的团队，因为你不必面对有关‘公司面纱’的问题。”

在说服董事会和投资委员会通过新的投资方案时，胡克熟练应用了企业演讲和处理关系的技巧。且出人意料的是，当多数投资经理青睐机构投资者时，胡克却希望运用其销售技巧吸引一名能将贝勒大学作为个体客户的投资经理。

自任贝勒大学投资总监伊始，他就感觉到贝勒大学作为机构投资者在市场知名度太低。捐赠基金由第三方进行管理，学校自身也缺乏品牌意识，导致了市场上任何一名投资经理对贝勒大学机构投资者身份缺乏认识。

“显而易见，想要获得成功，我必须让所有人先认识贝勒大学所属的投资机构，要让人们知晓贝勒大学不但拥有机构资本并且时刻准备进入投资市场。先有了认识，才可能逐渐得到市场的认可。为了实现目标，一种是利用商务会谈，在与行业经理们的交流中提高知名度；另一种相对困难的方式，是在学术期刊经常发布机构的投资计划。”

打造机构知名度

“在贝勒大学工作了 6 周后，我参加了共同基金的年会，我想这也许是与其他学校建立人际关系的最好机会。

“年会第一天早晨，我下楼去吃早餐，餐厅里均是 8 人桌以便彼此交谈。我的邻座不断提出问题——我也不厌其烦地回答。最后我说，‘还不认识您，请问您的名字是什么？’当他告诉了我名字还说自己是记者时，顿时我脸色煞白，感觉自己马上就要被解雇或主动辞职了。我真无法想象我客观的回答将会以哪种形式出现在报刊或出版物上，对此我几乎是心神不宁，但两三周过后并没有异常动静。

“第四周，我接到了一所商学院的电话，电话那头是投资企业的客服主管。‘请问您是否看过这篇报道？无论如何，我会把它传真给你，你可能会接到 5 000 通电话。’我说：‘在此以前，请问这种情况是否很难收场？’他回答：‘这很难说，听上去情况也没那么糟，但是，你的确需要耐心地接听很多电话。’随后他就把报道传真过来了。

“硕大的标题夺目而显眼——‘贝勒大学：对冲基金在哪里？’”

“那天是周五早晨。直到下周一早上 9:00，我已经接听了 150～200 通电话。我的语音信箱也已爆满，其中还有部分转到了其他办公室，甚至还包括大学校长办公室。我接二连三收到了全校各部门的电话提问，‘你怎么没接电话？’

“虽然客观上为贝勒大学打造了知名度，但这次经历对我而言至今仍然像一场噩梦。我们当时的处境如同‘蛇吞象’，非得经历短时的‘疼痛’。但是，这次经历的确让人们开始关注贝勒大学，至少让他们知道了达拉斯和奥斯丁之间是存在值得投资的资金池的。

“我们和经理之间始终保持着紧密的联系。随着时间的推移、收益的提高，‘疼痛’就渐渐消逝——我们的知名度却越来越高，并借此获得了第一步成功。

“如果资金池更大，有 20 亿～50 亿美元的捐赠基金可能在宣传上起到推波助澜的作用，也能使经理们的投资才华更有用武之地。但这不是以我们的意志为转移的，至少在初始阶段是这样。如果今后一切进展顺利，扩大规模必将是如愿所求、水到渠成。

“另外，如果能有效落实公司策略，会更有利于打造知名度。因为宣传最终是要用绩效来说话的。”

管理捐赠基金

胡克在 2001 年出任贝勒大学的首任投资总监，当时大学已经收回了一度由大型基金会掌管的捐赠基金资产部分的控制权。总部位于芝加哥的劳里资产咨询（Lowery Asset Consulting）也已经受雇于另类投资方面为大学提供咨询服务。因为本身内部没有专职人员，所以委托咨询公司也是很自然的。

“我们没有提供全方位服务的咨询顾问，因此董事会对咨询公司也心存担忧，他们认为雇用第三方来专门针对投资组合会更合理。于是，我们雇用了位于圣路易斯的哈蒙德合伙(Hammond Associates)”。

贝勒大学日常一直保持着同时雇用两家咨询公司的状态。胡克说，虽然两者之间没有明确的职责范围，但实际上则各有各的侧重点。两家咨询公司看待投资组合的角度不同，结果当然也不一样，也据此给予不同报酬。

“基于成本效益分析来进行决策是一个好方法。我认为即使雇用内部职员也不一定会达到这样的效果。如果董事会认同这种做法，虽然增加了投资部门的协调压力，但最好还是做下去，它可以杜绝公司部门之间的职责重叠现象。在寻找投资经理的时候应该是‘广撒网，多捞鱼’，从中筛选出合适的人选。”

早期的成功

接手贝勒大学捐赠基金 3 年后的 2004 年，投资组合的收益已超过了 25%。全国大学和学院商务官员协会(NACUBO)年度调研显示，贝勒大学是当年表现最佳的捐赠基金。

“虽然你难以准确断定其他人的位置如何，但是你必须清楚自己的所在位置。对我而言，‘即使只有 19%或 21%的收益，我们也已心满意足了’。我心想，只要收益能够紧随哈佛或耶鲁，那么这个年度已经是成功了。当我接到电话说我们的收益最高时，我非常吃惊，我怎么会排名在哈佛或耶鲁之上。这可是我从没想到过的——我只希望我们不要落后于人家。人一般总希望处于领先位置，但你绝不可能在刚开始就一步登天。”

最终，胡克获得了由《基金会及捐赠基金资金管理》杂志颁发的“年度最佳捐赠基金高管”荣誉称号。

“当时，我接到电话通知我获得了提名，我并不在意。大约 6 周之后，我正在家里对一名经理进行评估，当时坐在电脑前搜索资料，网页上出现了杂志社的链接，我随手点击进入后看到‘贝勒大学投资总监获最佳年度奖’。‘啊，我获奖了！’但是，那时已经是周五的子夜了，无法在线阅读报道。周一早晨，我刚走进办公室，两三个电话追着找我，随后电话铃声不断。直到下午 14:00，我接到了杂志社的来电。他们正式又非常客气地通知我，并寄给我 5 份报道的复印件，我想这些复印件大概现在还在我的抽屉里。我当时不知道获奖意味着什么，也许是让我在短短的 15 分钟里觉得自己像安迪·沃荷(Andy Warhol)一样著名。这就是我职业生涯中的一段有趣的小插曲。”

正因为有了这一系列的经历，胡克对捐赠基金行业内激烈又残酷的竞争始终保持着清醒的认识。

“在去年2/3的时间里，我一直在想，‘我们做得不错，但同其他机构比较又如何呢?’事实上，做事既不能妄自尊大，也无须过分担心，有些事情你控制不了，你只要专注于贝勒大学的自身发展，很多问题都将会迎刃而解。”

“我认为，把奖金发放和业内竞争联系起来存在一定问题。大家的投资组合以及投资委员会都不一样。我并不认可‘你能否获得奖金取决于你的收益是否比其他学校高’这种看似合理的简单评判方式。”

“这让我不得不联想到要同排名前25位捐赠基金投资总监进行比较，而奖金多少也是据此发放。投资排名前25位集团主要由私立大学和常春藤联盟大学组成，其中的大部分从事另类投资已经很长一段时间了。如此看来，上帝不是对私立大学的投资总监们眷顾了很多嘛。”

成为投资总监

胡克和投资委员会之间始终保持密切的合作，其捐赠基金的治理结构在整个系统中起着重要的作用。

投资部门定期向来自由三大集团下属的7名成员组成的投资委员会进行汇报。其中有3名成员在校工作，他们分别是贝勒大学的财务总监、委员会主席和商学院院长，委员会还有两名来自董事会的成员和两名来自贝勒大学基金会(Baylor Foundation)的特殊校友会成员。胡克也是拥有表决权的成员之一。

有史以来，贝勒大学和浸礼会教堂之间一直关系密切，因此董事会成员也当然包括教会成员。这是刚开始就制定的相关章程，现在也一直在讨论关于如何更新该制度，其实这并非什么大的原则问题。

贝勒大学基金会由不归属浸礼会教堂的校友们组成，主要担任咨询顾问。其由学校发展部创立，旨在帮助筹资和参与校内相关事宜，成员多为功成名就且经验丰富的金融和商业专家，涵盖了多名企业家、一名风险资本家和一名对冲基金经理。刚进贝勒大学时，胡克认为贝勒大学基金会没有被充分利用，于是便着手将其职能转变为投资顾问委员会。这在其他大学可说是史无前例。

“基金会成员每年聚集两次,我会借此机会向他们陈述我们的想法。他们中有很多人从事另类投资,因此我会在投资前征询他们的意见。另外,每年举行两次董事大会,每次大约 4 小时,每次我均有所收获。一般情况下,我不会直接找董事会进行最后审批,除非需要经过详细的审核。贝勒大学基金会虽没有职权或资本,但只要能够获得他们的认可,董事会审批就会比较顺畅。显而易见,基金会有承上启下的作用。”

投资审批

现在,胡克的每项投资都要经过严格审核。对此,委员会正在考虑改变现状,因为行业内的大部分投资总监们都具有相对的决策权或在一定投资额度内的自行决策权。

“审批虽然有助于更精准的判断,这一方式也能在发生误判时让我们免受指责。反言之,一旦出现失误或延误时机,就会产生互相推诿,而最终矛头一定会指向我们投资部。迄今为止,该方式尚未导致我们由于错失时机而丧失获利机会,但我们需要做到未雨绸缪。至于在招聘新的投资经理上,其他高层并不加入,只有投资委员会参与其中,流程还算简单。”

董事会参与管理资产配置。任何需要上报董事会的审批报告,胡克都会提前拿给贝勒大学基金会。如果该委员会能够解决,那他就会简单很多。由于还涉及发展部门,因此他也希望通过基金会,使发展部门能够较充分理解自己的配置方法。

“不要奢望每个人都会持肯定意见,你要做的就是阐述自己的观点要清晰明了、富有逻辑。这或许要比在行业中走正规流程容易多了。

“如果整个流程非常顺利,那么我会以邮件的方式发送给通讯月刊,以此让他们了解我们的想法和关注点,同时看看他们是否有更好的想法。我这样做,主要是为了让我们彼此能够步调一致、取长补短。”

当他招聘一名新经理或者进行一项投资项目需要审批时,均以备忘录或邮件的方式来交流、汇报,显得及时又高效。最近聘用两名新任经理,就是其中代表性的案例。

“我们总希望从改变中得到逐步提升。我一般会事前准备好备忘录,然后提交投资顾问,有两周时间给他们审核。正常情况下,我们能够在 10 天到两周时间内得到审批结果。这样,招聘新经理也能够按照计划如期进行。”

要是胡克计划投资新资产类别,那么他则必须精心准备,有时还要通过范例或广征博引来说服投资委员会。

“委员会的通讯月刊是一种很有效的交流方式。我通过与经理们进行商榷后在信函内精确表述投资项目的风险和收益分别是什么、绩效可能会怎样。这既有助于他们获得直接的相关信息,也有助于我们得到及时反馈,知晓委员会的看法和设想。”

胡克谈道,自己首次投资木材的时候就是一个很好的例子。

“在此之前,所有的资产都是由外部基金会管理,其中没有另类投资。学校在我任职之前已独立实施了2%的另类投资。我第一次建议投资木材时,我听到的第一句话是:‘木材,你是说你要买树?’于是我写了一份4～5页的报告,详细说明投资木材的来龙去脉,最后我得到的结论是,我不可能获得私募股权类型的收益,但是我能够获得相对S&P 500指数风险较小却丰厚稳定的收益。在接下来的两小时内,我接到的电话都是:‘我从来没有听说过还有这种事。’我们就是在这种状况下,以这种方式把它融入投资组合中。”

至于要让a投资项目通过审核,那需要多费一点心思了。

“我发现大多数人还没有注意到a投资项目。该项目对大众而言并非一目了然,因此我们把它提上日程,安排了一次投资委员会特别会议,在会议上正式提出这一项目并进行深入详细的解说。整个会议的大半时间基本上用于阐述a投资项目。”

胡克认为,自己与委员会成员以及行政部门之间的沟通始终处于一种良好的状态。“我会在一天里找财务总监好几次。至于委员会成员,我只要拿起电话,就能和他们直接对上话了,且直奔主题。”

要总结与投资委员会的相处之道,胡克说道:“沟通要注意度的把握,对于有些事,只要他们知道你的设想就可以了。企业的工作经历让我深刻体会到,‘千万别让你的老板事前毫无知晓,事后大吃一惊’。提前告知你的老板,绝非多此一举,让他们早点儿加入进来,往往可避免节外生枝的麻烦。”

“不要让你的老板大吃一惊,而投资委员会就是你的老板。”

资产配置

2007年之前,捐赠基金的资产配置划分方式为60%的传统投资和40%的另类投资。其中,传统投资包括27%国内股、23%国际股和10%固定收益。另类投资包括10.5%私募股权、17%房地产和12.5%绝对收益的配置策略。配置方式的真正转变是在胡克加入董事会之后。

“我们绝不会让资产闲置长达12个月。在我刚加入时,捐赠基金几乎全额用于传统投资,另类投资仅占2%。在参加首次董事会后,我们就将另类投资的比例增加到了12.5%,这可是向前迈进了一大步啊!3个星期后决议通过,我觉得自己终于在这份工作上得到了认可。”

胡克觉得该加快步伐了。

“市场最新动向表明,有很多精明的投资者正在调整资产配置,仅以区区12.5%的份额对我们而言是肯定不够的。但考虑到董事会对此项变革仍处于起步摸索阶段,我还是想谨慎提速。一下子从2%提升到50%肯定不是最佳方案,获得董事会的默许后,我开始逐步调整资产配置。

“我们既要保持流动资金的充足,同时还要不断增加资本投入。我们每年都会稳步增加5%～10%的另类投资资金。我们在份额达到40%前都采取有节制的、稳步推进的方式。”

达到40%后,胡克认为到合适的时候了。

“我们已经缩小了目标值与实际值之间的差距,也该让董事会卸下包袱轻松一下了。董事会也基本习惯了我每年对增加资产配置的要求,当我告诉他们,‘今年我决定不增加了’,环顾四周,大家似乎都如释重负。其实这并不意味着我们降低了要求或减少了风险,只是今年已不适宜再进一步推进,而是转换一种更适合的方式。我们始终遵循着一个原理,‘一成不变会使人落伍’。人们在良好的情况下往往会这么做。随着宏观和微观环境的不断变化,不顺势而为,不查漏补缺,在变化的市场中就难以取得令人满意的绩效。”

另外,考虑到机构自身的风险承受能力,胡克希望能将另类投资的份额维持在一个合理范围内,同时也希望机构的投资组合会有一个出色的表现。“要在高回报和稳定的基础上取得某种平衡,可避免让董事会承受太大的风险压力。”

打破常规的配置政策

从2006年到2007年,胡克完全改变了之前的资产配置“风格”,按照资产在投资组合中的作用确定的主题进行配置。这种方式在一定程度上将α和β分开，转而设置稳定性和风险收益相结合的格局。将投资组合组成四大部分：市场敞口、风险规避、收益提高和通货膨胀对冲。

“这一变化方式综合考虑到了市场环境和机构策略——绝非盲目激进。

“我们将国内外长期从事做多和做空的经理们一起归入 β(市场风险)。规避风险主要意味着高稳定性，包括少量对冲基金和固定收益。虽然这些资产的收益模式不同，但是总的来说，它们的收益都相对较为稳定。”

提高收益则是规避风险的另一种体现，其中涉及私募股权和新兴市场。

“只要波动率高于 S&P 500 指数，那就没有问题。对于那些资产而言，这是一项衡量的标准。我们愿意采取一些波动率高、风险大、回报多的投资策略。我们根据市场变化，在动态中调整不同类别的资产额度。”

对冲通货膨胀基金包括通货膨胀保值债券(TIPS)和房地产。“具体来说，也就是房地产、基础设施、商品及能源等。随着时间的推移，捐赠基金所面临的最大威胁就是受通货膨胀的影响。对于这一类别所可能导致的风险，我可以承担也能够承担。”

以前的资产配置方式对各种资产类别有明确的份额规定和严格限制。新方式则更具随机性和灵活性：(1)市场敞口或 β，40%～50%；(2)风险规避，15%～25%；(3)收益提高，15%～25%；(4)通货膨胀对冲，15%～25%。

“每个类别都留有上下浮动空间。随着时间的推移，我会根据市场需求来调整部分类别的比重。为了降低风险又获得更高的收益，我希望通过减持只做多国内股敞口、增持只做多国际股敞口来分散和降低市场风险。在每一大类中我们还增设了二级限制条件，让投资委员会对此加以督促。”

另外我们也考虑了它们彼此之间的联系。

“从理论上看，你可以这么说：‘如果 β 类占比 40%，那么另类投资就能达到 60%。’但事实并非如此，实际上，另类投资的份额最多不会超过 50%，因为所有的子类别必须严格保持某种同步。我们实际的另类投资比例约占 35%。其中的浮动空间可以让我们在策略上具有充足调整余地。”

该策略使得投资委员会必须行使监管职责。“这样做是正确的，他们应该不断提问，追踪大学的投资动态。”

创新也要适度

虽然胡克能娴熟地选择投资类型的资产配置，但是如果经理表现欠佳，他将无法随时实现对冲或以其他方式弥补损失。

"我们无法随意扭转局面,因为我们的相关提议需要通过上报审批。最近董事会决议通过了 a 项目,但止损方案却遭到了否决。我们原以为,'两者之中更难掌控、更具风险的难道不是 a 项目吗?'当时,我的副手斯科特·皮特曼(Scott Pittman)负责阐述 a 项目,我负责阐述止损方案,但结果就是如此。"

最终他微笑着说出了该决策背后的真正原因。"董事会中有的成员担心我们会不断进行互换期权交易。他对做空股票的方式表示担忧,并且难以确定这是否是一种授权行为。其实他没有完全理解做空指数和卖空股票的概念。毫无办法,我们只有延缓实施该方案,先推进 a 项目的实施。但我们会让它发挥应有的作用,并且要让大家知道这并不是所谓疯狂、离奇的事情。实际上,这是一项固定规模的试点计划,12 个月之后,我们就会清楚看到其优还是劣。"

某些项目即使已经进入委员会审批环节,但审批过程还是困难重重。"我经历过最困难的一件事情是,要让国际互换与衍生品协会(ISDA)的文件通过审批。我在之前的工作中早已接触过这方面的相关事宜,这也令我不得不提及大学和企业之间的差别。企业已习惯于去规避石油价格等风险,同时也能有效快捷地处理这类文件。在大学里,我们利用互换或期权交易的投资项目获得了审批,于是我们决定由此入手。但是,协助我们构建投资项目的人却提醒我们,重点在 ISDA 文件上,事实也确实这样,我们在此耗费了比预想中更多的时间和精力。其差异也就在于学府和企业的属性不同。"

对于是否需要让直接投资获批,他仍然表示怀疑。"我并不认可我们被授权投资新兴市场固定收益证券。直接投资往往受限于核心资产。假设预期的固定收益较低,只有 5%~7%,那么这样的直接投资在短时间内会是最佳选择吗?真令人怀疑。我认为该等式即使我们的规模翻倍也不适用。我更愿意让外部经理来负责这一板块。"

投资委员会已经赋予胡克在资金额度较小情况下的自主决策权,以便应对市场变化,及时做出相应对策或便于协同投资等。

"委员会出台了一系列指导方针,在几百万美元限额内我们能自主支配以便抓住稍纵即逝的机遇。这一限额并不是针对经理而言,不过是一个上限总额而已。机会往往在转瞬之间,我们必须尽快做出评估。他们给了我们充足的资金,并可以让我们事后再向委员会汇报。"

在贝勒大学工作的6年期间，他曾经有过一次这样的投资。这是一项短期受让资产，他预期应该有可观收益。

“我们不必直接投资或共同投资。主要问题是，需要有耗时费力的人力资源，如果你愿意耗费大量时间，我就只能压缩资本。一旦投资获得收益，我们就会让委员会增加额度，并将原来的额度清零。而审批能否通过，只有等待委员会的反馈信息。委员会内部也会产生不同的观点——我们到底应该加大投资还是耗费人力资源呢？”（继胡克访谈之后，他的提议获批。）

胡克无意中发现了油气公司的一个直接投资项目。“这家公司的前身已经达到了一定的规模，他们要将公司出售，转而重新成立一家性质相同的公司。胡克仔细查看了这家新企业的创立和募集资金的全过程，去年我们决定对其实施投资。我们异常清楚他们所开发的行业，董事会也很清楚。在这项投资上我们具有竞争优势，我们很有可能成为新董事会的成员之一。综观其发展状况，我们所掌握的信息非常有助于我们随时与其高级管理层间的接触沟通。”

“我们必须拥有合理额度的资金用来抓住机遇。客观上说，想做一些这样的投资是蛮有趣的，但是你必须明确投资动机并且能够清晰又合理地汇报给委员会。这与选择经理还是有区别的。”

直接投资要比其他投资耗费更多的时间和精力。胡克说道：“我们不会选择大规模投资，但在机会出现时进行小额投资是必需的，也是很有价值的。”

投资组合的构建和管理

建立新的资产配置政策，并在5年之内将另类投资的份额从2%提高到40%，对于许多经验丰富的投资总监而言绝对是不小的挑战。胡克与并不熟悉风险资本的新投资委员会共同努力，实现了这一目标。接着，他制定了连许多大型机构也尚未实施的资产配置政策。当然，管理捐赠基金光靠制定政策是远远不够的，更重要的是付诸实践，并在实践中得到验证。

发掘和挑选投资经理

除了为贝勒大学制订及宣传投资计划外，胡克在宏观策略和挑选合适的经理上更是竭尽全力。上天既不会掉下馅饼，也不会额外眷顾你的投资组合。与其他投资总监一样，胡克也必须不断改善整体流程以满足市场需求。

“我也希望能得到一份较完美的答案。我们会不断收到那些素不相识的经理们的邮件,他们会向你表白他们曾有过的良好业绩及显眼的履历。五花八门的东西扑面而来,超负荷的信息量让人眼花缭乱。删除了没用的信息,我们也不禁扪心自问:‘我们到底需要什么?我们会不会错过了什么?’如此这般思虑,是为了确保我们在行进中的目标正确性,避免走入歧途。

“如果我们能够确立目标、方向准确,就将那些信息垃圾弃之不顾,集中注意力,轻装投入市场。也只有适当的战术摒弃,才能筛选出符合整体策略的投资组合。”

董事会和投资委员会的观点、想法在胡克眼中历来占据举足轻重的位置。

“一般而言,对董事会的意图越理解,越有助于你接近目标。如果你知道董事会或投资委员会的某位成员必定否定某一项策略,那就放弃努力吧。我们正在尝试多元化的投资组合,当然还不可能涉及所有的投资类别。可我们正全方位回避、舍弃那些投资收益微薄甚至无收益的部分。这里不得不重提沟通的问题,如果你和委员会成员之间交流顺畅,那么你将会得到董事会更多的理解和支持。无论是选择投资还是选择放弃,实施中都会显得得心应手。”

胡克同其他投资总监一样,通过多种途径想方设法来发掘投资经理,最普遍的方式是电话和群发邮件。

“我们动用了一切可能的方式去发掘合适的经理,有的是直接面试,有的是来自咨询顾问推荐,也有的是在诸如网络系统管理(NMS Management)的对冲基金小型讨论会上所得。我们就是通过这些方式雇用了 3 名经理,我个人并不介意具体采用什么方式,只要能找到合适的、具有才华、本人又愿意任职的投资经理。”

胡克非常善于挖掘、利用咨询企业为捐赠基金提供建设性的意见。

“这是我们应利用投资顾问的契机。我们彼此之间既要配合紧密、步调一致,又要保持本机构独立的决策机制,自己确定最终的投资方案。我们不会随意放弃或改变一项决策。同时也希望咨询方能根据其流程得出相同的结论。但是现实总不尽如人意。我们之间经常存在分歧,有时结论甚至会南辕北辙。经过互相探讨、互相争论,最终协调成功。”

有些时候,与投资顾问的争论有助于增加鉴别力或是发现疏忽遗漏,并且具有取长补短的功效,这对于得出一个完善的结论往往有意想不到的效果。

“在综合所有数据之后,将各方意见考量在内,制订最后方案。我们并不在乎想法由谁提出，我们只关注它是否适合投资组合。"

胡克也会直言不讳地对某项投资策略说不行。"我会明确告诉经理，我们是不可能这样做的。在投资行业中，时间就是金钱，机会转眼即逝，我没必要含糊其辞或使用外交辞令而贻误时机。如果结论已表明某项策略只是徒劳，那又何必浪费时间？假设你坦率地告诉对方，但对方并不接受，那就以后再说，先遵命执行吧。如果原因偶尔出在委员会或董事会的个别成员上，那还有改变的余地。但有时候不存在审批通过的可能性，这时，有什么必要浪费这么多时间和人力？"

经理选择标准

在挑选经理时，胡克会考虑到一系列因素，包括个人性格、特点和投资风格。

"这一系列特征的关键点就是要诚实正直。我希望经理们能与我们保持协调一致，就如同我和董事会之间的坦诚相见。一旦出现失误或发生意外事件，势必要与投资者沟通。一旦出了问题，只要及时了解，就能想办法处理。一旦事件发生，我宁愿尽早知晓，也不愿在事发 3 个月后才惊讶地发现。确实，持续有效的沟通有助于在机构中保持上下级之间的协调和同步。"

胡克在初次见经理时就会通过观察、交谈来推测对方的心迹。"坐在那里观察经理的眼神，以及交谈过程中的语调、谈吐，你能感知到很多。开始他们一般不会过度袒露自已，但你从细节中能大致了解他们在应对某些特定情况下的本能反应，还能大体推测出他们以后的投资风格。"

胡克认为，在与同行业人士的交流过程中，聆听他们的选才标准和对不同经理们的评价也是很有趣的。他也借此获得很多信息，并且拓展了思路。"我认为，基金会、捐赠基金投资总监和员工之间的交流尚不充分，我们的私人社交网络也是如此平淡。如果你有同行在某所院校就职，通过他们间接了解某些经理的近况，就可能发现对他们忽略的部分或盲点；反之亦然。上下级、同行间的交流、对比心得在投资过程中会有意想不到的效果。"

投资顾问曾经带着胡克和另一名捐赠基金投资总监去见其他经理们，胡克对这次经历留有深刻的印象。"我们 3 个人一共会见了 6～7 名经理。彼此之间以各自不同的观点打开了话匣子，整个讨论精彩纷呈，各种不同的投资风格为场面增色不少。"

他们会把经理们的个人特点演化成企业风格。"最终，我们通过鉴别会选择原则性较强的企业经理，我们尤其看重的是能够应付市场低迷又具备管理有效风险的经理。我也并不苛求经理具备什么良好品行，但我们选择的经理务必诚实正直、心理阳光。市场活跃期间，大多数人能水涨船高、做得很好，一旦市场进入低迷期，就能明显辨别出一名经理的真正素质。总之，一名合适的经理对我们决策的具体实施有着非同一般的意义。”

构建投资组合

贝勒大学在构建投资组合时，既重视风险管理，也考虑到市场的获利机遇。为了降低“企业风险”，他们将所有投资经理的管理份额限制在特定的范围之内，另类投资通常只占1%。

“以金额数量来表示，所谓1%相当于1 000万美元。一般经理在初始阶段的管理金额为100万～200万美元，但无论是100万美元还是1 000万美元，其操作方式是类似的。我告诉委员会：‘无论是500万美元还是更少——金额数量如果无法满足基本需求，那么无论多少都将失去意义。’通常是金额在500万～1 000万美元比较合适，范围也很合理。当然，我们有时也过于放手，让一名经理掌管一切事务、承担太多风险。”

贝勒大学的投资组合中，有3～4名经理管理不良债权，其中包括1999年首次投资的基金。“我们在这项基金上是广种薄收，人力、财力耗费不少，然而在分红时，由于货币升值使得价值近似保持不变。”胡克认为，将不良债权或风险资本分散给各个经理来管理是一个合理的选择。

在杠杆收购方面，胡克尽可能避免收购大型基金，集中收购中小型基金。“时间会证明一切。我仍清楚记得在企业工作时，有一个关于雷诺兹·纳贝斯克公司(RJR Nabisco)的传说。对于这类大型基金大手笔的退出策略，其涉及的不确定性令我担忧。也许有人能够做得很好；但对于我来说，仍然会选择远离这种投资方式。”

自胡克加入贝勒大学以来，长期配置的份额就大幅减少，贝勒大学更加专注投资少量的特定基金，风险一般在3%～6%。每个项目都由两名经理共同管理，他们一般不会让一名经理去管理某一种完整资产类别。

“我不认为各个资产类别分派一名经理的方法对机构的投资组合而言是合理的。即使有相同部分，两位经理也会有不同分工，他们可以分别负责定性分析和定量分析。我们有10～11名从事传统投资或长期投资的经理和45名另类的投资经理。这也是遵循经典的‘80/20规则’来划分的，我们在另类投资方面进行了更加细致周密的划分，也着重分派了更多的投资经理。从风险角度而言，这也是非常合理的。可以想象一下，如果另类投资选择出现了问题，你也许会损失1%，但这都在可承受范围之内。”

自在银行业从业至今，胡克一直谨记评估贷款的“爆破风险”。“如果你贷款20亿美元给一家资本完善的跨国企业，结果对方却将这笔钱投资并以失败而告终，这到底是谁导致了交易失败呢？一旦发生这样的事，你势必会蒙受不小损失，但大多数情况下，这并不会导致交易完全失败或影响整个公司财务。这时你需要做的就是将风险最小化。即使碰上了最坏的结果，也不必认为是世界末日的来临。”

风险管理

从整体而言，贝勒大学构建的投资组合完全可以承担起一年的损失。

“我们建立的投资组合即使在市场极其低迷时也能在一年之内保证正常运作且有收益，我不会随意表态说，有关投资组合的波动率是 X 和风险 Y，当意外情况发生，这些关系最终都会是相应的同步变化。我们正在尝试构建一个能承受市场冲击的投资组合，就是投资组合不会过多受一些类型的冲击或事件影响，甚至部分投资品种的收益还能逆势上升。”

在类似事件发生时，胡克也在竭力使损失降到最低。“我们都清楚知道，谁也无法预料会发生什么意外事件。无论是全球性恐怖袭击、美元贬值还是禽流感，它们都会对投资组合产生不小的影响。类似风险发生了，不仅会影响投资组合，也会影响大学的正常运作，最明显的就是学生的录取状况。”

胡克和委员会都在不断思考投资组合风险的战略管理方式，并经常自问：“会不会错过了什么机会？是否有什么出乎意料的事情要发生？我们所做的是一种正确的选择吗？”

胡克会定期进行定性分析。有时往往当你觉得一切都没有问题的时候，问题还是会突然出现，因此，要居安思危才能临危不乱。无论是投资顾问还是我们，都要一直保持着如履薄冰的状态，而投资顾问所担心的问题可能更多。这是投资市场永不停歇的商战，我们不可能在考虑这方面的问题时有丝毫松懈。正如我们所知，事件会发展迅速，很快在世界另一端就会有所反应；一旦一连串的反应发生了，不可预料的事情也就发生了。”

目标和方向

胡克和皮特曼连续努力,共同创立了投资实习项目,这类似于投资银行的"发展培训项目",主要是与贝勒大学商学院挂钩。皮特曼作为商学院兼职教授,主要负责在他的学生中物色候选人。虽然该项目现在还属于起步阶段,但胡克对现有的状况还是比较满意。对于该项目的首要任务,"就是为实习生规划正式员工不愿意做的工作"。实习生要做的是通过分析大量合同和文件、文本,从中找出遗留下来的捐赠基金资产的准确依据。"这其实是一个长期积累下来的问题,只是没有人愿意在上面耗费大量时间。"考虑到这其中可能带来的收益,就充分利用实习生资源,让历史遗留资产重新带来增值。

胡克在任职早期,曾经声称贝勒大学捐赠基金的目标是在 2012 年资产达到 20 亿美元。幸运的是,学校并没有硬性规定胡克要实现或兑现所有的发展目标,因此他无须承担额外压力去工作。

贝勒大学"在 2001 年从 6 亿美元资本起步,发展至今已超过了 10 亿美元。在短短 5 年时间里将这个数字翻倍,这几乎令人难以相信。在 2001～2002 年度,我们还挤进了前 500 强。如果到 2012 年我们的规模还未达到 20 亿美元资产,我也并不觉得有失落或失望的感觉。因为我们在多方面获得了真正意义上的收益,捐赠基金总金额也取得了实质性的增长。在没有大规模额外捐赠的前提下,捐赠基金规模也已经超过了 10 亿美元"。实际上 2001～2002 年间是一段艰难的时期,美国"9・11"事件和泡沫经济破裂对投资企业产生了很大的负面影响。在这样一个 10 年计划中,人人都在施展才华为收益而不懈努力。在不久的将来,我们势必会展开一轮新的投资规划并付诸投资市场。

胡克还同其他的员工一起负责管理与投资相关的项目,比如学校的房地产收购和资产剥离等。由于捐赠基金的资金规模形成不久,因此他绝不能让员工以为资金已经充裕,产生所谓的良好感觉,还是会严格按制度要求其经理们更科学合理地利用资金,向目标挺进。如他所言,不能让他们有高枕无忧的感觉。胡克也坦承:"愿意承担风险,最终是为了获得回报。谁都希望有收益回报,我目前所做的一切,时间会给出正确答案。"

经验、观察和建议

乔纳森・胡克的谈话还涉及他个人对投资企业的思考与机构和个人投资者

的建议。

“多样化也许是上帝赐予的一次难得的机会。无论是机构还是个人投资者，一定要考虑、关注多样化投资。通常个人投资者对多样化的理解有所缺乏，如果你对多样化具有全面、深刻的认识，不仅有助于投资收益，在自我保护方面也有帮助。请记住它，它会让你看到开花结果。”

另外，胡克对于投资者的盲目跟风也表示出担忧。“当某种投资风格开始兴起，投资者一哄而上、资本持续涌入时，你会不会也加入其中呢？在市场中资本过多涌入时，这绝非最佳的投资时机。”

几年前在一次投资者讨论会上，他曾听到一名权威人士说：“如果你跟风而投资了这类资产，那么你愚蠢到家了。”权威人士建议尽快转向其他投资。“我对我的邻座说，‘现在我们是否要马上做出调整？’最终的结果完全证实了权威人士所预料的一切。”

对于同行业的投资总监，胡克再次忠告：具体实施投资中既需要正确把握又要融会贯通董事会和投资委员会的决策。“你可以不去迎合，但必须全面理解他们决策的原因。只有你们彼此之间建立了良好的关系，才能够保证你自己专注市场的变化，集中精力来确保机构处于最佳营运状态。”

“同样，让董事会能够充分理解并支持你的做法，尽量避免做出让他们惊慌失措的事情。没出问题当然没事，出了问题就会使你一筹莫展。另外，你也必须坚持自己认为正确的事，这也是你的职责所在。总之，全面了解治理集团的决策背景将有助于整个投资的实施过程。”

投资失误

旁观者清，发现他人的错误相对容易；而当局者迷，避免自己犯错实际很困难。“我们经常告诫自己少犯错，但其实并没有确切资料表明今后到底是不是这样。在对投资人做出承诺之后，我们会定期进行自我检查，并扪心自问：‘对投资者我们尽心尽职了吗？我们还有什么疏忽之处？’我们不断进行自我反省，至少避免出现明显的失误。当然也没有什么能够使我们觉得沮丧——更何况是目前还未发生过让人大失所望的事情呢。”

胡克明确指出，在不恰当的时机投入市场是当下投资者的真正问题所在。在他就职前，贝勒大学在 2000 年 3 月就犯过这样的错误，他们在科技股泡沫的巅峰时期,选择了做多/做空科技通信股作为首只股票对冲基金来投资。

"当时经理不知怎么地忘了去做空,这可是本校历史上最令人失望的一次投资。这名出身于分析师的投资经理最终被解雇了。在环境最糟糕的时候,彼得原理(Peter Principle)开始显效。贝勒大学最终抽出了只占30%的一小部分资本,对整体而言损失还不算很严重。我无意去责怪之前的经理,在当时的情况下,我也可能会做出同样的决策。所以我不会责怪任何人,很多人都抱有不现实的期盼。"

好在机构在吸取教训中不断得到提高。

"有一个时期是投资的蜜月期,所有的投资部分都上升了40%。这真是我们希望看到的。我们无法期望在新就职经理身上具备与生俱来的丰富经验。可是,好的投资分析师往往能够独树一帜,这也是无可争辩的事实。"

他们的天赋加上运气避免了类似的错误,胡克也希望能够继续保持下去。

"敲敲木头——幸好,我们没有因为这次经历而一蹶不振,对于类似的错误,反而会引起我们高度的警觉。这也是我们不断自我反省、自我检查的原因之一。"投资上的急功近利、急于求成往往是让投资者走向失败的重要原因,历史已经充分证明了这一点。

注意事项和相关问题

胡克对贷款抵押债券(CLO)/债务抵押债券(CDO)仍然忧心忡忡。他说:"看着发生的事件并产生一系列的连锁反应,尤其是在事情发生概率还比较高时,真是一件烦人的事情。尽管许多经理并不应该选择回避,可我们对于那些对冲基金的策略还是充满信心。我们让经理选择对冲基金,还是具有一定把握的。"贝勒大学确信,对冲基金经理有能力在市场发生剧烈震荡条件下仍会获得收益。

胡克还提到了自己对大盘股并购市场的担忧,因为这一市场本身已经吸引了大量资本。

"我经常在考虑这样一个问题,真正影响流动性的是什么?谁都知道市场存在流动性,利率相对较低时,融资非常容易。那么是谁在掌控这一切呢?我还没有找到真正答案,这也是我的担心之处。"

领导力

乔纳森·胡克个性鲜明,代表了新生代捐赠基金投资总监在投资市场雨后春笋般的成长。虽然他与其他投资总监年纪相仿,可他在投资组合管理方面的履历尚浅、经验相对较少,这使得他能够在短短5年时间里从银行业转变成一名成功的投资总监而格外引人注目。没有传统投资经验的束缚,更使他敢于开拓、驰骋于投资市场。也许,从执行总裁的角度来理解他会更确切。对于那些现在或是将来管理中小型捐赠基金的投资总监们来说,胡克就是他们的一个现成的榜样。胡克的成功经验表明:对于一名投资总监而言,仅有专业投资技巧是不够的,还需要具备领导力、管理及营销等综合能力。展望未来,乔纳森·D.胡克预示,在不久的将来,执行总裁和投资总监必定是合二为一,市场的变化发展需要不断产生新的混合型人才。

第十四章　在新的投资领域导航

——丹尼尔·J.金士顿(Daniel J.Kingston)，火神资本(Vulcan Capital)组合经理、执行董事

丹尼尔·金士顿负责监督管理火神资本的投资组合，该公司为保罗·艾伦(Paul Allen)家族理财室旗下的投资分支机构。金士顿在结束了兵役生涯后，随即进入沃顿商学院深造，并取得了工商管理硕士学位。踏进火神资本之前，金士顿致力于非营利和捐赠机构的投资，大部分时间在斯坦福管理公司(Stanford Management Company)与投资才华横溢的同事们共事。从管理基金资产的经验积累上讲，其让金士顿充实了背景知识并具备了对未来高瞻远瞩的能力。这使他能够在以后职业生涯里引领基金会和捐赠基金在变幻莫测的投资市场中不断发展，他个人鲜明的投资风格也代表了一种新型投资管理者的产生。

如同一位在茫茫大海中驾驶船只巡航的海岸警卫队负责人，金士顿铸就了敢于冒险的精神和领导能力。他非凡的拓展能力吸引了大批的企业家，这也让他更有信心以崭新的投资方式驰骋于行业的领先位置。作为一家开拓型家族理财室的成员，金士顿有着充分的优势来领悟和管理基金会下一波财富的创造。

除了研究资产配置的宏观战略决策，金士顿同时也负责火神资本与外部经理之间的项目投资。他在公募股权、私募股权、风险资本、房地产、另类投资及固定收益等投资领域都有着一定的独到之处。除此之外，金士顿在其他的投资咨询公司董事会及某些非营利机构董事会中也拥有一席之地。他还担任考夫曼奖

学金公司(Kauffman Scholar, Inc.)的董事会主席。

金士顿曾任考夫曼基金会(Kauffman Foundation)的投资总监,主要负责管理基金会投资部门。此前,金士顿就任斯坦福管理公司执行董事一职,具体负责开发和管理斯坦福大学证券组合管理的内部投资策略,他于1990年正式进入斯坦福。在此之前,他还曾是惠普公司(Hewlett Packard Corporation)投资部的金融分析师。真正开始自己的投资生涯前,金士顿在美国的海岸警卫队度过了5年军官生涯。

金士顿毕业于美国海岸警卫队学院,获得学士学位,并获得了位于宾夕法尼亚州的沃顿商学院工商管理硕士学位。如今,他还持有注册金融分析师证书。

背景介绍

和许多同僚相似,年轻时候的丹尼尔·金士顿的梦想和成长于20世纪90年代阿波罗时代的许多男孩一样,或许是受到电视剧《太空仙女恋》(*I Dream of Jeannie*)的影响,他梦想成为一名翱翔宇宙的宇航员,而不是一名职业投资总监。他发现许多宇航员都曾有过在诸如西点军校(West Point)或安那波利斯(Annapolis)的从军经历,他多么希望自己也能够获得那样的专业训练以实现梦想。

“遗憾的是,我发现我的视力不佳,不适宜飞行。我梦想的宇航员生涯就在我17周岁那年宣告结束。”金士顿的父亲是美国海岸警卫队的军官,当时他鼓励儿子申请进入海岸警卫队学院进行学习。“海岸警卫队是允许戴眼镜的人开船的。”他接受了这一提议并认为自己将延续家族传统,一生致力于服务美国海岸警卫队。

金士顿毕业后,他的第一份职业就是在海岸警卫队中一艘最大的舰艇上担任枪炮操作员,前往夏威夷。紧接着,他就成为船上的训练官。“这个职位也算一名指挥官,有9名士兵归我指挥。这对初出茅庐的我而言是一种挑战,其意义非凡。”这项工作需要与美国海军进行密切的合作,而这份经历也促使他之后能有机会前往火奴鲁鲁(Honolulu)的14军区总部预备部工作。

预备部相当于海岸警卫队防御计划部的非官方代号,这项工作需要金士顿与军部的其他分支机构,特别是与美国海军紧密合作。“我最终被安排到了海军防御司令部。那段经历让我有机会从宏观的战略角度来看待世界。我也发现，相比前线军官，我更喜欢从全面战略角度看问题。”在夏威夷大学就读后，他开始向往军队以外的生活。“我逐渐意识到，在海岸警卫队我无法真正去做自己喜欢做的事情。”由于曾在大学里学习过管理和工程，去研究生学院学习工商管理也是在情理之中。“无论这段时间怎样，它让我能够真正了解自己适合做什么。”不久，他告别了“阳光明媚的夏威夷”，来到了“历史悠久的斯库尔基尔河畔”，就读于宾夕法尼亚大学的沃顿商学院。

“由于我当时感觉一片茫然，我撒网似的参加了很多讲座——投资银行、投资管理、战略咨询。人在发掘各种可能性的同时，还可能解决每天的晚饭问题，这实在太棒了。5 年的军事训练和在夏威夷的冲浪并没让我具备足够应对繁杂现实世界的能力。”

沃顿商学院

在商学院的第一年，金士顿偶然参加的一个竞赛无意中促使他成为职业投资者。美林证券投资挑战赛(Merrill Lynch Investment Challenge)的每一个参赛者将获得 10 万美元的虚拟资金用于投资。“我和我的朋友山姆·李(Sam Lee)当时就意识到，如果采取常规的传统做法，我们绝对不可能脱颖而出。比赛时间和结构的限制意味着我们必须承担风险。我和山姆分别采用了超乐观主义和超悲观主义的方式，最终我们将两者中和，我们相信能借此赢得比赛。”想到曾在课堂上被提及的“1 月效应”——股票行情每年 1 月都会有所回升，金士顿利用这一优势将 10 万美元的虚拟资金盈利到了 30 万美元，最终胜利而归。

“当然，这也可以说是运气不错。但却让我体会到，投资过程的必然性中包含着某种偶然性。仅以眼前投资业绩的好坏，并不能证明一切，关键在于，这项投资能否在动荡起伏的市场环境中，在大部分时间处于良好的状态。”他铭记这样的教诲：“投资者往往过多地沉溺于昨日的收益，而缺乏研究产生良好绩效的原因所在。”

金士顿正式决定进入投资管理领域，他认为这项工作能够很好地发挥自己的数学才能，并符合自己的思维特点。在他姐姐的帮助下，他有幸找到了一份再适合不过的暑期实习工作。“我的姐姐为我在惠普的投资部找了一份差事。这份工作实在是棒，它让我了解了从计划发起人的角度审视投资策略和资产配置的过程。”

在这一过程中，一系列具体的工作教会了他系统的投资分析技能，并让他有机会亲身体验评估新的资产类型。“鉴于我的工程学背景知识，当时我做的是审阅分析房产担保抵押贷款的(CMO)投资组合。在1989年，CMO还属于鲜为人知的投资领域。那次机会让我全面理解了如何通过解析风险来创造价值，从而让所有投资者的风险都控制在各自可承受的范围之内。”

斯坦福管理公司

惠普公司地处美丽的加州北部，优美的环境为这份实习工作更增添了色彩。从沃顿商学院毕业后，金士顿回到了自己成长的地方，当时正值斯坦福大学筹建斯坦福资产管理公司(SMC)之际。类似于哈佛管理公司的创设，斯坦福大学敏锐地意识到需要高效严谨的机构来管理旗下捐赠基金。因此相比大学内部管理，更需要组建一个拥有不同文化氛围的专业投资队伍。

有400名应聘者踊跃前来应聘证券经理助理一职，最终金士顿一举获得了这一职位。大多数学校的资产是由外部经理进行管理，但仍然有约25%的资产是由所谓的“内部基金管理”部门自行管理。金士顿加入的正是该部门，他直接向查尔斯·弗罗兰(Charles Froland)进行工作汇报并与大卫·罗素(现任达特茅斯学院投资总监)一起共事。

“查尔斯和罗素都是非常杰出的投资人才。是查尔斯让我对斯坦福资产管理公司的职位产生了极大的兴趣。他是一个观点明确、思维清晰又极富远见的人。大卫则是难得一见的求知好学又富有才华的人。从他们身上我学到了极其宝贵的投资知识和经验。查尔斯·弗罗兰教会了我战略投资与战术投资以及它们的区别。大卫则帮助我弄清了固定收益市场及交易动态问题。”

斯坦福资产管理公司与著名的斯坦福大学金融学院正就将投资理论转换成市场投资实践进行密切合作。金士顿表示，许多的投资策略，比如风险配比、可转移阿尔法及风险分析等，都是在20世纪90年代由斯坦福资产管理公司首次提出并实施。

“比尔·夏普(Bill Sharpe)进行过一次咨询实践，他让自己专注于10名客户。他任职的斯坦福大学有幸成为其中的1/10。在拥有学术理论引导的同时愿意向新的领域开拓，这有助于在投资市场中产生非同一般的效果。”

在最初的几年间，金士顿开创、发展了战术资产配置模型，其中涉及交易衍生品、房地产信托投资与股票及固定收益投资组合。他认为，这一程序对于了解风险承担及资产管理大有裨益，尤其在 1994 年的熊市，完全证明了它具有不可替代的作用。

“在 1993 年整个固定收益市场面临危机之后，1994 年初我们感悟到了逆转的可能性。正是那一年我们从固定收益市场中获得了可观的收益。当然这也只是相比较而言，算是矮子里的高个，实际上仅是一种心理安慰而已。”

5 年之后，当股票市场过度扩张引发泡沫时，曾经经历熊市的他却从中获益。在那期间，罗素和弗罗兰双双离开了斯坦福资产管理公司。当时主席随即任命现任的休利特基金投资总监为内部基金管理总监，后为执行董事，主要负责所有资产类别的投资管理。

“事实证明，相比雇用外部经理，我们能够以更低的成本完成外部经理的全部工作，宏观战略的制定使我们也更切合市场发展趋势。前者含固定收益、私募股权配置及商品管理工作；后者则是一系列期货叠加及股票对冲。也正是这些对冲手段缓和了斯坦福在科技股泡沫破裂阶段的风险，从而涉险过关。”

金士顿在斯坦福资产管理公司的工作让他获得了许多极其宝贵的投资经验及一系列的专业技能。其中最有价值的莫过于直接投资中的感受。“那样的经验与体会你是无法从教科书上得到的。尤其当你站在自己雇用的投资经理的角度看待问题时，你会感到受益良多。”这有助于及时正确地分析经理对于风险的看法，以及其在市场不断上下起伏变化过程中所产生的真正原因。虽然投资者能够从与投资经理的沟通中收集到类似的信息，“但对突发事件决定斩仓而言，或许存在其他的解决办法。你需要认识到：需要分析投资经理的投资思维和过程，而并非仅是他最终呈现的结果。”

考夫曼基金会

在斯坦福度过 12 年投资生涯，拥有了 12 年的工作经验后，对冲基金领域中多家公司向他伸出橄榄枝。金士顿最终在 2003 年跨入了考夫曼基金会。

“虽然斯坦福有很多工作能够让我在经济上获得更大的满足，却无法让我获得精神上的愉悦。考夫曼基金会的使命不仅在于教育，更在于企业家精神，即为我们的社会带来更大效益。这对于我来说是再合适不过了。”

金士顿和我们分享了他对于基金会真正价值的深刻理解。“大多数人通常会以资产规模来衡量基金会的地位。这就好像以公司股价来衡量一个公司的好与不好。然而,真正重要的并非仅仅是资产规模的大小,而是如何有效运用好这些资产。雄厚的资产规模能让一些基金会有能力进行一些大型投资项目,但是最终项目的成功与否靠的则是二阶效应。初始资产规模真的能够在变革中一直起决定作用吗?”

在考夫曼基金会,金士顿发现了一个很有趣的动因。鉴于其教育使命,基金会希望吸纳偏向政治自由的人才,但是考虑到企业家精神的使命,基金会又更倾向于保守观念。“在选举期间,休息室里经常能看到有趣而充满生机的辩论会。此外,地处国家中心的堪萨斯城,更容易迷失在任意派别之中。”

不同于大多数基金会,考夫曼将企业家精神直接用于投资中。“过去的经历让我洞悉到,创新对于当今社会是多么重要,最终它必定会为我们带来可观的货币收益。”金士顿与考夫曼伙伴(Kallffman Fellows)之间长期保持着密切的联系,该团体是在金士顿加入以前就被剥离的一个项目。“它始创于 1995 年,它的目标是在风险资本中加入技术专家的力量以扩张风险资本投资的规模。虽然 20 世纪 90 年代末还有其他因素导致了风险资本的扩张,但这个项目非常成功。”

加入考夫曼之初,金士顿发现投资组合所处的状态良好,不同的经理管理各自的部分,形成多样化的状态。当时他集中专注于一种自称为“收益驱动型资产配置过程”的项目。

金士顿进一步阐述道,“该方法的负面效应就是,随着收益的降低,必须承担更大的风险才能弥补亏损。因此,投资组合中的风险与市场中的机遇息息相关。如果期望收益值上升,那么要完成目标所需承担的风险也高;反之亦然。”

“当然,风险的承担也并非完全依赖于市场,也应该倚重于一个机构所能承担风险的能力。相比“风险忍耐力”,我更愿意用“风险承受力”来进行阐述,因为前者是以一种较为主观的方式看待问题。而机构的风险承受能力是来自全面客观的测算,当然其中不乏一些主观因素,但主要是以系统测算为基础。利用历史数据和同业评估的方法只是分析中的一部分,此外,你更应该清楚地了解机构的真正需求及现状。

“基金会当然有能力基于资产规模在时间的长河中进行扩张或缩减。但类似的调整绝非易事，因为在这一过程中随时都会出现意想不到的情况。要清楚，资金的流失对于基金会而言极具危害性。这与大学里的发展部门性质不同，在这里你一旦失去了资金，就难以弥补。”资本和投资收益是主要的收入来源，但在投资组合中赔钱对于基金会产生的影响则更大。

在任职期间，考夫曼的投资委员会首次给予投资总监一项自由裁量的权力。对于许多其他组织而言，这可是一个质的变化，可对于考夫曼而言似乎理应如此。“治理结构在考夫曼基金会得到了有效的改善。投资委员会是一个极具专业知识的小型团体，一旦市场出现机遇，就能随时做出最快的反应。”金士顿从不觉得让投资委员会参与决策重要事件会影响效率，然而随着组织的不断变化，他认为应该建立一个更为稳定和长久的机构。

火神资本

考夫曼基金会和火神资本在很多方面都颇为相似，两者也是基于同样的使命创立的：通过转变来不断提高效率。基金会明确表示，针对某一特定项目的投资时间不会太长，特别是处于风险较大的时期，他们坚信成功的项目最终会吸引其他的资金来源。如果基金会的资金来源断裂或者其他资助者由于看不到项目价值而选择撤资，此时基金会也会选择停止投资项目。火神资本是一个充满理想、致力于改变投资世界的组织机构。以古罗马的火神命名，火神资本的目标就是将理想变为现实。

“加入火神资本对我来说是一个千载难逢的机会，带领一个团队一切从零开始，建立起一个全新的组织机构并适当发展、扩张。保罗·艾伦(Paul Allen)是一名具有真知灼见的人，并为我们的社会留下恒久的财富。除了在微软担任要职，他的家族理财室还参与了星际旅行、能源效益、无线世界以及突破大脑研究等项目。该组织不断洞悉、追随全球发生的一切，并不断思考怎么利用自身的一些新知识或增加资本来改变、造福于这个社会。”

金士顿以一种自上而下的视野综观整个投资，以确保证券组合的整合性。为了达到这个目标，必须对每一项投资以及潜在的内部机会和外部机遇都有一定的了解。“我们的外部策略就很多方面而言是一个完整的投资组合，同时我们也希望能够利用最好的时机来充填我们的投资组合。在一些项目中，我们处于较有利位置来实施策略，另外一些则会交由外部团队或组织具体负责。”

处理陌生的税务问题对火神资本而言又是一项全新的挑战，这让他不得不评估所有经理的净收益及净税额。“这对于构建投资组合而言有着深远的影响。传统的捐赠基金结构思维需要转换，必须适宜火神资本的结构需要。”

火神资本从积极支付税金的平衡中寻求灵活性。而内部私募股权又让其能够抓住市场中最好的机会。“虽然火神资本始终希望拥有多样化的资金来源，但同时更期望保持其动态化，确保有积极主动的地位。这种控制方法在当下的基金会和捐赠基金结构下是无法实施的。”

成为投资总监

在谈到个人投资理念时，金士顿谈到了自己增加价值的能力。“我们在每次聘用投资经理时都必须清楚：‘我们的优势在哪里？’除去机构自身的特定优势，我们的优势还在于我们的原则、知识和人脉关系。这些竞争优势难以防卫。要保持持续出色的绩效很不容易，为了达到这一目标，你的注意力必须集中在真正起决定性作用的问题上。”

信息主管

任职投资总监之初，金士顿会不断收到发给信息主管的邮件，因为信息主管的英文缩写和投资总监一样是“CIO”。

“这让我突然意识到，或许信息主管的事并非与我完全不相关。事实上，我的工作就是收集信息、处理信息，再进行有效的管理，从而做出最终的投资决策。我发现，投资管理实际上就是信息管理的一种。显然，能够获得独家信息非常重要，但同样重要的是，如何在当下充斥着各种各样信息的海洋中筛选出为我有用的信息。越来越多的人也意识到，当下面临的挑战不是如何获得信息，而是如何有效利用信息。”

为了达到这一目标，金士顿尽可能拓展一切有效信息来源：书籍、电子出版物、经理、分析师等都在其视野中。“许多投资者往往将投资过程看作一场彼此的较量，但实际上，这其中还存在着大量的合作空间。我们进行的很多工作其中不少是重复劳动，应该完全可以通过建立平台来实现信息共享。现有的一些类似团体仍然以非正式的机构存在，事实上，类似的团体应该组建专业的组织结构。”

在信息处理的过程中，一些投资者偏向于自上而下的方式，而另一些则偏向于自下而上的方式。然而，金士顿认为这两种投资者均无须互相排斥。“自下而上的分析方式对于短期投资而言更为有效，而自上而下的分析方式则更适用于长期投资。我想，可以用一种有趣的方式来描述不同时期的变化。当我在夏威夷时，我和很多人一样学习了冲浪。”他笑着说道，“这看似和我现在所做的事毫无关系，但在我学习冲浪的过程中得到了很多宝贵的经验。例如，不是所有的海浪都适合冲浪，而当真正适合的海浪出现时，你就需要能够辨识并随时做好相应准备。”

金士顿相信，唯一能从泛滥的信息海洋中获取可利用信息的方式，就是将责任划分至每个个体。“经理们通常关注的是个人部分的证券投资机遇，例如，资产经理关注的是资产类的机会，投资总监则更注重长期战略下的投资机遇，而投资委员会则注重保护宏观战略的一体化。投资总监有责任对信息的流量进行梳理，但在这一系列的价值链中，都离不开正确的决策和监督。”

资产配置和投资组合管理

在充分运用有效信息的前提下，投资评估对资产配置而言起到了很好的框架作用。“很多机构在投资过程中缺乏应变，这是未真正理解市场交易的本质。如果你认为资产配置在投资过程中是重要决策之一并相信世界不是静止的，你就应该清醒意识到，根据市场需求适当地改变资产配置是非常必要的。”在控制能力受限的未知情形下如何做出反应，这也是投资者面临的典型情况，这无疑是一大挑战。

“历史上关于失败的资产配置案例有很多。许多机构自然而然地对于新提出的市场择时理论十分反感。显然，想弥补以前年度的损失需要很长的时间。事实上，投资回报是根据单位时间价值的变化来进行衡量的。因此，如果忽视时间价值，那么你就忽略了标的物中很重要的一部分。机构资产配置必须密切关注市场各种的变化，以不变应万变是行不通的。”

金士顿希望机构能采用灵活多变的资产配置方式，这是一种在市场被高估的情况下，能提供有效的投资结构但又不限制具体比例的配置方式。“其目标在于，在收益和风险之间不断权衡以寻找最好的切入点。即使是在2000年的科技股泡沫最高点，市场中的其他组成部分仍然存在实质性的机会。将成长型股票重新配置为价值型股票,显然有助于缓解市场下跌带来的损失。”在他看来,缓解风险的最佳方式就是拥有稳定的现金流,而这并不仅仅来源于债券。

金士顿以一个资产配置框架及其包括的证券种类为例,为我们进行了详细阐述:(1)价值创造。成长型股票、维权投资以及私募股权(根据板块、地理位置、流动性等因素分类)。(2)次级现金流。高收益率债券及价值型股票。(3)相对价值。识别并利用不同估值的对冲基金。(4)优先级现金流。通货紧缩时的名义债券或通货膨胀时的通胀挂钩型债券及核心房地产。

新想法的诞生

“你越是深入了解市场的运作规则,就越能够发觉几乎每天市场中都存在各种机会。”遗憾的是,大型机构往往无法逐一把握机会、付诸实施,可能是有些投资无法为其带来大量资金回报,抑或稍纵即逝的机会并不值得一试。基于这样的情况,机构会聘用一些投资经理来抓住这些所谓不起眼的短期机会。“随着时间的推移,基金会和捐赠基金的不断变化也会使机遇随之而来。那就是 1989～2002 年间高收益债券的案例。”

金士顿表示,投资者在实施某一想法、落实某一投资组合之前,必须很清楚地意识到自己所应承担的风险。“他们需要自问,自己所看的、所做的是否正是其他投资者所忽略的?”为了进一步论证自己的观点,金士顿引用了乔治·桑塔亚那(George Santayana)的一句话:“怀疑主义是一种纯洁的智慧,不要随意否定。”他建议投资者仔细考虑机会出现的来龙去脉、其持续时间多久,以及市场会有如何反应。“2002 年,投资者能明显感觉到对冲基金的扩张,许多机构都会自然地考虑到价格波动问题。而现在的主要问题是,投资者是否真正获得了他们的期望值?”

仅有好想法是远远不够的。投资者必须将其付诸实践。“历史上,捐赠基金表现出了极大的兴趣来尝试新的想法。这与很多企业文化是不同的,创新就是捐赠基金领域的财富来源。对于捐赠基金和基金会而言,需要做的就是不断将其认为正确的方法付诸实践。而其他机构往往还在关心其他投资方正在做什么。”

逆向思维

在寻找投资方向时,金士顿不会仅限于资本市场内的机会。“想要寻找能够获得超过平均收益的市场,其中的一个方式就是:逆向思维——考虑资本不会流向的地方。”逆向思维并不是简单地朝着相反方向去思考。投资者需要完全理解传统的市场思维模式，在此基础上才能真正了解逆向思维的真谛。为了能够区别于普遍的大众模式，投资者需要有良好的洞察力，以得出不同于普通投资者的传统结论，同时能坚定不移地按自己的想法实施。

“我们都知道关于打破惯例获得成功的古老话题，这是一种退而求其次的选择。许多学者表示，采用逆向思维获得投资收益是一种风险溢价——你很可能还要承担失去工作的潜在风险。”

逆向思维的投资者通常都有充足理由反驳当下的普遍观点。“对于有别于以往的观点，我们习惯持谨慎态度。当情况的确不同于以往时，我通常会给那些和我想法有抵触的一些观点留有余地。”投资者在心理上一般均希望别人支持自己的观点，但更需要有“非同一般的自制力和理性”来承认自己犯错的可能性。金士顿建议投资者仔细揣摩、深刻而全面领会逆向思维所产生的观点、方法。“你必须保证自己能够冷静、理性地对待相应或相反的观点。”

最大的担忧

金士顿现在担忧的也是所有投资总监的疑虑：易被忽视的尾端风险以及看似不可能发生的事却常常意外发生。“我们能够利用数据分析管理普通的收益部分。然而，二阶效应会造成一系列的连锁反应。例如发生在 1987 年、1989 年、1991 年、1994 年、1998 年以及 2000～2003 年间的一系列事件。所幸自 2003 年之后我们没有再遇上类似的情况。2003 年后，风险溢价均恢复到了正常水平。”由于投资者的定价并非基于风险适度的情况，因此低风险溢价十分危险。当意外发生时，“事实也正是如此”，投资者无法及时意识到风险报酬的丧失，并因此感到恐惧。这种恐惧继而会导致一系列的连锁反应。

鉴于上述情况，金士顿在充分理解自身投资理念的基础上，也会尝试其他投资者的投资方法。“这样往往有助于那些能勇于抓准时机的机构创造非常规的投资机遇。在我上述提及的市场波动时期，仍有投资者能从中获得不菲的收益。”

选择经理

就聘用投资经理而言，金士顿提及了两种方法。一种是外包模式，即将原本内部进行的操作全部外包，其特点是：可以降低成本。“这种方式讲究规模效应，并通过与其他机构分担管理费用而以较低的成本提供更加周到的服务。”

另外一种方法是聘用富有天赋的投资经理，并让他们按个人理念进行投资。但是鉴于风险管理需要，这类投资经理很难形成规模。“一般而言，规模和绩效往往是呈反比的。然而有趣的是，在发现机遇后的初始阶段，规模和绩效是呈正比的。例如，庞大的资产规模有助于初始阶段基础设施的建设以及人才的雇用。但放任投资经理自由投资的缺陷是：一旦想要调整机构资产中的重要组成部分，如将价值型股票转换为资本结构套利，就会削弱导致战略资产配置流程的重要性。”

治理结构

机构的治理结构会随着某项投资项目的规模及复杂程度的变化而改变。

“早期，由自发的投资委员会成员们共同管理资产不失为一种好的选择。”随着资产的逐渐增加，聘用全职专业人员来进行投资管理的收益开始超过成本。增设投资总监一职，使得投资委员会能更好地履行自己的职责：监督。

“资产管理与资产监督职责不同，两者必须各自独立。你需要有杰出的专业人才来做出明智的投资决策，同时也需要有相应人员对决策进行全面的评估。”

金士顿认为，为数不少的董事会缺乏足够的专业知识用来监督投资决策，因此只有将相关责任授权于投资委员会。“这就像针对投资总监而言，二度揣摩投资经理的投资选择并无意义，对投资委员会而言，二度揣摩投资总监聘用特定投资经理也同样无意义。事实上，委员会应该专注于研制合理有效的汇报机制，从而确保投资项目能够高效、稳步地如预期发展。”

金士顿理想中的投资委员会成员是由拥有不同资产类别的实际投资经验、具备投资总监似的全方位投资理念的个人组成。“并非是由某项投资的投资专家，例如风险资本家或上市股权经理组成，这样会产生视野的局限性。这就类似于，让一家大公司的分区经理为一家微小公司提供咨询。建议虽不错，却不能有针对性地满足小机构的整体需求。”

雇用和管理员工

金士顿的职员聘用原则是：要与组织机构的文化和使命相匹配。“为了使组织长期立于不败之地，你必须让投资领域的员工融入企业文化。在斯坦福，大多数员工都极具好奇心、创造性。为了留住人才，我会刻意寻找一些能使他们获得成长、有益个人发展，同时也有益于斯坦福的项目。”

在考夫曼基金，金士顿着重关注于那些致力于完成企业使命同时与企业文化相融合的员工。“对他们而言,重要的是让其看到自己的投资结果,并在适当的时候让他们表达自己的投资理念及对资金分配的看法。”

火神资本是一个动态化的机构组织。“投资者们能够随着机构的变化而变化是其关键所在。另外就是需要一系列广博的专业技能以及对投资机会的灵活应变能力。”

随着投资组合的多样化、复杂化,各式各样的组织都需要大量的专业人员来监控已有的投资项目并发掘新的投资机会。金士顿认为,小型基金在发展投资管理团队的深度上存在着先天不足。虽然他们可以通过向投资领域加倍投入资源的方式来弥补这些不足,却无法在人员上完全满足需求。“基金会对于外包投资总监的做法始终持怀疑态度,但对于小型组织而言,资源库和人员共享也不失为一种好的解决方式。”

经验、观察和建议

金士顿尽可能避免给出一些随大流、空洞的投资建议,在他看来:“一个随意的建议会让你为此付出高昂的代价。”从严格的意义上说,不同的投资者有不同的需求,因此他认为,大众化的建议毫无意义。然而,他还是与我们共同分享了自己的经验和教训。

投资建议

“除了一贯提倡的多样化投资原则外,我希望投资者,无论是个人还是机构,都务必要仔细审视自己所能承担的风险程度。有时,投资者承担过多的风险,但更多的时候,投资者承担的风险则过于少了。”401K(美国的一种养老金制度)的参与者以及其他自行管理的退休金账户往往更多的是投资债券或存款,这不是真正的长期投资。

“英国特种部队(British Special Forces)曾有一句格言,‘狭路相逢勇者胜’。长期看来,为了获得收益你需要承担风险。有人将其称为权益风险,而实际上是承担高风险,无论其表现形式是权益风险、信用风险还是流动性风险。一名真正投资者需要做的就是要获得这类风险的合理补偿,可能的情况下,要获得超过合理补偿的回报。”

投资者的成败

对于群体思维，金士顿表达了自己的独特见解。“我们往往容易陷入群体思维带给我们的舒适中，但是，如果投资者难以做出独立的判断，那么市场有效的前提也就不复存在。投资市场只有在每个投资者不同的观念不断涌现的情况下才能有效存在，而系统性偏差的侵入则会毁坏整个市场发展进程。因此，每一个人都有责任来维持市场的有效性。

“越来越多的投资者在寻求投资圣人的智慧结晶，事实上这并无太大意义，想要真正了解经济及市场或商业的运行轨迹，是无捷径可寻的。”

金士顿发现许多投资者都有痛失良机、铸成大错的时候。原因是在历经时代变迁后，他们未能审时度势来调整自己的投资理念。“长期以来的思维惯性未能随着客观条件的变化而发生改变，自身又难以认识到这一点，就形成了盲区。”

金士顿常会以戴尔电脑为例。戴尔电脑的股价市盈率一度在5～10倍。许多投资者认为，这是一种周期循环现象，觉得其中必有难以预测的风险。“20世纪90年代末，我们综合分析了电脑销售市场的长期趋势，敏锐地发现其内在的成长需求。理念的及时转变使投资者最终获得了不菲的收益。”

在堪萨斯城的经历，让金士顿觉得人们对于中西部地区及沿海地区的公平交易性并未进行适当的评估。“沿海地区的生活质量受到高物价及人口增长带来的负面影响。而堪萨斯城及其他中西部地区城市的生活正处在良性的发展中。”

金士顿说道：“人们应当从日常开支中节省出几千万美元用来环游世界。人们总是以老眼光看待世界，而不是开创一种新的视野。”

效　仿

金士顿在历经市场的风雨后深刻体会到：投资过程中最困难的部分莫过于对时机的把握。

“也许机遇能够长期保持，但同时投资泡沫也在不断膨胀。在斯坦福，我们认为权益市场在20世纪90年代后期被高估了，于是我们在投资组合中采用了一系列能够降低风险的办法。但从一开始，这项决策就是一个典型的错误——一个好的想法被运用在了一个错误的时机。在2000年市场发生了转变，却并未带来巨大的震荡。”

他建议投资者们要注意把握时机。“如果你无法预计后果,那么你也许根本不适合进行投资。”

未来基金会及捐赠基金的挑战

金士顿指出,在过去的20年里捐赠基金主要受益于两方面。“首先,长期的利率下跌降低了折现率,并增加了资产价值。这是一次性的事件。其次,在一些重要机构的引导下,他们有机会走在投资扩张的前沿,首次尝试了现金存款、债券及股票以外的资产类别并获得了收益增长。直至今日投资其他人忽略的领域并从资本不足的市场中获取溢价,这依然不失为一种相对简单而又有效的战略。”

当下,主流的资产类别包括国际市场、私募股权、新兴市场、风险资本、对冲基金等。而此前,机构的投资类别主要是三种:现金、债券及国内股票。

基于上述原因,金士顿认为,想要复制过去20年获得的收益几乎没有可能。“当下面临的挑战是,市场已再无同样的机会,你要获得更好的绩效,或拉开与同僚的差距也变得更加困难了。”

金士顿预测基金会和捐赠基金将要面临资本流动的问题,基于过去几年的绩效,其他机构都已注入大量资本。“投资者必须意识到曾经带来收益的大环境已经发生变化,大多数机会不再同以往那样而是出现更多的猎食者,现金流也不再成为大问题。”

“对冲基金市场上的合并套利就是一个生动的例子。15年前该市场在仅有8%的波动率的情况下创造了历史性的16%的高回报,这相当于是一个非常好的夏普比率。”金士顿引用了经济学家约瑟夫·熊彼特(Joseph Schumpeter)的话:“但正如熊彼特所说,‘成功也正是孕育失败的种子’。随着越来越多的资金流入,经理们开始将风险商品化,随之这就成为一项高成本的业务模式。”

金士顿坚信:激增的对冲基金正冲击着市场的有效性,他认为眼下投资经理们需要做的就是:专注于从经济体中挖掘新的价值投资。

“威尔·罗杰(Will Roger)曾经说过:‘你可以购买土地,但土地是不可再生资源。当我住在夏威夷时,梦想着万一莫纳克亚火山爆发,那就能产生新的土地。既然我们作为投资者已经走进资本世界,那么接下来就是要开创属于我们自己的领域。”

在他看来，推进新价值的创造领域，能对私募股权及证券基金的发展做出实质性的诠释。“机构已经认识到，传统企业中的治理结构难以带来新的效益；被动的投资管理已难以适应迅猛发展的投资市场。”

职场谏言

对于投资领域的新进职员而言，相比专项投资，更需要注重积累对不同资产类别的投资经验。“随着投资环境的日益复杂，投资专家们往往倾向于专项投资，但这对我们而言并不有利。”金士顿提到，“人们往往更倾向于从自己风险资本或对冲及基金的单一角度来看待整个投资世界。”

投资者固然需要深入了解某种专项投资，但假若投资者希望能够管理大的资金池，那么接触形形色色的资产类别是必不可少的。“企业早已具备这超前的意识，因此，要有意扮演不同角色在不同领域中进行实践，以便对企业投资有更加全面的了解。”

影响力

金士顿对于自己能获得前辈精心的指导和教育充满了感激，他说：“在斯坦福工作时，我从同僚们身上获取的一切令我终身受益。查尔斯·弗罗兰、大卫·罗素、安妮·卡塞尔斯以及劳里·霍格兰，我从他们那里学到了太多的投资知识。”

“另外，我必须提到罗德·亚当斯。虽然在我加入斯坦福前不久他就去世了，但他为斯坦福投资蓝图所做的贡献不可磨灭。而且，他的业绩几乎影响到整个捐赠基金领域。”

开拓新兴投资领域

金士顿对未知领域勇于探索的精神、构筑团队的领导力及投资中的分析能力，让他在投资行业中表现出与众不同的才华。他有令人羡慕的投资经历、独特的投资理念以及开创性的思维方式。作为一名成功而又较为年轻的投资总监，丹尼尔·金士顿具备扎实的基础，同时牢牢把握着驶向未来的方向盘，时刻准备引领投资组合走向更为广阔浩瀚的海洋。

第十五章　理性投资,行动坚定

——马克 ·W. 尤斯克(Mark W. YusKo),摩根凯瑞资本管理有限公司(Morgan Creek Capital Management)投资总监

摩根凯瑞资本管理有限公司的马克·尤斯克是史上最年轻也是最优秀的投资总监之一。在他基金会及捐赠基金领域的14年职业生涯中,其取得的成就已远超许多人一生的成就。

在私营部门工作几年后,他加入了圣母大学并担任投资主管。随后,他又成为北卡罗来纳大学(University of North Caroline)的投资总监。在北卡罗来纳大学任职期间,通过从其他学校引资并树立起由专家支持的另类投资的机构形象,他循序渐进地将原先的投资办公室成功转型为一家管理公司。在此过程中,马克·尤斯克历经各种磨难,尤其是曾经聘用自己加入这行的恩师溘逝职场。

在先锋投资者和董事会成员的鼎力支持下,尤斯克开创性地提出了外包投资总监的运营模式。随即,尤斯克成立了摩根凯瑞资本管理有限公司并出任投资总监,以此为投资者们提供捐赠基金的投资服务,旗下管理的资产价值达40亿美元。

有人曾质疑他的动机。想要成为一名真正的投资管理的企业家,既要勇于接受挑战,还需拥有坚韧不拔的意志和事业心,当然,也离不开超前的投资理念和事后绩效的证明。尤斯克完全具备上述一系列的能力。无论是现在还是将

来,尤斯克都是一名真正优秀的投资总监。

尤斯克作为摩根凯瑞资本管理有限公司的主席兼投资总监,该公司由他一手创办于2004年7月,旨在通过大学捐赠基金的管理模式提供投资服务,其中包括“外包投资总监”服务。

在创立摩根凯瑞资本管理有限公司前,尤斯克于1998~2004年出任位于美国教堂山小镇的北卡罗来纳大学的投资总监,其间,于2002年7月创立北卡罗来纳大学管理公司,用于管理北卡罗来纳大学的捐赠基金及北卡罗来纳大学下的其他捐赠基金资产。所有资产合计有15亿美元。而在加入北卡罗来纳大学前,尤斯克还曾任圣母大学投资办公室高级投资主管一职,事实上,他早在1993年10月就加入该部门的投资行列。

尤斯克于1985年毕业于圣母大学,并获得了生物化学理学士学位,又于1987年获芝加哥大学会计金融管理硕士学位。尤斯克曾是多家合伙投资咨询公司及MCNC捐赠基金(MCNC Endowment)、韦弗基金会(Weaver Foundation)、卡罗来纳梅多斯(Carolina Meadows)董事会的成员。

背景介绍

马克·尤斯克并非出身于一个投资世家。家人让他去圣母大学读书的初衷是希望他将来能成为一名建筑师,然而他却反其道而行之,进入了医学院,最终取得了生物化学理学士学位。从医学院毕业后,他原意是加入安达信会计师事务所(Arthur Anderson)的投资部门,但由于缺乏商业领域的知识及从业经验,安达信的其中一名合伙人建议他报考商学院。于是,他进入了芝加哥大学深造,并开始涉足投资领域,在起步阶段,投资领域并没激发起他太大的兴趣。

毕业后,他加入了MMI,一家伊利诺伊州的保险公司。“如果想要美化我的简历,我一定会说自己是一位并购分析师,其实当时的我只是财务总监下的一名商业分析师,主要处理一些小型保险公司的并购琐事。在我生命旅途中,上帝赐给了我一系列额外机遇。在我加入该公司后不久,公司的证券经理就退休了,我和我的老板于是全盘接手了这块业务,其中,由我负责固定收益板块的投资。”

尤斯克接着加入了规范化投资顾问公司(Disciplined Investment Advisors)，该公司位于伊利诺伊州的埃文斯顿，由两位西北大学的教授创立。“这种由全职金融教授创立的投资企业并开展咨询的创业模式还属首创。”这对于尤斯克之后的职业发展道路产生了深刻的影响。公司将其投资宗旨“理性投资”四个字警句似的印在了纪念马克杯上。基于西北大学拥有的大规模计算机系统，他们着重于对投资采用定量分析法，同时他们也将价值投资风格全面灌输给了尤斯克。

“如果不是一个异乎寻常的意外，我的职业生涯可能会一辈子都在这家公司。这就如同足球主教练卢·霍兹(Lou Holtz)，他曾和明尼苏达大学签署了一份终身合同，只是面对圣母大学的盛情相邀，难以推辞，否则他将终身任教于明尼苏达大学。”同样，尤斯克和霍兹一样收到了来自圣母大学的邀请。“当时面试我的是投资总监斯科特·马尔帕斯，他竭力希望我加入，我犹豫再三后同意了。”

从单项投资组合管理转变至管理捐赠基金，可谓是尤斯克职业生涯中从江河奔向了大海。“过去我是一名债券经理、一名选股者，当时总担心自己会错过不少市场机会。而进入圣母大学后，我体会到，选择哪只股票实际对于投资组合的影响都微不足道，关键在于资产配置。这令我自然而然地对不断完善资产配置模型产生了浓厚兴趣，其中包括投资策略与战术的变化、投资组合的构建和经理的选择等方面。”

哈佛的杰克·米亚是我当时的启蒙老师和引路者。“他先把我呵护在他的羽翼之下，过段时间后便把我推出‘巢穴’。杰克在不同场合主动把我介绍给大家，他总是说：‘马克应该去其他地方任投资总监’。”尽管不断接到各方邀请担任投资总监，然而尤斯克都拒绝了。“我非常适合在我的母校圣母大学坐第二把交椅，我无意离开这里。”

在进入圣母大学任职的第五个年头，尤斯克开始认真考虑加入他的另一个母校——芝加哥大学。芝加哥大学的招聘团队诚恳地告诉他：“我们非常希望你的加入，但是我们更青睐比尔·施皮茨(Bill Spitz)，你是我们的第二选择。”于是他们一边让尤斯克继续等待，一边去说服施皮茨。然而，在最终接到通知之时，位于美国教堂山小镇的北卡罗来纳大学也向他伸出橄榄枝，递上了面试邀请。他与妻子商量，他的妻子当即就说：“接受吧，正好我也想去北卡罗来纳生活。”于是，尤斯克就前往北卡罗来纳大学参加了面试。

“当时，面试我的是学校校长迈克尔·胡克(Michael Hooker)和董事会主席马克斯·查普曼(Max Chapman)。迈克尔·胡克当时的观点让我眼睛一亮，也确实改变了我的整个投资生涯。当时他说：‘为什么中小规模的学校都想建立一个类似耶鲁的投资组合呢？实际上，它们是做不到的，因为它们不像耶鲁有那么多资源、人员和资产。因此，中小规模的学校不可能复制出类似后者那样的投资组合。既然如此，为何不将小规模学校聚集在一起，将资产融合起来呢？这样就能建立一个实力雄厚的投资团队，最终也将会拥有更加完善的投资组合。你甚至可以在大学内部建立卡罗来纳资产管理公司(Carolina Asset Management Company)。’胡克的话音刚落，我怔住了，产生了一种奇妙的感悟。随即，我打电话谢绝了芝加哥大学，搬到了北卡罗来纳。一周之后芝加哥大学也来电：‘比尔·施皮茨改主意了，你还愿意出任投资总监吗？’我只能遗憾地告知，我已经在北卡罗来纳获得了我梦寐以求的工作。”

教堂山小镇的北卡罗来纳大学

尤斯克和胡克一起开始着手全面管理公司的投资业务。“迈克尔·胡克是一名富有远见的领导者，他善于捕捉时机，我们抓住机会并一路向前。18 个月后，我们正准备外出旅行，胡克突然感觉身体不适。几天后，胡克被诊断患淋巴癌，6 个月后不幸去世了。”

胡克的公信力能够做到让多方投资界中的同僚接受那些原本不被看好的投资想法，但尤斯克却不知该如何做到这一点。当时他曾受邀去经营黑石另类资产管理公司(Blackstone Alternative Asset Management)。“事后看来，当时没有去，从经济决策层面而言是一种判断失误。当时 14 亿美元的资产价值现已为 180 亿美元。”从家庭来说，尤斯克的妻子希望将家安顿在北卡罗来纳，而他也不愿意不停地来回奔波于纽约和北卡罗来纳之间。

“于是我敦促自己继续干下去，我也努力加快投资理念的转变，4 年一晃而过。大约有 1 年的时间，事态发展并不如预期那样。我接到了一个来自得克萨斯州的电话。我原先被安排在 2001 年 9 月 12 日前往参加面谈，然而，那天我并没有去成。来电话的两天后，我们终于等到了盼望已久的创立北卡罗来纳大学资产管理公司(UNCMC)的董事会核准批文，否则我可能已经在得克萨斯了。”

在接下来的3年时间里,北卡罗来纳大学资产管理公司增加了外部资产,但董事会发生重要人员变动,董事会主席的换届令尤斯克感受到了一种难以拨开的阴影。投资理念的差异更是随着胡克的离世接踵而至。

尤斯克获悉,在里士满大学的朋友卢·梅尔彻特(Lou Moelchert)受聘于两大家族管理其资产。学校为了留住他,同意他同时管理其他家族的资产。尤斯克本人也希望能够有类似的兼职工作。

“我曾经告诉迈克尔·胡克,我希望能有机会另外从事咨询工作。当时他说,‘你可以像其他在职员工一样保留职位,但每周必须绝对保证工作一天。如果你连那天都无法保证,那我只有解雇你’。接着我们就轻松地开始安排周末度假,我也开始着手准备为一些富裕的家族做投资咨询。”

尤斯克与他来自圣母大学的好友——现就职于萨连特合伙企业(Salient Partners)的安德鲁·林贝克(Andrew Linbeck)及他的合伙人哈格·谢尔曼(Haag Sherman)——进行了联络,他们共同筹建、创立了捐赠基金。基金将目标重点放在个人投资者上,同时也采用了类似北卡罗来纳大学捐赠基金的投资组合模式。2003年4月,其资产价值仅为4 000万美元,现已飙升至16亿美元,其增长实际起始于2004年。“这时,投资管理公司的新任董事会主席明确对我说,‘我们希望你能全身心投入北卡罗来纳大学的工作。’这是否意味着我不再可能有时间从事外部咨询?但是,随意把过去7年的时间和努力付诸东流,这对我而言绝不可能。”

不愿意接受“新规则”就只有走人,尤斯克于2004年春从北卡罗来纳大学资产管理公司离任,并放手开始创立摩根凯瑞资本管理有限公司。

投资总监外包引领下的摩根凯瑞

虽然尤斯克深受胡克投资观念的影响,但鉴于他的个人经历和投资观念,他还是坚定了走投资总监外包服务这条道,这也促成他最终创办摩根凯瑞资本管理有限公司。他认为,这一方式将会为捐赠基金的管理模式带来新的变化和革命。

捐赠基金管理模式

1.被动式管理。董事会负责批准咨询人员的提议。尤斯克称该模式下,产生的是相对传统的投资组合。

2.主动式管理。也就是所谓的耶鲁管理模式。由部门职员进行提议,以多元化的方式向外部经理人展示投资组合,以此构建更合理的投资组合。该模式为当下捐赠基金投资的主流模式。

3.直接管理。“开拓型的哈佛管理模式。需要达到一定的规模,一般是指资产在180亿~200亿美元,那么你就需要进行不同于以往的操作。他们做的就是所谓的直接投资。”

4.混合型资产管理。该模式下的投资,包括积极投资、外部经理分配以及利用附加数据的共同投资策略。因此,新摩根凯瑞的模式就完全属于主动式管理融合直接管理的混合型管理模式。

尤斯克希望摩根凯瑞能成为捐赠基金管理模式中一种全新的分类管理模式。“我们不认为自己是基金中的基金、咨询公司或是顾问公司。我们就是投资者。我们和客户共同管理资本,以此来建立更合理的、比以往更高效的管理模式。”

外包投资总监

从遇见胡克的第一天起,尤斯克就认同外包投资总监这一理念。

“很显然,我自己职业生涯中的某些阶段就是对外包投资总监的身体力行。我充分相信,这是一个经得起时间考验的模式,因为这种模式能够在一定程度上弥补学界与商界之间存在的一些隔阂。无论我们承认与否,大学的商业气息正在逐渐蔓延。翻开历史来看,大学一般都不会有太多的盈利,但通过资助者的巨额资助,大学的确从中获取了不少利润。”

尤斯克以自己在北卡罗来纳大学的经历为例,阐述了北卡罗来纳大学在一次近期的筹资活动中是如何获得20亿美元的资助。尤斯克相信,随着大学财富的增加、财力的增强,学校愈发需要展现出对这些资产的管理能力。“如果你管理不佳,那么你的资助也将越来越少。”在1998年,尤斯克目睹了北卡罗来纳大学当时获取资助是多么艰难。如今,北卡罗来纳大学已经拥有了杰出的专业投资团队、顶级的捐赠基金管理机构。“具备出色投资能力并创造良好收益的基金会总是会吸引大量的资助。投资者也理所当然会选择能够很好地管理他们资本的学校。”

同时,对于能力非凡的投资总监的需求增加,使得聘用专职投资总监的成本大幅度上升,许多组织机构已到了难以承受的境地。

哈佛模式和圣诞火腿

“鉴于当下哈佛管理公司下的团队成员的大量流失，也许哈佛管理模式，即捐赠基金所处的官僚主义环境已经不合时宜。其中缘由从以下故事中可以知晓：

“女儿和母亲、外祖母一起庆祝圣诞节。女儿正在准备晚餐，她切下了1/3的圣诞火腿并随手把它扔进了垃圾桶，接着将剩余的火腿放入煎锅中。母亲惊讶地问女儿：‘为什么要这样做？’女儿答道：‘因为你一直都这样做，那你又是为什么呢？’母亲说：‘因为我的母亲也一直这样做的呀。’于是她们一起走到阳台去询问躺靠在摇椅里的外祖母：‘您为什么总是切下1/3的圣诞火腿？’外祖母说道：‘因为我的煎锅太小了，放不下呀。’

“人们总是沿用习惯成自然的方式处理事务，很少有人会去了解其中的来龙去脉。我对于这个词语的运用一直持谨小慎微的态度，但实际上我确信，在学术界中存在一种腐朽落后的风气。每个人都保持一致，办公室面积相同、头衔一样、报酬也无差异。薪酬按助理教授、副教授、教授来递增。教授的薪酬不得高于院长，院长的薪酬不能高于校长，校长的薪酬又不能高于教育体系中的负责人，完全忽视个人附加值的存在。

在其他组织机构中也弥漫着这种风气，某一级别的人员想要获得高于上一级别人员的工资几乎是天方夜谭。“当然不包括著名田径运动员，对极个别明星教授或名声显赫的老教授也是例外。而且，这种特例是由资助者要求或需经他们的应允才可能存在。

“在哈佛的管理模式下，支付给内部经理的薪酬仅为利润的4%。而当这些人成为自主创业者时，哈佛将支付其利润的20%外加管理费。他们的支出可以说是一般机构的5倍！哈佛的毕业生杰瑞米·格兰汉姆(Jeremy Grantham)计算出，想要在接下来的20年里超越杰克·米亚，哈佛每年需要耗费5亿美元。这是一个令人难以接受又是科学计算得出的数字。

“我认为，随着时间的变化，变革迟早会发生，但这一进程不会太快。现实情况是，官僚主义下的机构组织不可能像以业绩为目的的管理公司一样进行思考。这是一种莫大的遗憾，从目前来看，其本质不是一朝一夕所能改变。”

“当下,对于一个迫切希望聘用投资总监的一般捐赠基金机构而言,情况已经改变,高额的薪酬催生了人员频繁的流动。为了能确保拥有适当的候选人,更不说拥有杰出的候选人,你至少需要先支付 100 万美元的预算。如果这 100 万美元支付给摩根凯瑞或类似投资有限公司这样的投资企业,那么我们会提供一个全面性的投资团队,其中包括数十年积攒下来的人脉关系、杰出的投资经理和有效的投资策略。这些远不是一个人可以通过努力所能达到的。基金会以聘用一名职员的价值来获得一个贯穿于各校之间的整体团队。”

尤斯克再次重申:“我清楚这种模式也存在一定的弊端,可就整体而言,利远大于弊,我确信随着时间的推移,其优势会愈发显现出来。混沌时期终将过去,晴朗早晨的一缕阳光定会出现。大学必须考虑将旗下的投资办公室的理念和思路从以成本为中心转换成以盈利为中心。”

北卡罗来纳大学的经历进一步说明了这个问题。

“2002 年,我们步履艰难,进入低谷,于是从其他学校及北卡罗来纳的其他相关组织吸收了部分外部资产。北卡罗来纳大学当下管理的资产仍然包括这部分资产。但由于受限于学校中的体系,这部分外部资产的发展一直受到抑制,即使我们受到这些学校的委托。但是,我仍然能获得一些来自北卡罗来纳大学询价的业务。”

尤斯克认为,为其他机构提供内部投资服务,等于在大学里出售知识产权下的产品,比如化学教授发明的干洗剂、体育部的运动品牌商品或是医学院研究人员研发的内支架等。

“如果大学能够就投资设立知识产权,那么为什么不进一步将其资本化呢?不要有庸人自扰的恐惧感,不用担心这种做法会削弱学校的财力、物力。这类人还未意识到,利用这种扩大规模的方法正是有助于学校的发展。你由此降低成本费用、做以前想做但又做不到的事,在市场或教育上也更具有影响力。

“这其中的关键在于,如果你利用资产管理费获得好的资源,而好资源将得到高效益,高效益又提供了高薪酬,高薪酬就能吸引或留住好的人才。摩根凯瑞的员工是我在北卡罗来纳大学的团队的 2～3 倍。我手下大部分团队现在都不愿加入北卡罗来纳大学,最主要原因在于北卡罗来纳大学的薪酬结构问题。鉴于现在的市场形势,我对这些人可以说是物尽其用。这类似于哈佛当时在设立管理公司时吸引和留住杰出人才的方式。”

尤斯克对薪酬问题也提出了自己的看法。“这个问题其实与钱没有必然联系。我和我的合伙人当初创立摩根凯瑞的目的是，希望将我们所掌握的较先进的资产管理方式运用于更多的个人投资者和更广泛的小型捐赠基金。我们确信这类模式一定会行之有效。当今世界上最杰出的前 40 名投资者就产生于投资捐赠基金的领域中。于是我们决定将其运用于其他投资者，从而造福更多的投资者。

“我的妻子曾经问我：‘你的报酬如何？’我需要支付 30 名员工工资，主要投资旅游业和科技。我们的投资主要是面向未来。与世俗观点不同的是，面对金钱，我们也许更注重的是使命感。”

成为投资总监

尤斯克十分注重捐赠机构内的资产管理政策及综合性意见，以促进企业发展。作为摩根凯瑞的投资总监，他全心全意、坚定不移地关注着投资过程。“信念的确能让投资者变得与众不同、超凡脱俗，而缺乏信念的投资者不可能成为一名伟大的投资者。”

投资理念

尤斯克坚信自己的投资理念：“投资收益中最重要的方面就是资产配置。”

他还提到了一个二级推论：投资经理的加入也至关重要。“格劳乔·马克斯(Groucho Marx)曾说过，‘我绝不会加入到仅仅把我当作下属成员的投资机构中’。这就如同我们不会把钱给那些一心只想要钱的人；相反，我们更愿意给那些仗义疏财之人。我们同许多类似的经理均有相同的观点和良好的合作关系。”

这又再次引发了三级推论：“赢得先机。”

他说：“投资从根本上讲首要的因素是人才，实际上，真正进行投资管理的是人而非机构。其最显明的特点是企业拥有什么样的人才，而并不是什么样的公司。这就如同，一个球队的队名是什么并不重要，重要的是穿球衣踢球的运动员。”

尤斯克自己长期与从波士顿公司(Boston Company)跳槽到高石资本(High Rock Capital)的大卫·戴尔默德(David Diamond)以及曾在老虎基金和马弗利克(Maverick)就职的李·安斯理(Lee Ainslie)保持着亲密的合作。

“作为投资者,你必须始终领先一步,才能赢得先机。最佳的投资机会往往转瞬即逝,等到你拥有了充分的数据证明这真的是一次良机时,机会早一溜烟跑了。如果你一味等待,那上帝也眷顾不了你。”

尤斯克十分注重贯彻一系列简明而实用的投资方针:

1.实施策略性投资政策。尤斯克采用了现代的马科维茨模型(Markowitz model)。“其模型已证明是完全适用的。我们核心的投资理念就是:在加入风险性个别资产来提高收益的同时,降低整个投资组合风险。降低风险导致了第二条规则。”

2.为了有效降低风险,牢记罗伊·纽伯格(Roy Neuberger)准则。该项准则得到很多人的认同。尤斯克更认为,一切都应归功于这位传奇人物。“准则一,不要输钱;准则二,不要输钱;准则三,切不要忘记前两条准则。”

3.在获得收益的同时,尽可能降低波动率。“假设某股票在16%的历史波动率下收益率为11%,那么我的收益率不必高于11%。我只需要在波动率低于16%的情况下创造11%的收益率,从而可以获得更高的复合回报率。这就好像数学一样简单明了。”

4.所有的投资活动都需要建立在降低风险和波动率的基础上进行资产配置。“相比一味追随高收益,我们更应该是风险管理者,需尽可能地降低波动率。”

5.注重投资组合的构建。尤斯克针对每项资产类别建立了策略性配置目标。他认为更重要的是对各个资产类别建立范围性坐标,从而有助于做到以下两点。

(1) 衡量资产类别,基于资产类别的估值和吸引力调低或调高目标。

(2)设立上下限:“主要为了避免人云亦云,随大流。人们买入他们希望买入的。关于策略范围的限制迫使你卖出强势投资类别,买入弱势投资类别,这也是获取成功的最简明的投资准则。”

在科技股形成泡沫期间,尤斯克的亲身经历让他体会到了设立上下限的实际意义。

“在2000年,几乎所有人都在涌入股市,不断买进股票,股价异常高,而人人都渴望获取高收益。2月时,我们告诫董事会我们的股票投资上限为35%。而由于1999年四季度时投资市场持续性强势,我们才将上限临时性提升到40%。”当尤斯克告知董事会要在35%的上限抛售股票，董事会在考虑为什么的同时也并不接受这项投资政策的改变，并一再表示否定，认为任何一项投资准则有其原则性。2000年5月，尤斯克多次耐心解释说，让董事会将该项资产配置的份额降低至35%上限之内。直至9月，董事会终于点头认可。“好吧，按照原先规定抛售一切超过上限的股票，同时也把股票投资的上限返回到原先的35%。”

尤斯克说：“我这样做并不是我对市场价位能够先知先觉，我不比别人更聪明，也并非一名机灵的市场投机者。我这样做是因为，我认为准则是经过对市场全面分析所制定的。这样的准则在投资市场狂热时尤其重要。我工作刚起步时，学到的就是要‘理性投资’。”

“在投资过程中，你的感性冲破了理性，那么你很有可能以失败告终。正如约吉·爱丽丝(Yogi Alice)说的那样，‘如果你总是漫无目标地前行，那么凭感觉的你终将会偏离正道’。只有理性投资，遵循准则才是一条成功之路。”

“你务必制订一项完善的计划，这项计划在你投资过程中还具有适当的灵活性来调整投资，但最终仍然需要沿着原先设计的轨迹前行。你绝不能在投资过程中由过多的感性支配而最终走入迷途。”

资产配置

尤斯克希望投资者能够放眼全球，不局限于某个地区的吸引力来考虑资产类别的估值和吸引力。

“不少投资者往往将目光盯在国内，缺乏全球化的投资视野。在这些人看来，他们的投资重点就应该是在他们所熟悉的地区。英国投资者将大部分资产投资在英国，美国投资者投资美利坚，日本投资者投资日本。仅仅因为你住在美国，就把大量的资产投资美股和债券，这种投资思维毫无逻辑可言，做法上更是作茧自缚。应该将主要资产投资于收益和风险比最佳的地区。历史不可能重复，只有关注未来，才会有新的预期收益。”

“综观整个投资市场，有哪些地区不是在发展？答案就是全球化。低价区域位于何处？印度、中国等新兴发展国家。我为什么要千里迢迢去这些地方？因为我需要在新的地方寻求新的投资机遇。困于自家市场，只会目光短视。增长点在哪里？价值在哪里？最大的安全边际在哪里？

在判断资产类别的吸引力时，尤斯克常常将资源和预期报酬等因素纳入考虑范围。他认为有三种赚钱的投资方式:(1)收益;(2)盈利增长;(3)市盈率倍数扩张。

鉴于固定收益投资只能是确保低收益,因此在尤斯克的资产类别中仅占小部分,通常是5%的长期高等级债券投资。他认为,该投资在投资组合中的作用是"防患于未然",主要起到缓冲作用。或许在他眼中的债券就是"财产公用证明"。

权益类资产不仅限于股票,泛指房地产、商品、上市或非上市股票及能源,这些均是构成资产配置的主体。

尤斯克提到:"理论上,我与同时代投资者在投资上最大的差异就是,我并不认为诸如对冲基金、私募股权、房地产等所谓的另类投资可以属于资产类别。在我看来,资产类别主要包括以下四种:(1)权益;(2)固定收益;(3)货币资金;(4)商品。

"在房地产领域投资权益性证券或债务性证券,就如同投资私募股权或对冲基金。我们会向投资经理质询其投资组合的作用。北卡罗来纳大学的资产配置中从未包含对冲基金。事实上,在我加入之初,北卡罗来纳大学从1996年一篇题为'猛兽之死'的文章后,就开始严禁投资对冲基金。其间,除了应朱利安·罗伯逊(Julian Robertson)——学校的第二大富豪校友——的特别要求,投资了极少的对冲基金,北卡罗来纳大学整体上和对冲基金投资处于无缘状态。"

尽管北卡罗来纳大学没有投资对冲基金,但他们也将资产进行了明确划分,并实施不同的投资策略。这些划分和上述提到的资产类别具有惊人的相似之处:(1)做多/做空股票;(2)绝对收益;(3)机遇型股权;(4)增强型固定收益。

"当我向校长提及这一理念时,他问道,'这些现在只不过是一些专业术语,对吗?'我回答道:'是的。''好,那么我们就这个问题已经达成了一致,就付诸市场吧。'直至我离职,我们在上述四种资产类别的投资高达60%,也没有对冲基金的投资。"

一般来说,尤斯克认为宏观的投资策略都可以运用到各个投资类别中去,另类投资与传统投资并无多大区别。一旦他想在投资组合中加入权益类资产,那么他并不会排斥经理擅长的投资品种甚至是对冲基金。

"假设李·安斯理将自己的商品称作'增强型指数基金',那么他需要的是500亿美元而不仅仅是120亿美元。他在保持一半波动率的情况下达到了标准普尔500指数+700点的回报。如果你能买入指数,获得的回报是标准普尔指数减10点。他只是利用做多/空股票来实现这一回报,仅是采用不同的方法罢了。”

无论是上市还是非上市股票投资，对尤斯克而言风险都同样存在。投资者持有普通股、优先股或可转换债券，其差异只是在于资产的流动性。

降低流动性

流动性受到了高估。

“捐赠基金最奇妙的地方就在于资产的流动性。但是，捐赠基金实际上无须太多考虑流动性问题。大多数捐赠基金的投资通常高估了其资产流动性，他们吸纳的资产往往均高于其支出的部分。一般的基金会每年要保留 5%的资金以备不测，一些家族机构也会考虑现金流的问题，当然也有例外。

“美元并非无可替代。无论现金的来源是捐赠还是拨配，这都不重要。你完全可以通过现代会计手段，在保持现金持有量的同时不影响潜在的投资组合。”

鉴于大多数捐赠资产起初都是以特定目标来投资，其投资目标是保持资产的购买力，在本金不受影响的基础上，让收益率高于通货膨胀率。尤斯克和他的投资团队“一起做了全面计算，你永远不可能涉猎所有的资产类别，其中可以说有 90%你是难以涉及的。然而，捐赠基金却是长久存在的。因此，我不能理解，为什么大多数基金会选择大量的流动性投资”。

人们往往高估投资对流动性的需求。“如果你已经知道当年支出会在 5%，那么校长不会随意告知你今年的支出会达到 10%。事实上，支出一般趋同于以往 3 年的平均走势，实际支出也就在 3.5%～4%。

“另外，我非常讨厌有些机构总是不如实说出他们的支出，而且他们总是对业绩夸夸其谈或自吹自擂旗下的捐赠基金有多大规模。要知道，捐赠基金的真正目的是将获得的资助达到收益最大化，绝非是为了将资本规模排名从第 8 上升到第 6 而沾沾自喜。”

利用私人投资加强非流动性

即使对象是个人或是家族投资者，尤斯克也倾向于进行缺乏流动性的私人投资而非具有更多流动性的公共投资。

“我们的私人投资及混合半流动型投资占较大比重。我曾开玩笑说，在一个风和日丽的投资季节里，我会把一半的钱进行私人投资，另一半的钱投资于杠杆型绝对收益投资组合，接下来我就打打高尔夫了。”

私人投资的业绩往往更为出众。“历史上，每年私人投资较公共投资的绩效要多出 430 个基点。"

因此,无论是捐赠基金还是个人或家族,都应该将大部分的资产投入私人投资。

"捐赠基金与个人投资的差异主要就在于流动性。在近两年的时间里,许多学校都从同一只股票谷歌中获取了 200～400 点的额外收益,那是绝无仅有的风险资本交易。但是,你不知道最终结果会怎么样,因此,你需要有一个'茫茫大海中的掌舵手'。"

对于尤斯克而言,他的"舵手"包括 120 个地区不同类型、规模的私人合作伙伴。尤斯克并不赞同所谓的"多元恶化",在他看来,"在看似最不可能的投资领域中,其过程是变幻不定、难以预测的,却往往能获取出乎意料的巨额收益"。

他解释道:"人们通常认为私人投资风险性过高,但他们所经历的往往只针对单个交易。他们往往指的是'小舅子开书店或饭馆'一类的投资。假设你的投资范围为 2 000 个,那么即使某一书店或饭馆的投资收益跌破零点,但其余投资者带来的收益可能会翻 200 倍。"

鉴于捐赠基金及家族投资资产的长久性存在,他们完全可以充分利用非流动性的独特优势来增加收益。而大多数投资者的资产迫于期限,不得不需要有很大的流动性。

尽管如此,尤斯克仍然建议一般个人投资者考虑进行混合型投资而非采用完全私人或公共投资的方法,例如,注重上市公司私募(PIPEs)、小型企业投资公司(SBIC)交易以及其他锁定资本时间较长的投资方式。

"你在获得正常收益的同时,重要的是基于风险中的额外收益。对于多样化投资组合而言,相对属于低风险;反之,单一类型投资的风险则会很高。事实上,跨区域的多样化投资组合,从整体上说,风险是非常低的。"

尤斯克认为,共同投资是一项非常重要的投资策略,并且随着时间的推移及管理模式的演变,会变得越来越普遍。

"我们在北卡罗来纳大学进入了这一投资进程。这也是我们最成功的投资组合之一,这种看似激进的投资方式,实际效果非常好。这里所谓的激进,是建立在经理、投资团队的正常步骤的基础上。它既能提升自身的工作质量,同时也是降低成本的有效方式。"

从长期投资起步

尤斯克与其他投资总监的主要不同点就在于他的长期投资策略及以此为起点展开的资产配置投资组合。他向我们指出了几个推进投资进程的主题：

(1)能源及自然资源。尤斯克的该项主题是基于中国及印度的工业化进程展开的。历史证明，某地区的工业化会加快促进商品、能源等其他资源的需求及价格上涨。

(2)当下，财富正逐渐从发达国家转移至发展中国家。“正如在 1860～1920 年间，资本渐渐从传统欧洲国家转移至新兴的美国市场一样。资本在一个地方，廉价劳动力在另外一个地方。”美国消费者在购买印度或中国制造的产品时，就不知不觉将财富流向了相关的国家。

(3)亚洲消费者在快速增长。1982～1999 年间的市场牛市由美国婴儿潮——8 000 万名现已长大成人的婴儿——推动。尤斯克估算，在未来，亚洲地区将会有 5 亿中产阶级的萌生，他预计这将掀起“一场惊人的消费浪潮，从而影响全球经济的增长”。

(4)日本和德国这些经济体，主要生产发展中国家所需用品，并逐渐在几十年后停滞不前，再次遭遇经济萧条。

(5)医疗保健。全球范围内对医疗保健的支出正在快速增长。在发达国家，医疗支出有助于改善个人的生活质量。在发展中国家，支出主要用于基础医疗服务以及药品生产，以改变整体医疗水平。

(6)防御！防御！借用篮球中的“6 号”概念，在一个球队中，“6 号”的上场表明，“是时候进入防守阶段了。当所有风险的测量指标都一致表明风险过高时，就需要专注于对冲绝对收益投资项目了”。

尤斯克针对对冲基金投资的快速扩张深表担忧，但他更担心的是经济周期性问题。“我们也无须杞人忧天地防范世界末日的来临，在 2007～2010 年间，我们经历了连续 3 年的下滑周期，分别是 100 年周期、60 年周期和 30 年周期。这 3 个下滑周期在 2007～2010 年间都到达了历史最低点。我们最需要做的是，在当下充满挑战的投资环境下保全资本。”

直接投资

摩根凯瑞通过重用做空投资经理来进行有效防御，同时利用并实施覆盖策略来控制风险。“我们并不想成为市场计时员，但假设净风险逐渐增加，我们也不愿干扰投资经理,我们会将净风险降低到我们的预计值之内。"

引用耶鲁大学的大卫·斯文森的说法:"调整资金组合意味着重新回归原先设定的目标,而投机行为只能让你距离原先的目标更远。"尤斯克认为,覆盖策略相对来说是"成本更低并且影响较小的调整方式,这既有助于和经理保持良好的合作关系,同时对时间的敏感性也相对较弱。你无须用时间来等待投资委员会开会讨论后的反馈,如等到那时,许多事情早已一去不复返了。"

覆盖策略和共同投资正是摩根凯瑞独树一帜的管理模式。"这种覆盖策略和共同投资的模式将会是未来资产管理的发展趋势。我们完全可以套用这种更加积极主动的投资组合管理方式。"

创意产生

无论身处何地,构思新的创意和发掘好的投资经理已经成为尤斯克每天日常生活中不可分割的一部分。

"你的日常生活就隐含着投资,无论你是带着孩子在超市里购物或是在吊床上看书,还是坐在桌边喝饮料,其实都是你一种投资的积累。这些都时时在推动你不断认识世界。当我去印度或中国旅行时,沿途看到许多变化,见到由我们资助的建筑群拔地而起,这实际就见证了举债内部收益率存在的可能性,这时候你会情不自禁地感谢正走向全球化的资本市场。"

尤斯克出差频繁,沿途的耳闻目睹对投资帮助很大。"想要进行成功的投资,仅待在一个地方是行不通的,你不能停下旅行的步伐。我在刚加入北卡罗来纳大学时,将旅行费用加入预算,而财务总监则从中剔除了这块。因为他们还从未有过类似的预算。我告诉他,可以减少包括薪资在内的任何预算,唯独差旅预算不能少。我们不可能局限于教堂山小镇来投资,旅行是放眼世界的重要一环。"

对知识的渴求和博览群书是产生创意的主要因素。"阅读你手边能够拿到的任何书籍,绝非只阅读经纪业务类的研究报告,你可以选择阅读《科技新时代》(*Popular Science*)或其他贸易类杂志。我发现,《商业周刊》(*Business Week*)和《经济学人》(*Economist*)都是最好的逆向风标。你能从中激发出不少创意,尤其包括某些逆向思维的想法。诸如'印度过热?'的大标题,让我觉得他们完全不知道那里的实际情况。"

有时,在与投资经理的交谈中也能萌生很多想法。摩根凯瑞的数据库中有

4 000 名经理人，每年有大约 3 000 多次电话或会议交流。其中有 1/10 是尤斯克和经理之间的面对面交流。

“我认为，自己所担负的工作是世界上最好的。能与许多杰出的人才交谈会面是多么有趣，在与全球投资界精英交流的同时还可以赚到钱。

“迈伦·斯科尔斯(Myron Scholes)，长期资本管理公司(Long-Term Capital Management)的创始人，是我遇见过最聪慧的投资人之一。肯·格里芬(Ken Griffin)，美国城堡投资集团(Citadel)的创始人，也是我见识过的精英中排名前五位的智者。我还曾有幸与韩国国民银行(Kookmin Bank)的运营者金先生交谈、切磋，他可是全世界数一数二的银行家了。在某次会议中，让我找到了 1996 年与花旗银行(Citibank)执行董事约翰·里德(John Reed)会面的感觉。总之，我很荣幸能有机会与那些伟大的人会面，它让我领略到真正的投资家、金融家的风采，其深邃的哲学理念令人赞叹又深受启发。另外，还有休·斯隆(Hugh Sloane)，他可谓全球五大宏观战略家之一。他的感觉、想法常常‘领先一步’(有时是“错误”的委婉表示)，但最终来看，他总是对的。”

尤斯克和他的团队在选择经理时，主要是通过他人推荐，或者是重点选择那些辞职后自立门户的经理人。具有独闯江湖经历的投资人尤其受到青睐。他们特有的资本和经验，绝不是投资企业的专业培训中所能学到的。

“伟大的想法往往萌芽于有丰富阅历的投资者。我们曾多次尝试分立，希望从中萌生出好想法。我们期望能抓住先机，通常在分立的前几年我们都会与经理共进同退。在‘罗马日历的三月’后，我们退出了。随之我们彼此要求的报酬率就会发生变化，因为他们已经逐渐从金钱管理转换为资产管理。起初，经理们都会专注于收益，但随之他们就会发现，通过资产聚集就能赚到钱。这时就会产生问题，我们需要做进一步的推进。

“我们未设立过绩效数据库，也从不展示绩效评估结果。我们更不会纯粹以绩效来聘用或解雇经理。绩效有时并不能表现深层次的东西。假设你咳嗽，表明你身体欠佳已患病，你要找出诱发其病的病源，而不能仅仅关注咳嗽的表面症状。同样，你对不良绩效的武断、简单的处置，只能加剧亏损的状态。我们在与经理合作的过程中，解雇他们常常是由于组织结构的变化或者是他们个人的诚信、品行、私生活出现问题。我称之为‘红色法拉利综合征’。”

经理选择

尤斯克在评估投资经理时，采用了一种不同寻常的测试方式。

“如果我没有在下班后同他们喝一杯啤酒的想法，我可能也不会雇用他们。此即所谓的‘啤酒测试法’。我可以不在乎一个人的聪明程度，但如果这个人品行不好，我是绝对不会雇用他的。”

对于尤斯克而言，所谓的品行好，就是指人的诚信度。

“我曾遇见过一名经理，他十分繁忙，于是我们只能抽空在费城的机场简单见个面。这是他能唯一腾出来的时间。在谈话进行到一半的时候，他难过地提到了自己与妻子的离异。由于悲伤，已难以集中注意力。过会儿，他说道：‘虽然如此，但我的工作时间从未间断。我在办公室里放了一张小床，每周有 3 天我都是睡在办公室。’我当即回答：‘也许你应该回家，多花点时间陪伴你的妻子，离婚之事也就不存在。’工作和生活需要某种平衡，他不明白幸福的家庭生活能在无形中促进公司的业务管理。我是一个非常注重调节生活和工作之间平衡的人。”

尤斯克对富有竞争意识的投资经理倍加赏识。“我希望投资经理无论在哪一领域，都富有竞争意识，包括辩论赛、音乐、曲棍球、网球等，竞争意识往往可激发出人的巨大潜力。在我眼里，竞争意识和诚信这两点是至关重要的。”

综上所述，尤斯克解释道：“如果经理欺瞒自己的伙伴或生活中的配偶，那么同样他们也会对自己事业上的合作者进行欺骗、隐瞒。也许有人并不认同这一点，但事实上，一个人的个人生活往往会映射到各个方面。”

团队管理

在选择团队成员时，家庭背景在我们团队并不占据什么有利位置。“我们的成员很少拥有显赫的家世背景。其中的大部分人均是大学毕业生或来自其他投资企业的普通员工。”

此外，尤斯克对团队成员和投资经理也一视同仁。“莫尔黑德奖学金(Morehead Scholars)是北卡罗来纳大学一项重量级的奖学金，我们关注那些奖学金的获得者，预先就编入富有竞争意识又具备素质的筛选人员名单中。我所见过的所有奖学金获得者，水平确实非同一般，这也让招聘工作变得简单而明了。”

摩根凯瑞对所有成员的要求是：“‘对事物充满热忱。’你不能把自己从事的投资仅仅当作一份工作、一项任务，是为生计而已。你必须充满爱，有爱不释手的感觉。每一个摩根凯瑞的员工都必须心怀热忱，让捐赠基金的投资收益作用于更多人。”

尤斯克在薪酬上，有意识地降低工资、提升奖金。“我们采用的是精英管理制度。你所获得和你付出的呈正比。想要达到这一目标，最好的方式就是奖金发放弹性制。”员工的基本薪资相对较低，并对此要做出相应的承诺。

“与同龄人相比，我的薪酬也相对较低。我知道那些在 24 岁年龄段的人精力充沛，可创造更多的价值。我绝对不会自己拿着 400 万美元，却只支付给其他人 50 000 美元的薪酬。”

尤斯克欣赏聪慧有见识的员工，尽可能避免雇用学究型成员。“这类人往往缺乏人际沟通能力和对事物的热忱度。我曾经聘用过 3 名类似人员，最终他们都离开了。”

谈到工作与生活之间的平衡，尤斯克谈了他是如何从 200 份简历中挑选出布拉德 · 布林(Brad Briner)的。“他是我们的‘年度优秀员工’。可以想象，有那么多充满自信、富有才华的人投票给他，他的出色有目共睹，他能够在各种事务中驾轻就熟，他的才华已获得大家的一致公认。”

尤斯克推荐了一本名叫《蜂后与跟屁虫》(*Queen Bees and Wannabes*)的书，该书主要解析了青春期女孩，通常是由一人领头，后有两个跟班的小团体现象。这种被称作“叛逆期”的女孩往往会随心所欲地生活。

在尤斯克眼中，摩根凯瑞的员工正处于“叛逆期”，他们带动组织内外的其他人聚集在一起做他们想做的事。对此他表示，我们所起的作用就是“‘合成者’。30 年前，像戈登 · 盖柯(Gordon Gekko)这样获得信息的方式在当时还不错。可当下这个信息无时不显、无所不在的时代，关键在于将信息合成、提炼。另外，还需要有广阔的人脉关系进行及时的沟通、交流，取其精华”。

治理结构

经过漫长的时间，尤斯克对捐赠基金的治理结构的实施已经形成了一套行之有效的想法及方式。

“沃伦 · 巴菲特的想法是正确的。‘投资委员会的成员维持在偶数位就可以了，再多一个也不需要。’但实际上，往往又很难达到这一点。同时，董事会主席任职期必须是相对长而稳定的，而不能只有短短 2～3 年的任期。在圣母大学，董事会主席在位时间长达 18 年，而他的继任者也有 10 年的任期。”

尤斯克认为，董事会主席的稳定性会使机构组织有深厚的根基。而董事会中其他人员可进行一定的变动，而且，其他人员的变换还有助于为机构带来新的血液，促进理念更新。

“董事会往往是由一群65岁左右、两鬓已斑白的男人组成，这并不妥当。因为只有不同层次的年龄组成，才能让思维立体化、多样化。董事会中应该不拘一格地吸纳更多30～60岁，不同种族、不同性别、不同文化背景的人员。”

有别于常规的认知。尤斯克发现，投资专家往往会对投资流程造成某种障碍。“董事会成员中投资专家比例较小的往往效果会更好。投资专家通常擅长某一特定的领域内的事物，比如美股或国际股等。”在一次投资委员会的会议上，“我们正在研讨新兴市场投资问题，一位曾从事股票投资的专家说：‘你们不知道美国以外的投资者相比我们是多么懒惰。’对此，我瞠目结舌，不知该如何回应。”

董事会的成员组成十分重要。“很多董事会总认为，让投资专家成为其中一员不失为一种好的选择。”在尤斯克看来，这样做可能会导致投资组合更加美国化、地域化，更倾向于风险规避或过分注重传统资产的投资。“由于他们在房地产或新能源等领域的涉及不多、经验较少，从而导致其投资方向倾向于传统的债券、股票或现金投资组合。”

投资委员会常常将投资公司的职员们当作投资专家。尤斯克认为，这是一个错误的认识。“作为投资经纪公司的投资人或是一名普通员工，并不意味着就是一名合格的投资专家。某些经历只是让他更加善于处理各种事务。一名曾经就职于证券交易所的成员，他的投资思想仅需10分钟就可以全部说完。”当然，投资专家的建议对于投资委员会而言并不能起到预期的作用；相比之下，那些事务处理型的职员则更逊一筹。

另一方面，在投资委员会中适当引入一些特定的投资专家也有好处。“如果你能吸引其他投资总监加入，那无疑是为投资委员会带来福音。在北卡罗来纳大学，我们很荣幸能有通用资产管理公司(GM Asset Management)的执行董事艾伦·里德(Allen Reed)的加入。他负责运营通用汽车(General Motors)旗下的所有养老基金，他的儿子也在北卡罗来纳大学就读。”

在投资决策的四个步骤，即资产配置、经理选择、投资组合以及证券选择中，许多捐赠基金都会采用“外包证券选择”的方式，主要就是雇用外部专业经理。然而在尤斯克的经历中，投资委员会仍然经常在会议中，就经理和证券的选择问题进行持续的讨论。

“耗费大量时间讨论类似问题说不上明智，最好的做法是站在最高点来看待问题。具体做法就是，由董事会专注于资产配置，而把经理选择和具体投资组合的构建放手给总监进行操作，证券选择问题则外包给外部经理实施。”

尤斯克回忆起曾经参加的一次会议。“这是每年四次的两小时会议，在平时8小时工作的时间里，他们会一起监督上百万美元的资产。在这次会议中，他们花了1小时来听我讲述对投资界的最新认识，应该把接下来的1小时讨论时间中的3%，奖励给下属3名经理中的一个。而且，他们应该讨论是投资全球化还是开拓新兴市场。而对于咨询或经理选择问题，完全可以由下属职员来完成。”

“你们不能仅仅凭借书面报告就进行决策。曾经一名业内人士说道，‘董事会在15分钟时间内唯一可以做的就是决定选择一名经理，但最终的选择往往又是错误的。即使结果是正确的，选择的理由也是不充分的。”

投资误区

尤斯克亲眼见证了许多投资者犯下了大大小小、不计其数的错误。其中有些错误尤为明显和典型。

“其中第一点最易忽视又问题最大，即耗费过多的时间在证券的选择上，而不把时间和重点用在资产配置上。投资者还在经理选择上耗费了太多时间，并以为经理完全有能力让自己避免错误的资产配置。”

另一个投资误区是，“投资者总是按照自己的意愿进行投资，一味追求绩效和追逐热点。投资者通常对绩效的来龙去脉了解不够，因此，他们仅会根据过去的绩效来选择现在的投资”。

尤斯克提醒投资者，要避免根据短期的绩效来决定是否投资某只基金。相反，投资者应该全面关注经理的长期绩效及不尽如人意的短期绩效。短期绩效不错但常常是昙花一现，投资策略会在不久后就面临失去应有价值。

“还有一个常见的问题，在投资者心理上，通常希望将之前输的钱再赢回来。思科公司(Cisco)的股价从100美元暴跌至8美元，接着又反弹到了24美元，投资者就会想，‘只要能拿回我的本钱，我就撤资了’。但是，思科的股价永远不会再回到100美元了！所以，你最好还是在一个相对较好的价位赶紧撤资，而不是用耐心等待去验证自己的决定。因为，市场不以个人的意志为转移。人们通常都不愿面对自己的失误，然而‘人非圣贤，孰能无过’。可悲的是，你犯了错误却还没意识到，哪还谈得上纠正。”

让尤斯克更为烦恼的是,“投资者过于注重投资绩效指数,因此,总是盲目跟随潮流,而不愿花时间在评估投资价值上。关于投资,我唯一知道的是,当绩效不好时,每个人都争相套现。当投资者们相继退出时,如果你却能够在此时驻足停留,那么,你才有可能买到真正的‘打折商品’。”

不在少数的投资者在大部分时间里的投资失误连连。“在商界里,即使像乔治·索罗斯(George Soros)或朱利安·罗伯逊这类传奇人物,他们也只有58%的时间是正确的。而剩余的人只需要追求50%以上的正确率就可说大功告成。绝大多数人的正确率也就维持在35%~40%。通常,市场投资的平均收益率在11%,基金会收益率在9%,投资者收益率在2%。如果你未正视自己的错误并及时纠正,那么你在投资过程中将失误不断,就无绩效可言。”

回首过去,展望未来

尤斯克谈道,在自己的日常生活和工作中,许多人的指引、教导和支持给他带来了莫大的帮助。不同的朋友让他更清楚地认识了自己,并帮助他在以后的职业生涯中获得更好的发展。

影响力

“影响力是如此单纯而又美好。在这方面,我可谓一个幸运儿。”

在尤斯克职业生涯的早期,他遇见了哈佛大学的投资总监杰克·米亚。“和他的相识让我有机会见识并了解到他奇特的投资思维,那简直太美妙了。他对我而言意义非凡,我非常敬重他。”

GMO投资公司的董事会主席杰瑞米·格兰汉姆(Jeremy Grantham)对尤斯克投资理论的形成有很大影响。“他对于简化市场、收益来源、未雨绸缪等的价值理念,对不同市场采取各不相同的法则,都有过人的见解。在波士顿的日子里,无论他在忙什么,我总能有一半的时间和他在一起。对此,我感觉自己是多么幸运。”

尤斯克非常欣赏“大学实践”网络中的投资总监平台,它避免了单一思维的局限性,以网络形式来彼此分享不同的投资理念。

“我的父亲是我的引导者。特别是他自己曾经历过的大起大落的职业生涯,对我在开展自己的事业过程中,具有极其重要的启迪作用。”

董事会主席马克斯·查普曼录用尤斯克加入北卡罗来纳大学,并对尤斯克的投资生涯产生了深远的影响。“他非常信任我,当时我还算年轻,只有 34 岁。他对我说:‘我从不聘用年纪超过 35 岁的人。’他是一位圣人,但他又十分严苛。两者之间就如同油和水,无法相融。有人曾问,‘你是如何来应付双重性格的上司,度过那时的阴霾期? 直面对应,与之抗衡。’他在不断挑战我的同时又是一名出色的领航员。我曾经带着我的孩子到他在美国怀俄明州的牧场上,我对孩子们说,‘他是一名航海家。’他回答道:‘对。我是一名正式的领航员。’我不会辜负他对我的信任,我深深地感激他所传授给我的经验。”

迈克尔·胡克,北卡罗来纳大学的校长,对尤斯克的精神世界具有深远的影响。“他让我懂得一个人的视野是多么的重要,以及如何来拓宽自己的视野。曾经有一句至理名言:‘领导者品质的好坏取决于其追随者。’另一种类似的说法是,‘看看你周围最接近的 4 个人,这会是你将来的样子’。”

尤斯克说道:“另外一个重要的人就是我的妻子。她是我最为亲密的合作伙伴。曾经,在我开了整整一周的董事会后和她相见,她知道,我对于不能去黑石非常难过,她毅然说道:‘想做就自己做吧!’我一愣。‘该做就做,创立你心中的摩根凯瑞吧,我们一起来承受风险。’她的鼎力支持,圆了我的梦想——成为一名投资企业家。”

“小”企业家

在北卡罗来纳大学,尤斯克曾质疑权力的统一性,并主张捐赠基金的新管理模式,其职业生涯可谓充满了风险。在创立摩根凯瑞的起步阶段,他的个人职业生涯、名誉以及生活几乎是险象环生、步步惊心。而这一切就是为了建立他心中的投资模式。他在苦思冥想:如何利用最合理的投资方式管理捐赠基金,并满足投资者的需求,他当时还未认真地想过自己要成为一名企业家。

“这并不是我认为的,而是其他人的感觉。我从大学毕业后,存在一种有趣的自我认知能力。当他人对我说,‘难以置信,你干了那么久竟然还在’,我以谦让的态度说道,‘我已经在官僚机构里干了太久,可能要一辈子,难道我还有可能成为一名企业家?’”

当朋友们谈到他在北卡罗来纳大学的业绩时,尤斯克往往会感到自我满足。

“我在思考为什么企业家是伟大的,有一天我终于豁然开朗,那个人需要有很深的心智，具有承担大风险的能力。有人说：‘马克，你不明白什么是一名真正的企业家。他不是承担风险的人，而是风险管理者。’我想，也许自己可能只是一个‘小’企业主。我所做的不过是根据投资者的需要提供相关产品和服务。”

但是，尤斯克并不认同那些将他称作是销售的人。有一个朋友曾经对他说，“有人告诉我，你的问题在于，你并没有很好地理解销售是将你的热情传递给对方。其实我做到了这一点。”

当尤斯克从北卡罗来纳大学离职时，他似乎更加意识到了这一点。“当时我收到了一封来自朱利安·罗伯逊的邮件。我很少能收到像朱利安这样亿万富翁的邮件，于是我亲自拜见了他。我估计他可能是想说服我什么。”尤斯克在罗伯逊豪华而宽敞的办公室里等他，顺便欣赏、研究了一下墙上毕加索的画。“他走出来搂着我的肩膀说，‘想不到你能干那么久，我有兴趣和你一起共事’。我给了他肯定的回答。”

罗伯逊对尤斯克而言，是一位导师式的人物，在建立企业中起到了旁人无法替代的作用。“他从开始就对我充满希望。”罗伯逊的支持、鼓励，充实了尤斯克的自信心，让他坚信自己能够创立摩根凯瑞。“对于我来说，他既是一名伟大的导师，又是一位朋友。”

回忆往事

无论初期的原动力是什么，对于一个年过半百的人而言，尤斯克作为投资者和企业家真可谓业绩斐然。他在获得非凡业绩的过程中，承担了各种个人和职业上的风险，沿途也曾遭受重创。他与朱利安·罗伯逊等杰出的投资者和企业家一样，善于从海量的数据中发掘不同寻常的机会，并看清市场趋势及需求，最终通过创立摩根凯瑞投资公司来实现自己的梦想。

“一次我和朱利安在他的办公室讨论一项重要业务。他的助手走进来告诉他，‘有电话需要您听’。朱利安接起电话说道：‘好的，好的。你告诉普京(Putin)我现在正与尤斯克谈判，谈不成就意味着完蛋，那后果将不堪设想！’啊，电话的那头竟然是克林姆林宫里能和普京直接对话的人！我可从来没有过类似的电话。”

朱利安·罗伯逊在他 67 岁的时候从专业投资领域退休了。尤斯克在 40 岁出头的时候，还未曾接到这类电话。

第三部分

总结与分析：投资、捐赠基金管理及展望

第十六章　投资者的教训
——投资原则和建议

本书涉及了12位受访者，就一系列相互关联的投资话题与我们进行了交流、分享，也聊了他们个人的经历和一些想法。以这样随意、自然的形式，有助于我们深入了解他们对投资的认识，同时也让我们真切地感受这些杰出投资人的性格、思维能力以及他们各自不同的投资风采。

我们通过电话、会议，甚至利用在曼哈顿酒店电梯里的交谈，收集成为可行、有意义的访谈记录，这里所有的内容均源于他们各自的亲身经历且具鲜明的投资风格和先进的理念。

我们认为，有必要对一些主要话题进行总结。这里包含的内容可以分为三大类——投资理念、公司治理及特定的投资主题。最后还阐述了未来投资领域将要面临的挑战。

投资理念

本书涉及的大部分投资总监都与我们共同分享了一种价值导向型的投资理念，其中包括自称无投资理念的总监。"每个人都追求价值。"几乎所有投资者都是根据第二章中提到的以投资政策为基础进行投资。他们坚信有效的资产配置政策、多样化的投资组合能够带来收益。投资总监们与普通投资者持有相同的观点,认为优秀的投资经理至关重要。其不同之处在于,他和他的团队不会就基本的人员筛选问题花费过多时间和精力。投资选择和经理挑选包含创意产生、关系网络、资源整合以及建立、维持同经理人之间的关系的问题。

投资总监们总是以各自不同的风格、严谨的投资原则驰骋于资本市场。例如,来自乔治华盛顿大学的唐纳德·林赛(第十二章)以及摩根凯瑞资产管理有限公司的马克·尤斯克(第十五章)都是以自行研发的投资理念进行投资。而其他人则更倾向于投资新兴资产类别或采取先进的投资方法投身市场。

有的投资者还以逆向思维的方式进行投资。然而,想要真正运用好这一方式,只有先具备传统投资的基础,才可能别出心裁、逆水行舟。总监们在投资中当然享有研发优势,这是他们相信自己的想法要高于市场中的一般投资者所具备的坚定基础,是提高绩效的某种保证。以 2003 年的高收益债券为例,当资产类别出现了暂时性的不良态势时,要冷静、再冷静!市场的波动性往往是为逆向思维的投资者带来特有的机会。

投资总监们一系列方法和手段的确各不相同、各有千秋,包括与下属员工、投资委员会、投资顾问的关系以及整个的投资决策过程。

资产配置

资产配置理论正逐渐从严格的自上而下演化成自下而上的模式。传统的自上而下模式,主要是通过预期收益、波动率及每种资产类别的关系综合,形成一种优化程序,随后计算出均值,创建最合理的投资组合。然而,随着捐赠基金不断扩张,并逐渐将资产投入对冲基金、私募股权、实物资产等另类资产,这种方式的有效性越来越低。优化程序之所以无法被有效运用于这类资产,是由于相关数据缺乏可靠性,且资产流动性也相对较低所导致。此外,类似的资产类别因投资经理的风格不同,回报差异巨大,计算其平均收益也就意义不大,缺乏吸引力。

许多捐赠基金投资另类资产的比例取决于投资团队的执行能力——资源、评估、对经理的监督。如果投资总监手下缺少一流的投资经理,那么他们不可能选择将大量资本投资另类资产,而往往采用相对消极的资产配置模式。对大部分投资者来说,投资另类资产并不是一个好的选择。

最好的例子就是风险资本。许多投资总监怀疑,如果没有能力获得顶级的基金投资，那么投资风险资本是否还有意义。自上而下的资产配置分析对于风险资本而言已毫无意义。如果你有幸获得顶级基金作为资产配置，那么就想办法尽可能多地去获取，否则就完全不要涉足。资产配置会受到投资人员寻求最有吸引力和最缺乏吸引力投资机会的影响。自下而上模式的意义在于，小型机构对另类资产的投资也应维持在相对较少的配置。

动态资产类别定义

随着投资者对某些资产的风险和收益特征的深入了解，对资产类别的定义也随之变得有趣而新颖。但有部分机构对资产类别的定义和配置仍持传统的观念，或是采用局部打破常规的方式。例如，用更加积极、不符合常规的投资方式或者将资产类别的定义进行重新整合。

其中一个方法就是完全改变原先以资本市场为导向的配置模式，例如，由权益或固定收益转向风险型配置模式。这项转变源于对风险的重新定义过程中波动率不再是唯一的考虑因素。由于缺乏市场定价，对于许多另类资产而言，波动率不是一个有效衡量风险的指标。而风险最好用资产的下跌风险(受杠杆影响的肥尾收益分布)、流动性风险、复杂性风险来定义。

随着资产类别之间界限的日益模糊，相对的定义也更加难以确定。其中最有趣的资产类别是“混合工具”，即同时兼具私募股权、对冲基金、实物资产特征的投资。

部分投资总监喜欢身体力行，并主张采用战术性资产配置模式增加价值，通常是伴随着利用覆盖方式。林赛则采用了另外的方式，作为一名不可知论者，他选择让投资经理来执行自己的投资主题，并让他们自行选择资产类别。

经理选择

所有参与访谈的投资总监们都耗费大量时间在考虑，如何获取、评估和监督那些优秀的外部投资经理。虽然定量因素可纳入参考，但他们更注重的往往是一些定性因素以及在评估选择经理时的主观感受。投资总监们普遍倾向于选择投资策略专一、投资组合合理、团队和谐稳定、自身具有良好教育背景的投资经理。

个人品质

所有的投资总监们都提到了人的品行——良好的价值观和诚信。这和他的投资能力处于同样重要的位置。理想的投资经理往往能起到类似合伙人的作用,他不仅善于获得投资收益,更能带来新的投资理念。坦诚而善于交流的投资经理可以为投资总监对投资趋势做出快速、准确的判断提供最直接的帮助。同时,部分投资总监也谈及在其受雇的投资管理公司中,激情、渴望、良好文化和活力等特征是非常重要的。

优势

作为投资经理,必须具备一定的战略眼光,方能获得成功。优势可定义为发现创意和识别机会的一种与众不同的能力(比如唯一的信息渠道优势或信息处理优势);或者说,优势包含一种能够对标的资产(比如上市股票、私募股权、房地产基金经理)带来价值提升的能力。关键还在于,这项独特的能力具有可持续性——经理能够识别出自己的利基市场,对其投资以维持竞争优势。

透明度

正如上文提及,透明度非常重要。投资总监们欣赏那些愿意分享、交流投资想法的合作者。更为重要的是,他们要为自己的决策负有责任。按照定义,经理的投资决策涉及投资对象。大多数投资总监要尽可能远离最终投资者看不清回报产生过程的“暗箱”策略。投资总监也必须理解整个策略,以便其在不可避免的短期业绩不佳时采取正确的防御策略。

投资能力

由于众多投资总监都在寻求甚至竞聘某些优秀投资经理,找到的投资经理能力有限成为一个问题。这个问题在小型私募股权(例如风险资本)和对冲基金上表现得尤为明显。因此,投资总监们会尽可能与那些情投意合一起做投资的经理保持长期良好的关系。另外,他们关注那些他们从之前任职公司认识的或从大型投资企业独立出来的投资经理,他们用很好的方法投资熟悉的资产类别,且早就具备相应的投资能力。所以,投资总监们一般也不愿过多的评论自己的投资经理们的能力问题。

投资绩效

投资总监们告诫投资者,切忌“一味追求绩效”或投资近期短时间业绩良好的经理。他们认为:热门的基金通常会在不久后出现逆转。如果投资者花时间和精力选择了一名真正优秀的投资经理,那么,他们一定会愿意接受他暂时的不良绩效,并在艰难时期给出诚意、予以支持。要做到这一点,机构的投资总监必须拥有勇气和耐心,并积极向投资委员会和董事会做好解释工作。

费用

许多投资总监对于外部投资管理结构和费用所暗含的委托—代理问题非常敏感。他们在努力寻求与外部投资基金相匹配的激励薪酬,从而将经理的薪酬与其业绩挂钩。一种解决方式是:假设让投资经理将个人的一大部分财产与捐赠基金的资产进行捆绑式投资,那就意味着他们将共同承受该策略的有利和不利因素的影响。

然而,经理在业绩糟糕的情况下依旧可以赚钱已成为一个顽疾。例如,200亿美元基金会的资产管理费用为1.5%,也就是说,投资经理未做任何决策,他们已经坐享其成获得了3亿美元,还不算其可以获得的绩效费。假设这200亿美元被长期锁定(无论是长期对冲基金还是直至清偿期前的私募股权),那么这些经理们可以置收益质量而不顾,不劳而获长期坐享可观的管理费。

随着资本源源不断地涌入另类投资,好的投资经理将自行设置投资期限,包括费用和锁定期。这是基金会和捐赠基金面临的又一挑战。一名投资总监已强烈呼吁:投资者和经理人之间锁定期极度不平衡,投资经理的权力过大,已损害了基金会的利益,因为后者有更多的流动性需求。无论是谁,只要是在绩效不佳的情况下长期锁定,就能长时间持有基金会和捐赠基金的资产。该投资总监还提到了一种"费用缓慢上升"的必然现象。历史上,应由一般合伙企业支付经理的相关费用现在均由基金会承担,这意味着投资者可能会需要支付管理费、奖励费等一系列其他费用等。

投资经理的具体业务也是投资总监们担心的另一个问题。如果有投资经理通过扩张业务规模并"聚拢资本",那么整体的投资收益可能会被摊薄,经理们会关注规模的扩张,对投资绩效几乎视而不见。还有一种情况是,小型的受欢迎的基金会提供的资产配置对许多投资者的意义不大。类似情况常发生在风险资本中,导致投资者怀疑,在收益微薄的情况下是否应该花时间和精力去评估类似的投资。

内部管理

多位投资总监都谈到内部直接投资能够为外部投资管理起到补充作用。内部的资产管理除了节省管理费用外,还具有其他方面的意义,直接投资有助于员工接近市场,并有利于与外部投资经理进行交流合作。内部投资管理主要管理固定收益类的投资组合,并与私募股权经理共同投资以及管理委托投资组合,以便快速实施资产配置中的倾斜政策。

治理结构

投资总监们一致认为:合理的治理结构以及员工主动型的专业投资流程对取得不错的投资回报是必要的。曾经以投资委员会和投资顾问相结合的方式来制定资产配置政策和选择投资经理的传统方式已不再适用。通常来说,投资委员会的大部分决策是基于投资经理所谓的一小时"最后"陈述来决定的。董事会成员可能是一批伟大的投资者,但除非机构能够及时整合资源进行调研并监督投资,否则难以适应未来市场发展趋势。

目前,最好的方式是能拥有一位专业的投资人员,主动且善于评估投资主题及相关经理,最后由投资委员会审批决定。与拥有内部投资团队一样,规范又灵活的流程有助于投资人员做出独立、快捷又准确的决策。在投资总监和良好治理结构基础上工作的专业员工,对大型捐赠基金获得高效回报而言大有裨益。

尽管大型捐赠基金享有丰厚的资源和人才,许多投资总监仍然对发现和留住有能力管理更加复杂投资组合的员工的问题表示担忧。他们目前正努力和那些提供薪酬激励的投资基金展开人才的竞争。随着基金会和捐赠基金投资办公室的人员流动率在不断上升,员工的稳定性愈发显得重要。那些顶尖的投资机构的投资总监和高级管理人员,其中包括哈佛大学、麻省理工学院、圣母大学和耶鲁大学,所管理投资项目的时间基本都长期稳定在 10~20 年间。

投资主题

当下讨论最多的投资主题莫过于全球化的投资机遇。另外三个子主题,指的是亚洲的崛起、所有新兴经济体的发展以及日本和德国的复苏。伴随着中国和印度每年生产总值以 10%的增长率增长,每个人都敏锐地意识到了巨大的机遇。这种经济发展势头几乎吸引着全球所有人的目光。同时,投资者对治理和国家风险的担忧使得他们放弃选择直接投资这些国家,而以间接利用这一投资主题的方式投资。新兴市场的发展使多位投资总监共同提及另一个息息相关的问题:能源及其他自然资源的供需将持续处于一种不平衡状态。

每一位投资总监几乎都提及了他们对各个资产类别风险和低风险溢价问题的担忧。低风险溢价会导致由于意外打击引发恐慌,但同时这也为那些富有勇气和眼光长远的投资者制造了机会。当下并不存在便宜或价格错误的资产类别。但一些投资总监提到当下信贷价值高估问题,这很有可能会引发做空或低配该资产类别,等待类似2003年时的另一轮高收益债券和低估资产的机遇。

未来的挑战

大型基金会和捐赠基金取得的长期成功投资,在未来只能使其获得同样回报充满了更多挑战。

这些机构曾经都是先驱者:在过去的30年间,他们率先投资了风险资本、对冲基金、国际股、新兴市场债券以及木材市场。与经济学家市场经济模型一致,高收益固然能够吸引更多的资本,可将导致未来较长时间内的收益摊薄、业绩降低。大型基金会和捐赠基金的诱人回报激励其他投资者寻找"秘密武器",导致大量资本涌入另类投资市场,这必然会影响未来的整体收益。

基金会和捐赠基金要继续保持往日的成功,意味着需要寻找下一个未被开发的资产类别或二级资产类别。这迫使投资者要增加对更加不寻常和全球市场机遇的关注度。今后更多的增值机会主要源于寻找利用上述提及的主题进行投资的机遇以及寻找机构投资界新的或不认识的投资经理,他们来自其他国家,因此美国投资者关注不多。

部分投资总监对于投资第七或第八类资产是否能带来真正的增值表示怀疑。行业咨询师认为,机构投资者在新型资产类别和新国家中寻求投资机遇的路走得偏远了。他们表示,新资产类别的范围通常相对较小,以至于短时间内难以形成规模性的配置。因此,即使相应的资产收益还可以,对整个投资组合带来的影响仍然微不足道。也有投资者声称,接下来要做的是,采用企业家策略和维权策略来创造价值。

尽管面临挑战,没有人愿意趋于平庸。最终,只有时间来证明,基金会和捐赠基金的投资者能否保持其以往特有的机构投资优势。

基金会和捐赠基金很有可能维持其投资优势。如何维持其机构优势成为一项挑战。投资以后,要有资源进行竞争,寻找好的投资项目,并拓展满脑子都是捐赠两字的投资者的视野。让他们的话题从机构内部的资本或资源延伸到外包投资总监和其他正在发展的捐赠基金管理模式。

捐赠基金的成功管理,不仅仅是通过投资方式来管理资产,还需要以商业模式进行运作。虽然投资办公室挂名为非营利组织,但管理捐赠基金就相当于管理一家企业。可以说,无论在什么类型的机构中,投资办公室的运营关键就在于专业化管理。在第十一章中,鲍勃·博尔特向我们讲述了他在得克萨斯大学投资管理公司(UTIMCO)的故事。

书中的12位投资总监与我们分享了他们对于投资的独到见解,但想要真正了解他们的职业,还要看未来将影响其投资风格和所在机构的商业问题。

第十七章　基金会和捐赠基金投资管理行业

——比较、竞争与薪酬的影响

随着投资环境的愈发复杂，面临的挑战也在不断加剧，投资办公室的管理也愈显繁杂。部分投资总监已开始频繁地往来于亚洲的印度、南美等新兴市场，以寻求新的投资机遇；也有投资总监在积极商讨、筹备开设外国投资办事处，并在积极准备雇用当地的员工。

首先，对于全球性挑战的一系列事表明，资产管理问题将会是基金会和捐赠基金未来面临的首要问题。投资总监和机构是否能够在条件越来越困难的情况下，获得投资收益以实现企业目标？随着组织管理成本的提升，他们能否继续沿着成功的路上走下去？在某种程度上，大型基金会和捐赠基金的投资总监们在投资领域中，近似于担任了总裁的角色。

一般来说，真正推动捐赠基金发展的基础就是钱。然而，仅仅依靠金钱无法解决管理上的很多问题，重要的是，如何妥善处理一系列商业性的问题，比如成本的上涨，机构之间对有天赋经理、专业人才、优质基金白热化的竞夺等。

每一位投资总监或多或少都会涉及其中某一项影响捐赠基金管理的问题。业绩比较、同行竞争和薪酬问题正以恶性循环的形式反复显现。

比　较

在第八章中，来自范德堡大学的威廉·施皮茨为我们讲述了他在范德堡大学任职期间，要求建立薪酬激励机制的情形。随着投资总监们对市场价值的理解不断深入，他们也面临着与施皮茨类似的情形，董事会和投资委员会的不少结构方案与标准过于复杂。许多项目绩效都以同业机构之间的比较作为衡量基准，而大多数投资总监都认为这种方式并不合理，有失公平。

竞　争

同业比较往往迫使投资总监之间为了投资项目展开不必要的竞争，让业界中的投资者均小心翼翼，彼此不愿分享信息和想法。卡内基公司的艾伦·舒曼（第九章）明确指出，这会降低组织间的学院派氛围（而更加倾向于企业形式），当然这也是在薪酬激励下的同业比较所出现的现实情况。麻省理工学院的安伦·巴菲德（第五章）提到了另外一点，在收益递减的状况下，越来越多的投资者竞相渴望在资产类别中拔得头筹，这将会导致"急转弯"的现象出现。

舒曼预计，类似的薪酬结构会使得投资总监之间竞相模仿、趋于统一，但最终将会对每个人带来负面影响。

机构之间的抗衡必定影响了捐赠基金之间的良性竞争。捐赠基金规模已经成为机构中保证市场地位的重要衡量标准。为了能与其他投资机构的竞争中占据有利位置，投资办公室期望有更好的投资绩效，这意味着他们必须雇用杰出的投资人才。而这类投资人才也看到了市场的供求关系，自然是物以稀为贵，他们的薪酬也将随之水涨船高。

薪　酬

当今市场对投资专家的需求日益紧缺，这也为组建内部投资办公室增加了相当大的难度。各种规模的基金会和捐赠基金都面临着难以聘到或很难长期留住经验丰富、具有投资背景专家的困境，尤其是具备投资另类资产经验的专家。

施皮茨表示:薪酬的不断上涨可能会引起美国国税局(IRS)的关注。也有业内人士指出,薪酬激励很可能会导致投资总监为了绩效承担不合理的组合风险(如增加杠杆)。

随着对投资专家的需求量的与日俱增,国际机构也在不断设立投资办事处,加入竞争的行列,从中寻求投资机会。早在2007年的两个月内,著名的剑桥大学和牛津大学就雇用了他们的首任投资总监。

桑德拉·罗伯逊(Sandra Robertson)离开威尔康特信托(Wellcome Trust),加入市值9亿英镑的牛津大学捐赠基金行列。新闻报道中引用一位来自基金会的同事马克·沃尔波特(Mark Walport)的话:"无论是就捐赠基金的规模还是管理,英国的大学都远远落后于来自美国的竞争对手。对英国大学而言,利用捐赠基金来提高经费以保持自身教育水准、科研的领先地位以及奖学金是至关重要的。"剑桥大学聘用了尼克·卡瓦拉(Nick Cavalla),他曾担任在业内领先的曼全球策略(Man Global Strategies)资产管理公司的投资总监,旗下管理120亿英镑的捐赠基金。耶鲁大学的投资总监大卫·斯文森曾就任于投资委员会并参与人员聘用的相关决策。巴菲德预计,全球会有越来越多的大学就投资收益展开全面的竞争。尤其是对雇用高层次投资人员的争夺帷幕已逐渐拉开。

管理模式

许多投资机构已在考虑,将投资办公室外包给一个或多个投资企业来管理。通常这些投资企业都是由曾任职过捐赠基金投资总监的专业人士所经营。即前文提到的"外包投资总监"模式。具有讽刺意味的是,早在1969年,麦乔治·邦迪就打算改变非营利机构管理资产的常规,当时的捐赠基金会往往是由单独的管理公司或银行信托进行管理。1974年,当爱丽丝·汉迪加入美国弗吉尼亚大学之际,正值投资机构将旗下3 000万美元捐赠基金投资从1名证券经理手中分割给3名经理之时。所谓投资总监外包模式以及由爱丽丝·汉迪首创的投资有限公司,实质都是对早年投资模式的一种回归,即由一个单独的外部投资企业打理整个投资组合。其中主要的差异在于,外部组织管理大型另类资产配置的复杂性有一定变化。

本书提及的投资总监们,基本上肯定了外包模式下所带来的优势,因为目前甚至连大型捐赠基金和基金会也面临一系列挑战，包括寻找、评估、监控遥远国家的投资机遇或国内复杂的另类投资。

这些投资总监提出了一些影响他们管理捐赠基金成效的问题，认为外包投资总监是很好的解决方案。机构想要聘用杰出的投资人才变得越来越困难，不断上涨的薪酬使得人工成本越来越高，对富有另类投资经验投资者的需求，又直接加快了人员流动性。规模经济使得外包模式显得更富吸引力。的确，相比设立内部投资团队，以更低的成本获得同样的效果，何乐而不为。虽然如此，但对于小型基金会和捐赠基金，他们仍然给出了不同的建议。

小型机构是否存在优势?

我们在本书中提及了一个小型机构——凯泽家族基金会。该基金会的魅力和财富足以吸引其投资总监布鲁斯·麦丁长期留任。该基金会以出色的投资收益实现了机构赋予的使命。除了享有稳定的投资团队和完善的人员管理办法，基金会将自己的地理优势资本化，其利用地处硅谷山丘的优势投资房地产，并在当地获得了一系列风险资本收益。其他投资者也提到：可以利用机构特点、特性作为优势来吸引杰出经理，或利用校友关系挖掘对基金会颇有使命感又有职业兴趣的一流投资经理。

投资委员会

对于部分机构投资者而言，他们的其中一项优势就是投资委员会。虽然小型基金会和捐赠基金的人力资源不能与大型机构旗鼓相当，但只要投资委员会能拥有德高望重、足智多谋的投资专家，其成功的概率也会很高。这些专家成员为数不多，但只要他们全身心为机构投入、设立高效的投资决策机制，与投资经理之间保持良好关系，任职期相对稳定，那么也能带来成功。凯尼恩学院(Kenyon College)是位于俄亥俄州的一所名不见经传的小型文理学院，其捐赠基金规模还不足 2 000 万美元。然而，这个名字醒目地出现在 2007 年 1 月 31 日《基金火线》(*FundFire*)上，由杰·库伯(Jay Cooper)撰写的一篇文章中指出：一家小型机构，成功涉足于另类资产投资中，获得令人瞩目的绩效。在 2006 年 6 月时，其 10 年收益堪比大型捐赠基金的平均水准，超过同类型小型机构 200 个基准点。其成功的背后，就是有强大的投资委员会的鼎力支持，其中包括了本书的受访者——来自范德堡大学的投资总监威廉·施皮茨。

青年人才

投资机构可以用一支经验尚缺的小规模队伍来补充以投资委员会为主体的强大投资阵容,对于这些年轻有才的年轻人来说,他们可以借此机会在经验丰富的投资者手下学习和实践。斯科特·马尔帕斯积极建议小型机构多采取类似方式。而他自己就是在这种方式下逐渐成长起来的,在 26 岁的时候就出任了圣母大学的投资总监。通过扩大队伍,小型机构可以逐步扩大人脉关系和建立强大的投资组合,并随着机构规模的扩大,逐步加强内部资源。斯科特成功地建立起了由圣母大学校友组成的团队,他们都愿致力于学校赋予的使命。

外包投资总监

小型机构是否应该采取外包模式?答案是,因人而异。需要再次强调的是,每个机构都必须充分了解自己特有的优势。如果投资机构毫无优势,那么就只有选择外包模式或采取简单消极的保守策略。许多机构都没有投资另类资产的打算,主要是因为许多大型机构当下正在收获其于 20 世纪 80 至 90 年代间投资的另类资产收益。小型投资机构只有在财力相对充裕的情况下设立精悍有效的内部团队及上述提及的投资委员会,才适合采用“内部捐赠基金投资方式”。总之,要与资金雄厚的机构竞争,它们自身必须具有一定优势。

另一方面,一般机构应采用外包或低成本消极策略模式。消极模式往往结合对传统资产类别(包括房地产,其中涉及房地产信托投资基金、通货膨胀指数化债券以及商品基金)的长期资产配置、严格的再平衡后低成本指数基金的投资。外包模式包括部分外包和全部外包两种。全部外包的优点在于,很多理念不单一用于私募股权或对冲基金的投资,而且,全部外包有助于在所有资产类别中建立基金中的基金。相比单个资产类别的基金中的基金(如对冲基金中的基金),对大型基金会和捐赠基金而言,这种方式更具吸引力。

对外包模式尤为青睐的评论来自管理 6 000 万美元凯泽资产的布鲁斯·麦丁,他说:“如果我自己不是投资总监,那我一定会选择外包模式。”麦丁也同时指出:他 18 年运营基金会的经历能够让自己成为一名业内认可的投资者,这主要是他在为之效力的机构带来了资产增值。而来自圣母大学的斯科特·马尔帕斯指出:外包模式会斩断基金会管理中和组织机构间的纽带。他认为两者关系紧密相连,外包模式会使得机构失去应有的使命感。

那么小型机构到底该不该采用外包模式呢?安伦·巴菲德表示,这主要取决于机构的目标、使命以及支出等因素。他提醒大家不要简单认为外包模式能让其免于受托责任,这种想法是根本错误的。

底　线

在过去的40年里,基金会和捐赠基金的投资管理使其从救济院成为财势集团。目前,投资环境日渐纷繁,这些机构和他们的投资总监面临着企业管理全球化的挑战。该格局下的小型机构优势几乎荡然无存,除非他们能够长期聘用富有才华且资源充足的投资人员,否则,他们就只有在简化投资组合或加入外包模式中二者择其一。全球经济一体化是大势所趋,投资总监和投资机构都必将以全球化的模式进行资产管理。

第十八章　真正的回报
——投资是与人打交道的行业

本书所涉及的投资专家们在各自的投资机构中，对维持财务状况的健康发展都做出了巨大努力和贡献。这些杰出的人士既代表了一系列的机构组织(从规模小于10亿美元至超过200亿美元的捐赠基金及其他基金会)，也展现了他们各自的经历、背景和个性。在任何情况下，他们都对投资充满热情并富有浓厚的兴趣，从内心深处渴望为非营利机构组织带来资产增值。

本书让我坚信与杰出投资者的交流能够带来很大收获。我从3年前做的一些非正式调研中了解到，许多捐赠基金的投资总监的投资理念、治理结构和投资策略均为该领域中的拓荒者、开创者。作为大学的机构成员，他们通过参加NMS管理大会(NMS Management)、全球绝对回报大会(Global Absolute Return Congress，ARC)等行业会议，保持行业内的相互交流、协作的关系。同时，他们也正在更广阔投资领域中，用智慧和才华贡献自己的力量。我相信，其他机构或个人的投资者一定能从这些伟大的投资总监的独到见解中获得启迪。

我发现，这些杰出投资者的为人都非常和蔼。他们都通过了“愿意在下班后一起喝一杯”的测试。此外，想要成为一名成功的捐赠基金投资总监，没有固定模式或一成不变的职业道路。许多投资总监都有金融业背景，但也有一些是从人文学科领域出发的；在评估投资机遇时，有些倾向于理性的定量分析，有些则更在意自己的直觉。然而,他们身上有一个共同点,即他们并不把投资仅仅看作一份维持生计的工作——他们热爱投资并专注于实现各自机构赋予的使命。最后,这些投资者都热爱旅行和善于交流、分享。他们几乎每个人都说想要成为一名成功的投资者,必须背起行囊在各地方多走走、与不同的人多谈谈,只有这样,才能开拓思路、增加投资想法。没有人觉得,仅在办公桌上就能够在这个充满竞争的世界中获得丰厚的回报。

最后的感想

当我们打算写这本书的时候,我们就认为,这些投资总监的见解对各种类型的投资者而言都极具参考价值。我们相信自己所写的不会令读者失望。当然,不可否认,即使是同类型的投资者,他们的投资需求和目标也各有差异。

诸如企业年金和公共养老金管理机构,它们和捐赠基金面临着类似的问题,但它们还面临着其行业本身特有的问题。它们的共同点在于,许多杰出的养老金机构的投资总监也都有长期可跟踪记录和有趣的投资方法。目前我们已经知道通过采访不同类型的投资者对我们的帮助有多大,我们期望在不久的将来,我们能够有更多的时间与其会面并聆听他们对投资的精妙见解。

本书若没有凯瑟琳·利特里瑟的不懈努力是无法完成的。当我们白天埋头工作时,是她在不断推进本书的进程。凯瑟琳任另类投资管理公司(Alternative Asset Managers)市场部副总裁一职,她是本书的一位重要合作者。尽管我们的位置是在"谈判桌的另一边"(客户和经理的关系),但在书中,我们自始至终处于同一立场。我们在写本书的过程中,像在与一个个智者交谈,分享着智慧带来的快乐。很荣幸能够聆听他们的投资故事,我们更期待未来能从他们身上汲取更多的精华。

作者简介

劳伦斯·E.科卡德在 2004 年 6 月被任命为乔治城大学的投资总监。此外，他还在乔治城大学的曼道夫商学院讲授投资类课程。劳伦斯以前是弗吉尼亚州退休系统(VRS)股票和对冲基金的投资经理，同时担任过弗吉尼亚大学麦金太尔(McIntire)商学院的兼职教授。在加盟 VRS 之前，他是弗吉尼亚大学的全职教师。在回到学术界之前，劳伦斯已经拥有了十多年公司财务和资本市场的经验。他目前是圣路易斯大学投资委员会成员以及威廉玛丽学院的投资委员会主席。

劳伦斯在威廉玛丽学院获得经济学学士学位，在罗彻斯特大学获得金融和会计专业的工商管理硕士学位，在弗吉尼亚大学获得经济学的硕士和博士学位，他是一名注册金融分析师。劳伦斯已经结婚，并育有四个孩子。

凯瑟琳·M.利特里瑟是另一位投资销售和市场主管人员，主要针对机构投资市场，尤其是捐赠基金。凯瑟琳先后在一些全国领先的资产管理公司、投资银行和研究机构担任过销售、市场和客户等部门的经理职位。她的履历中包括曾任另类资产管理有限合伙(AAM)的市场部副总裁一职，该公司是一家独立的老牌投资公司，主营新兴的对冲基金业务。

作为一名卓有成就的公共演说家，凯瑟琳参加了许多投资公司举办的会议，发表的演讲题目包括证券估值、技术的影响等，她拥有渊博的数字媒体知识和 Web2.0 技术，社交关系广。凯瑟琳毕业于富兰克林马歇尔学院，在纽约大学斯特恩商学院获得工商管理硕士学位。她住在纽约市，个人网站是 www.cathleen-rittereiser.com。